S. Waadt R. G. Laessle K. M. Pirke

BULIMIE

Ursachen und Therapie

Geleitwort von D. Ploog

Unter Mitarbeit von Ulrike Hörmann
Mit 19 Abbildungen

Springer-Verlag

Berlin Heidelberg New York
London Paris Tokyo
Hong Kong Barcelona
Budapest

Dr. Sabine Waadt
Max-Planck-Institut für Psychiatrie
Klinisches Institut
Kraepelinstraße 2, W-8000 München 40
Bundesrepublik Deutschland

Dr. Reinhold G. Laessle
Max-Planck-Institut für Psychiatrie
Klinisches Institut
Kraepelinstr. 2, W-8000 München 40
Bundesrepublik Deutschland

Prof. Dr. Karl M. Pirke
Forschungsstelle für Psychobiologie und Psychosomatik
Universität Trier, Gebäude D
Postfach 38 25, W-5500 Trier
Bundesrepublik Deutschland

ISBN 3-540-55469-6 Springer-Verlag Berlin Heidelberg New York

Die Deutsche Bibliothek – CIP-Einheitsaufnahme.
Waadt, Sabine: Bulimie : Ursachen und Therapie / S. Waadt ; R. Laessle ; K. Pirke. Unter Mitarb. von Ulrike
Hörmann. – Berlin ; Heidelberg ; New York ; London ; Paris ; Tokyo ; Hong Kong ; Barcelona ; Budapest :
Springer, 1992
    ISBN 3-540-55469-6
NE: Laessle, Reinhold S.:; Pirke, Karl M.:

Die Wiedergabe von Gebrauchsnamen, Handelsnamen, Warenbezeichnungen usw. in diesem Werk berechtigt auch ohne besondere Kennzeichnung nicht zu der Annahme, daß solche Namen im Sinne der Warenzeichen- und Markenschutz-Gesetzgebung als frei zu betrachten wären und daher von jedermann benutzt werden dürften.

Produkthaftung: Für Angaben über Dosierungsanweisungen und Applikationsformen kann vom Verlag keine Gewähr übernommen werden. Derartige Angaben müssen vom jeweiligen Anwender im Einzelfall anhand anderer Literaturstellen auf ihre Richtigkeit überprüft werden.

Satz: Mitterweger Werksatz GmbH, Plankstadt
21/3130-543210

Vorwort

Das von S. Waadt, R. Laessle und K. M. Pirke vorgelegte Buch zur Verhaltenstherapie der Bulimie entstand im Max-Planck-Institut für Psychiatrie, in dem die Eßstörungen des Menschen über annähernd zwei Jahrzehnte intensiv erforscht und behandelt wurden. Zwei einander befruchtende Arbeitsrichtungen waren bei der Entwicklung dieses Therapieprogramms wirksam: Die Erforschung der wechselseitigen Beeinflussung von Hirnfunktionen und pathologischem Verhalten einerseits und die systematische Untersuchung miteinander verbundener Therapiebausteine auf ihre verhaltensändernde Wirksamkeit andererseits. Dabei standen entsprechend den im Hause entwickelten Therapiekonzepten verhaltenstherapeutische Ansätze im Vordergrund. Die psychobiologischen Studien brachten die auch für die Therapie wesentliche Erkenntnis, daß bulimisch Kranke trotz ihres meist normalen Körpergewichts eine ganze Reihe pathobiologischer Symptome der Mangelernährung aufweisen, die zu vielfältigen psychischen und somatischen Störungen einschließlich der Dysregulation von Hunger und Sättigung führen.

Im ersten Teil des Buches ist das derzeitige Krankheitskonzept der Bulimia nervosa dargestellt. Der Leser erfährt in kurzer und klarer Form alles Wissenswerte über soziale, psychische und somatische Aspekte der Bulimie, deren Symptomatik, die Ansätze zur Erklärung dieser bedrohlichen Störung, die Ergebnisse der Therapieforschung und die Effektivität der Kombination von Ernährungs- und Streßmanagement.

Im zweiten Teil wird ein detailliertes Therapiemanual vorgelegt, das durch seine systematische Anleitung auch einem weniger geübten Therapeuten die Möglichkeit gibt, eine effektive ambulante Behandlung bulimischer Patienten in der Gruppe durchzuführen. Auch für die allenfalls notwendige stationäre Therapie und die Einzeltherapie bietet das Manual eine Fülle von Anregungen. Hinweise auf Schwierigkeiten, die im Verlaufe der zeitlich begrenzten Therapie auftreten können, helfen dem Therapeuten, Hürden zu erkennen und zu überwinden.

Ich wünsche dem Buch und seinen Autoren viel Erfolg. Ich bin zuversichtlich, daß das hier dargelegte und erprobte Therapieprogramm vielen bulimischen Patienten Besserung und Heilung bringen wird.

München, im Juli 1992 Prof. D. Ploog, Direktor emeritus
Max-Planck-Institut für Psychiatrie

Danksagung

Dieses Buch ist das Ergebnis einer mehrjährigen interdisziplinären Arbeit mit Bulimiepatienten am Max-Planck-Institut für Psychiatrie in München. Es versteht sich, daß wir die Arbeit niemals ohne die Mithilfe vieler Menschen hätten fertigstellen können. Für die Entstehung des Buches war die Kooperation mit der australischen Arbeitsgruppe von Professor Peter Beumont, Sidney, unverzichtbar. Wir möchten ihm und den Kollegen Phyllis Butow, Maureen O'Connor und Steve Touyz für die fruchtbare und immer erfreuliche gemeinsame Arbeit danken.

Danken möchten wir ebenfalls Prof. Dr. Christian Krieg und Dr. Wolfgang Schreiber für ihre Unterstützung bei der Diagnostik und Dr. Ullrich Schweiger für den wertvollen Gedankenaustausch zur Ernährungsendokrinologie.

Danken möchten wir auch Marion Schweiger und den Ökotrophologinnen Ilse Scholl und Christine Wöll, die wesentlich zur Erarbeitung der ernährungsberatenden Teile der Therapie beigetragen haben. Unser besonderer Dank gilt zudem Frau Drancoli für die immer zuverlässigen Auswertungsarbeiten.

Bei der praktischen Erprobung des Manuals haben die Psychologen Dr. Francesco Alcala-Toca, Dr. Edith Kaestner, Birgitt Kotthaus, Silvia Lange und Dr. Wolfgang Lennerts dankenswerterweise wichtige Erfahrungen gesammelt und an uns weitergegeben. Wichtige Hinweise für die Therapiedurchführung kamen darüber hinaus von Dr. Gabriele Duran und Dr. Gerti Hank.

Unsere studentische Hilfskraft Brigitte Janson hat schließlich bei der Fehlerkorrektur geholfen, auch ihr Dank dafür.

Schließlich möchten wir besonders herzlich den vielen Patienten danken, die mit engagierter Mitarbeit und Diskussion zur stetigen Weiterentwicklung der Therapie angeregt haben. Mit ihrer Bereitschaft, über ihre Erfahrungen mit der Erkrankung und der Therapie zu berichten haben sie den entscheidenden Anstoß zu diesem Buch gegeben. So hoffen wir im Sinne dieser Patienten einen Beitrag zur Bewältigung bulimischer Eßstörungen zu leisten.

DIE AUTOREN

Inhaltsverzeichnis

Erster Teil

Grundlagen

Das bulimische Syndrom

Sylvia, 31 Jahre:
„Es gab Tage, an denen ich sechs mal gebrochen habe, an anderen Tagen aß ich überhaupt nichts. Als ich allein wohnte, ging das. Eingeleitet von einer halben Flasche Wein, habe ich erst einmal gekotzt, dann irrsinnige Mengen gefressen, dann wieder alles gekotzt, dann den restlichen Wein getrunken – dann war ich eh hinüber. Das waren meine Abende. Später gings täglich immer öfter, ich muß- te auch irrsinnige Mengen klauen, konnte überhaupt nicht mehr aufhören. Natürlich habe ich noch gearbeitet, aber eigentlich nur noch, um die Bulimie zu finanzieren, die Arbeit war mir inhaltlich nicht mehr wichtig. Gelitten habe ich unter der zunehmenden Einsamkeit – immer hatte ich Angst, entdeckt zu wer- den. Das wäre schlimm gewesen. Irgendwie glaube ich, daß ich es gebraucht habe, es hat mir geholfen, die Zeit in meiner Ausbildung zu überstehen."

Heike, 26 Jahre:
„Es wird immer noch mehr, einmal am Tag genügt nicht mehr. Meine Gedanken kreisen nur noch ums Essen. Mühsam halte ich Studium und sonstiges aufrecht, aber nur aus dem Mechanismus des Durchhaltens, des Starkseinwollens – wor- um mich viele so beneiden. Ich aber finde alles zum Kotzen, im wahrsten Sinne des Wortes... Nichts, aber auch gar nichts mehr kann mich vom Essen abhalten. Ich übernehme Tätigkeiten und Verpflichtungen, aber das Essen baue ich drum- rum. Auch Gespräche halten mich nicht davon ab, im Gegenteil, sie werden lästig, halten mich vom Essen ab, bei anderen Dingen läßt es sich leichter tun... Aber eigentlich sehne ich mich nach Zärtlichkeit, ich sehne mich nach Nähe und kann sie gleichzeitig nicht aushalten... Es kann nicht mehr lange dauern und ich bin nicht mehr in der Lage, Kontakte zu genießen. Alles bleibt zunehmend an der Oberfläche, ich tue nur noch so, als ob ich zuhöre, in Wirklichkeit denke ich ‚Nußschnecke oder Hamburger'..."

Bulimisches Verhalten oder „Ochsenhunger" (von griechisch bous = Stier, Ochse und limos = Hunger) ist schon seit der Antike bekannt (Ziolko, 1985). So berichten beispielsweise Seneca oder Plutarch, wie bei Festgelagen riesige Nah- rungsmengen verspeist und anschließend wieder erbrochen wurden – um Platz zu schaffen für weitere Speisen. Die Geister mögen sich geschieden haben, ob „Fressen und Erbrechen" in diesem Fall als Lust oder Laster zu sehen sei. Von Beschreibungen krankhaften Heißhungers ungeklärter Ursache (z.B. stoffwech- selbedingter Heißhunger bei drohender Ohnmacht) abgesehen, findet Ziolko (1985) andererseits auch Darstellungen aus der Antike und dem Mittelalter, in denen ein als „Hunds-Hunger" bezeichnetes Wechselspiel von Nahrungsgier und Erbrechen oder Fasten als „krank" beurteilt wurde. Für die Betroffenen schienen diese Verhaltensweisen unausweichlich und mit großen Sorgen verbunden zu sein.

Als psychiatrisches Syndrom wurde die „Bulimie" erst in der zweiten Hälfte der siebziger Jahre ausführlich und systematisch beschrieben (Boskind-Lohdahl, 1976; Russell, 1979). Es war aufgefallen, daß vor allem bei jungen Mädchen oder Frauen — nur in seltenen Fällen bei Männern — eine Form der Eßstörung vorkommt, die trotz verschiedener Ähnlichkeiten in der Psychopathologie nicht der Magersucht zugerechnet werden kann. Bei einer extremen Sorge um den Körper und das Gewicht wechseln Eßanfälle — es werden in kurzer Zeit große Mengen an meist hochkalorischer, kaum zubereiteter Nahrung aufgenommen — mit Erbrechen der Nahrung oder Perioden stark eingeschränkter Nahrungsaufnahme ab. Anders als bei Übergewichtigen mit „Eßsucht" sind die Methoden der Gewichtskontrolle durchaus effektiv und das Gewicht der Patientinnen liegt im allgemeinen im Normalbereich.

Diagnostische Kriterien und Nosologie

1980 wurde Bulimia als eigene diagnostische Kategorie in das DSM III aufgenommen (American Psychiatric Association, APA, 1980) und 1987 unter der Bezeichnung Bulimia nervosa (BN) näher spezifiziert (APA, 1987; dt. Fassung: Wittchen et al., 1989). Folgende Kriterien müssen für die Diagnose BN erfüllt sein:

A) Wiederholte Episoden von Freßanfällen (schnelle Aufnahme einer großen Nahrungsmenge innerhalb einer bestimmten Zeitspanne).
B) Das Gefühl, das Eßverhalten während der Freßanfälle nicht unter Kontrolle halten zu können.
C) Um einer Gewichtszunahme entgegenzusteuern, greift der Betroffene regelmäßig zu Maßnahmen wie selbstinduziertem Erbrechen, dem Gebrauch von Laxantien oder Diuretika, strengen Diäten oder Fastenkuren oder übermäßiger körperlicher Betätigung.
D) Durchschnittlich mindestens zwei Freßanfälle pro Woche über einen Mindestzeitraum von 3 Monaten.
E) Andauernde, übertriebene Beschäftigung mit Figur und Gewicht.

Differentialdiagnostisch ist die Bulimie nach DSM III R von psychogener Adipositas und psychogenem Erbrechen abzugrenzen. Als psychische Erkrankung dürfen keine körperlichen Bedingungen der Eßstörung vorliegen. Episoden von unkontrollierbarem Heißhunger finden sich auch bei etwa 50 % der Adipösen (Loro u. Orleans, 1981). Bei diesen fehlen jedoch zumeist Erbrechen oder andere extreme Maßnahmen zur Gewichtskontrolle. Ebenfalls abzugrenzen ist die Bulimie gegenüber dem psychogenen Erbrechen, dem keine primäre Sorge um das Körpergewicht zugrunde liegt. Weiterhin sind bestimmte neurologische Erkrankungen (z.B. Tumore des ZNS, Klüver-Bucy — ähnliche Syndrome, Kleine-Levin-Syndrom), aber auch Schizophrenien, die mit ungewöhnlichem Eßverhalten verbunden sein können, differentialdiagnostisch auszuschließen.

Die Abgrenzung der Bulimie von der Pubertätsmagersucht ist umstritten (Russell, 1979). Gemeinsames Merkmal von Anorexia nervosa- und Bulimiepatientinnen ist eine übersteigerte Angst davor, zuzunehmen bzw. dick zu werden. Auch bei der Bulimia nervosa kann im Vergleich zum prämorbiden Gewicht ein erheblicher Gewichtsverlust eingetreten sein, da viele Patientinnen in der Vorgeschichte übergewichtig waren und beinahe alle mehr oder weniger drastische Diätphasen durchmachten (Garner et al., 1985a). Gegen eine Unterteilung in normalgewichtige Bulimikerinnen einerseits und extrem untergewichtige, bulimische oder fastende Anorektikerinnen andererseits sprechen die häufigen Übergänge von der Anorexie zur normalgewichtigen Bulimie sowie Forschungsergebnisse, denen zufolge stark untergewichtige anorektische Patientinnen mit bulimischer Symptomatik normalgewichtigen Patientinnen mit Bulimia nervosa demographisch, klinisch und psychometrisch ähnlicher sind als den anorektischen Patientinnen ohne bulimisches Verhalten (Garner et al., 1985b). In der klinischen Praxis scheint jedoch eine Differenzierung der normal bzw. nur leicht untergewichtigen Bulimie von der extrem untergewichtigen bulimischen oder fastenden Anorexie sinnvoll.

Depressive Symptome treten bei der Bulimie erheblich häufiger auf als bei nicht- psychiatrischen Vergleichsgruppen (Laessle et al., 1987). Familienangehörige bulimischer Patientinnen zeigen ein erhöhtes Risiko für affektive Erkrankungen (Hudson et al., 1983). Patientinnen mit Eßstörungen sprechen in vielen Fällen auf antidepressive Medikation an und reagieren in biologischen Funktionstests ähnlich wie Depressive. Diese Befunde unterstützen auf den ersten Blick die Hypothese einer engen nosologischen Beziehung dieser beiden Krankheitsbilder (Strober u. Katz, 1988). Andere Untersuchungen haben jedoch gezeigt, daß vor allem die psychologischen und physiologischen Korrelate des pathologischen Eßverhaltens dazu beitragen, daß sich sekundär zu der Eßstörung depressive Symptome entwickeln (Laessle, 1989).

Viele Symptome der bulimischen Störung haben zwangsartigen Charakter (z.B. Kalorienzählen, Wiegen, Eßrituale). Aufgrund empirischer Befunde ist anzunehmen, daß zwischen Eßstörungen und Zwangsneurose enge Zusammenhänge bestehen und daß bulimische Patientinnen mit ausgeprägter Zwanghaftigkeit eine schlechtere Prognose haben (Fichter, 1985).

Für die Bulimie wird weiterhin eine Beziehung zu Abhängigkeitserkrankungen diskutiert, wobei als gemeinsame Grundlage beider Krankheitsbilder eine geringe Fähigkeit zur Impulskontrolle angenommen wird (Brand-Jacobi, 1984).

Symptomatik

Aus klinischer Sicht ist die Bulimia nervosa ein komplexes Syndrom, das Störungen des Verhaltens, des Erlebens und der Physiologie umfaßt.

Eßverhalten und Maßnahmen zur Gewichtskontrolle

Das prägnanteste Symptom – es hat der Erkrankung den Namen gegeben – sind Anfälle von Heißhunger und schier unstillbarer Gier nach Nahrung. Bei vielen Betroffenen kommt es mehrmals am Tag zu subjektiv nicht mehr kontrollierbaren Eßattacken. Während eines solchen Anfalls werden zwischen 5oo und 9000 kcal verschlungen (Wöll et al., 1989). Häufig erleben Bulimikerinnen aber bereits das Essen kleinerer Mengen „verbotener" Nahrungsmittel (z.B. ein Schokoriegel) als Kontrollverlust. Bei den meisten der Betroffenen verändert sich die als „Eßanfall" beurteilte Nahrungsportion immer wieder beträchtlich – oft um mehrere 1000 kcal. In den bulimischen Episoden bevorzugen die Patientinnen Süßigkeiten, Brot und andere Teigwaren, Milchprodukte mit hohem Fettanteil sowie Softdrinks. Die Zusammensetzung der Nahrung aus den Makronährstoffen Fett, Kohlenhydraten und Eiweiß, die während eines Eßanfalls aufgenommen wird, unterscheidet sich deutlich von der sonstigen Nahrungswahl der Patientinnen: Sind die Speisen während eines Eßanfalls oft fett und kohlenhydratreich, werden sonst möglichst fettarme und proteinreiche Nahrungsmittel verzehrt. Die Patientinnen wählen ihre Nahrung dann unter dem Gesichtspunkt einer gesunden, kalorienarmen Ernährung aus. Dieses „Basiseßverhalten" unterliegt einer strengen kognitiven Kontrolle und kann als „gezügeltes Essen" (engl. „restrained eating") bezeichnet werden (Herman u. Polivy, 1988). Diese Kontrolle bricht jedoch während der Bulimieattacken zusammen und die Betroffenen verschlingen nun alle „ungesunden" Nahrungsmittel, die sie sich sonst verboten hatten.

Die Eßanfälle werden in der Regel durch selbst herbeigeführtes Erbrechen beendet, das nach einiger Zeit fast wie ein automatisierter Reflex abläuft. Zu Beginn der Krankheit benützen einige Patientinnen Brechhilfen wie Flüssigkeiten, Medikamente oder Gegenstände, die in den Hals gesteckt werden. Obwohl Übelkeit und Völlegefühl bei der Auslösung des Erbrechens eine Rolle spielen, wird das Erbrechen jedoch vor allem willkürlich herbeigeführt, um eine Gewichtszunahme als Folge der exzessiven Nahrungszufuhr zu vermeiden. Viele Betroffene ergreifen weitere Massnahmen zur Gewichtskontrolle: Etwa 20 % der Patientinnen nehmen Abführmittel, zum Teil in großen Mengen – bis zu 200 Tabletten pro Tag (Mitchell u. Eckert, 1987). Sie hoffen, so die Resorption der Nährstoffe im Darm verhindern zu können. Allerdings unterliegen sie damit einem Irrglauben. Die Abführmittel greifen am Kolon an, in einem Darmabschnitt, in dem die Resorption weitgehend beendet ist. Durch Laxantien läßt sich die Resorption aus dem Darm bestenfalls um 10 % reduzieren (Ries, 1970). Seltener werden auch Appetitzügler und Diuretika zur Gewichtskontrolle eingesetzt. Alle diese Praktiken sind bei längerer Anwendung außerordentlich gefährlich, da sie zu schwerwiegenden körperlichen und psychischen Komplikationen führen können.

Die wichtigsten Gewichtskontrollmaßnahmen der bulimischen Patientinnen sind das bereits oben erwähnte stark gezügelte Eßverhalten („restrained eating") und die immer wiederkehrenden Diätversuche. Bei den von uns untersuchten Patientinnen gab es in einem Zeitraum von 3 Wochen im Mittel 4 Tage ohne Eßanfälle. An diesen Tagen aßen die Patientinnen im Mittel weniger als 1200 kcal, das sind ca. 500 kcal weniger als vergleichbare, gesunde junge Frauen ver-

zehren (Schweiger et al., 1988). Dieses gezügelte Eßverhalten zwischen den Eßanfällen kennzeichnet die Bulimie. Es entsteht so eine intermittierende Mangelernährung, die für die meisten metabolischen und hormonellen Störungen verantwortlich ist. Sie bedingt wahrscheinlich die Herabsetzung des Energieverbrauches
und sorgt im Sinne eines Circulus vitiosus für die Aufrechterhaltung der Bulimie.
Deutlich wird der Zusammenhang zwischen „gezügeltem Essen" und Bulimie,
wenn man das Eßverhalten an einem für Bulimikerinnen typischen Tag analysiert: Die Patientinnen frühstücken − wenn überhaupt − nur sehr wenig, sie vermeiden Zwischenmahlzeiten, häufig fällt das Mittagessen aus. Am Abend, wenn
sie nach Hause kommen, haben die Patientinnen zwangsläufig großen Hunger −
ein Umstand, der wesentlich zum Ausbruch eines Eßanfalls beiträgt.

Natürlich haben nicht alle Tage genau den gleichen Ablauf. Das Eßverhalten
der allermeisten Betroffenen ist jedoch durch eine unregelmäßige und zu geringe
Nahrungsaufnahme während des Tages gekennzeichnet. In der Normalisierung
des Eßverhaltens außerhalb der bulimischen Anfälle liegt daher eine wesentliche
Aufgabe der Therapie.

Psychopathologie und Körperwahrnehmung

Veränderungen der Körperwahrnehmung, vor allem der Hunger- und Sättigungssignale sind vermutlich ebenfalls im Sinne eines Circulus vitiosus zu sehen. Durch
die übermäßige kognitive Kontrolle des Eßverhaltens scheint die Fähigkeit zur
Wahrnehmung entsprechender Körpersignale verloren zu gehen: die Betroffenen
spüren nicht mehr, wann sie Hunger haben und wann sie satt sind. Bulimische
Patientinnen berichteten bei Beginn und nach Beendigung einer standardisierten
Mahlzeit jeweils ähnlich hohe Hungereinschätzungen und niedriges Sättigungserleben. Bei vergleichbaren, gesunden jungen Frauen nimmt dagegen der wahrge-
nommene Hunger im Laufe der Mahlzeit ab- und die Sättigung zu (Owen et al.,
1985). Keine veränderte Hungerwahrnehmung vor einer Mahlzeit, jedoch fehlende Sättigungsreaktionen nach der Mahlzeit, wie verminderter Appetit, Veränderungen der Geschmacksqualitäten und vermindertes Eßtempo, berichten Chiodo
u. Latimer (1986). Sind Hunger- und Sättigungswahrnehmung nicht mehr funk-
tionsfähig, erleben die Betroffenen die kognitive Kontrolle der Nahrungsaufnahme als notwendig, um das Risiko, zuviel zu essen und zuzunehmen, auf jeden Fall
zu minimieren. Das heißt, die Patientinnen legen nach Zeit- oder Mengenkrite-
rien fest, wann sie hungrig sein „dürften" oder wann sie gesättigt sein „sollten".

Die Patientinnen sind extrem um ihr Gewicht und ihre Figur besorgt, fürchten
unkontrollierbar zuzunehmen, finden sich zu dick, die Hüften und den Po unför-
mig, die Beine aufgeschwemmt und fett und den gesamten Körper unattraktiv
und abstoßend. Gewicht und körperliches Aussehen haben für das Selbstwertgefühl entscheidende Bedeutung (Fairburn u. Garner, 1986). Wie bei der Anorexia
 nervosa ist die Wahrnehmung der Körperdimensionen in Richtung einer erhebli-
chen Überschätzung gestört (Meermann u. Vandereycken, 1988). Das subjektive
Empfinden, sich trotz normalen Gewichts zu dick zu fühlen, ist häufig sehr von
Gefühlszuständen wie Dysphorie, Angst, Stress oder Langeweile abhängig. Die
übermäßige Beschäftigung mit dem Körper scheint zudem von wichtigen Lebens-

problemen abzulenken oder sogar als Pseudolösung von den Patientinnen erlebt zu werden.

Andrea, 21 Jahre:
„Mein Leben mit Bulimie war furchtbar einsam. Eigentlich hatte ich für nichts mehr Zeit, weil ich nur noch beschäftigt war, Essen zu kaufen, zu fressen und zu kotzen. Ich war wirklich furchtbar einsam – über 5 Jahre lang. Am Abend im Bett habe ich mir manchmal einige Dinge vorgenommen, die erledigt werden müßten. Morgens habe ich das Wichtigste schnell erledigt und dann bin ich einkaufen gegangen. Nur äußerer Druck und Verpflichtungen haben mich vom Essen und Brechen abgehalten, alles andere habe ich entweder gar nicht mehr gemacht oder kurz vorher abgesagt. Einzige Hoffnung war der Gedanke ‚das wird schon wieder‘, aber es war nicht so, daß ich tatsächlich etwas dafür getan hätte. Lebensperspektive hatte ich keine. Wenn überhaupt habe ich Schule und Studium nur gemacht, weil meine Eltern Druck auf mich ausübten. Meine Perspektivelosigkeit war schon vor der Bulimie da – nie wußte ich, was ich machen will. Ich habe immer gedacht, ich bin nichts und ich kann nichts und dick bin ich auch noch. Da mag mich keiner. Wenn ich dünn wäre und hübsch, dann wäre ich wenigstens etwas – ein hübsches Dummchen. Dann habe ich abgenommen. Radikal. Ich war schon als Kind ein Pummelchen, da fanden es alle toll, daß ich jetzt abnehme. Sogar belohnt wurde ich von meiner Familie, weil ich so stark bin, weil ich einen sooo starken Charakter habe..."

Bettina, 25 Jahre:
„Lebensperspektive hatte ich keine. Mit meiner Situation war ich unzufrieden und ganz ziellos in meinem Leben. Ich konnte mit nichts und niemandem etwas anfangen. Für mich blieb der Neid auf andere, die viel besser ausschauten und denen es so viel besser ging. Ich war absolut unselbstständig und nicht selbstbewußt. Ich wollte dann wenigstens eine top Figur haben."

Viele Patientinnen leiden unter depressiven Symptomen wie Stimmungslabilität, Gefühlen der Wertlosigkeit, Schuld- und Suizidgedanken. Fast 40 % der Patientinnen haben bereits einen oder mehrere Suizidversuche hinter sich (Laessle et al., 1987). Nahezu die Hälfte erhält im akuten Stadium der Bulimie die Zusatzdiagnose der Depression (Hudson et al., 1983). Die Stimmungsschwankungen sind sehr häufig direkt mit bulimischen Anfällen verbunden. Dem kurzfristigen Gefühl der Erleichterung, durch Erbrechen eine Gewichtszunahme verhindert zu haben, folgt normalerweise eine Phase der Niedergeschlagenheit und der Schuldgefühle (Johnson u. Larsen, 1982). Eßanfälle können über solche Stimmungen zwar kurzfristig wieder hinweghelfen, sind aber gleichzeitig Anlaß zu neuen Schuldgefühlen. Häufig geraten Patientinnen im Verlauf ihrer Erkrankung infolge des extrem abweichenden Eßverhaltens zunehmend in soziale Isolation sowie in berufliche und finanzielle Schwierigkeiten. In vielen Fällen kommt dazu noch Alkohol- oder Drogenmißbrauch (Mitchell et al., 1986).

Studien zur Persönlichkeitsstruktur bulimischer Patientinnen deuten darauf hin, daß vor allem die Selbstkontrollfähigkeit sowohl im Vergleich zu gesunden jungen Frauen als auch gegenüber anderen klinischen Gruppen stark vermindert ist. Dies bedeutet, daß vielen Patientinnen ein Aufschub kurzfristiger Bedürfnis-befriedigung nur schwer gelingt und sie deshalb auf die orale „Problemlösestrate-gie" zurückgreifen. Insgesamt sind bulimische Patientinnen bezüglich psycholo-gischer Merkmale jedoch ein sehr heterogenes Kollektiv. So konnte Paul (1987) in einer Untersuchung mit dem Freiburger Persönlichkeitsinventar (FPI) an 266 Patientinnen zeigen, daß in der Gesamtgruppe drei deutlich unterscheidbare Untergruppen existieren, die man als „sozial-phobisch", „impulsiv" und als „unauffällig" charakterisieren kann.

Metabolische und endokrine Veränderungen

Bei magersüchtigen Patientinnen führt der starke Gewichtsverlust zu Verände-rungen in beinahe allen Körperfunktionen. Über diese Veränderungen wird ein Überleben trotz der stark eingeschränkten Kalorienzufuhr überhaupt erst mög-lich. Diese Anpassungsvorgänge (Adaption an Mangelernährung) werden durch hormonelle Mechanismen gesteuert. Es muß vermutet werden, daß die bei Anor-exiepatientinnen beobachteten körperlichen Veränderungen auch bei vielen Patientinnen mit Bulimie auftreten, obwohl Bulimiepatientinnen per definitio-nem nicht untergewichtig sind.

Abbildung 1 zeigt eine Verlaufsstudie bei einer bulimischen Patientin, die 120 % des idealen Körpergewichtes aufwies. Im Laufe der etwa vierwöchigen Beobachtungszeit kam es zu erheblichen Gewichtsschwankungen um mehrere Kilogramm. Jeder Gewichtsverlust wurde von einem Anstieg der Ketonkörper im Blut begleitet. Im Beobachtungszeitraum traten drei Fasten- bzw. Diätperioden auf, in denen das Gewicht abnahm und der Ketonkörper β-Hydroxybuttersäure zunahm. Dieser Befund ist typisch für die überwiegende Mehrzahl bulimischer Patientinnen. Die Ähnlichkeit zwischen untergewichtigen anorektischen und nor-malgewichtigen bulimischen Patientinnen liegt darin, daß die ersteren mehr oder weniger permanent, die letzteren intermittierend diätieren bzw. fasten.

Tabelle 1 gibt einen Überblick über einige der wichtigsten metabolischen und endokrinen Veränderungen bei Anorexia und Bulimie. Bei beiden Eßstörungen kommt es infolge der verminderten Nahrungszufuhr zu einem Absinken der Blut-zuckerwerte (Glukose). Die Basiswerte des Insulins sind infolgedessen gleichfalls verringert. Da die Energiezufuhr von außen vermindert ist, entsteht eine katabole Stoffwechsellage, die durch einen Abbau des Fettgewebes und einen Anstieg der Konzentration freier Fettsäuren im Blut zur Energiegewinnung charakterisiert ist. Der Körper „frißt" sich selbst. In vielen Organen des Körpers können die Fettsäu-ren direkt zur Energiegewinnung herangezogen werden. Ins Gehirn können die meisten freien Fettsäuren nicht eindringen, da sie die Bluthirnschranke nicht überwinden können. Daher werden in der Leber aus den freien Fettsäuren Keton-körper (ß-Hydroxybuttersäure und Acetoacetat) gebildet, die ins Gehirn gelangen und den Mangel an Glukose bis zu 7o % kompensieren können. Die Glukosever-sorgung des Gehirns kann allerdings nicht gänzlich durch andere energiegebende Substanzen ersetzt werden. Da die Hirnfunktion auf Glukosezufuhr angewiesen ist, muß Glukose − wenn sie nicht von außen zugeführt wird − von der Leber aus Aminosäuren nachgebildet werden. Für diese Glukoneogenese ist eine Stimu-

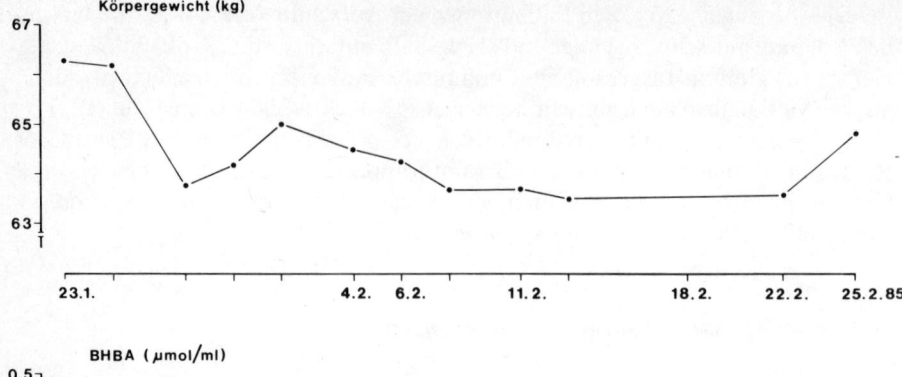

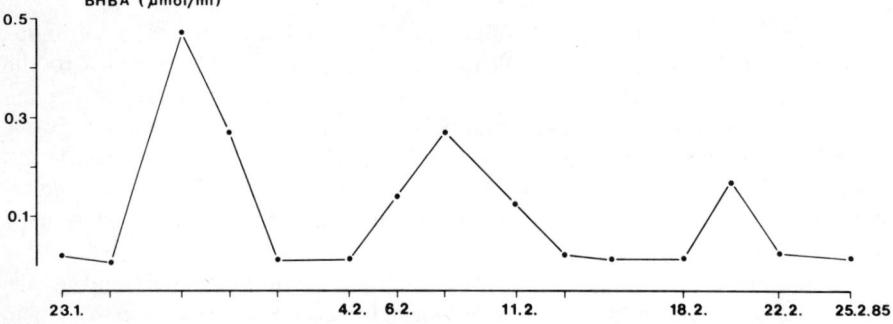

Abb. 1. Intermittierendes Fasten bei einer 25j. Patientin mit Bulimia nervosa. Während eines Monats treten 3 Diätphasen auf, in denen das Körpergewicht absinkt und die Betahydroxybuttersäure (BHBA) als Indikator für den Fastenstoffwechsel ansteigt

lation durch Cortisol und zum Teil auch durch Wachstumshormon notwendig. Wir beobachten daher bei Eßstörungen immer dann erhöhte Cortisol- und Wachstumshormonwerte, wenn eine katabole Stoffwechsellage eintritt. Daraus läßt sich auch die Beobachtung erklären, daß die Cortisolwerte nicht bei allen Patientinnen zu allen Zeitpunkten erhöht sind.

Andere endokrinologische Veränderungen dienen der Einschränkung des Energieverbrauches und sind sozusagen „Sparmaßnahmen" des Körpers. Devlin et al. (1990) konnten zeigen, daß der Energieverbrauch unter Ruhebedingungen, der etwa 7o% des gesamten Energieverbrauches ausmacht, bei bulimischen Patienten erniedrigt ist. Dieser Prozess wird im wesentlichen von zwei Hormonen gesteuert:

(1) **Trijodthyronin** entsteht aus dem Schilddrüsenhormon Thyroxin durch Abspaltung eines Jodatoms. Unter Bedingungen verminderter Kalorienzuzfuhr entsteht weniger Trijodthyronin und mehr von dem biologisch unwirksamen Retro-Trijodthyronin. Die normalen Werte von Tyreoidea stimulierndem Hormon (TSH) und von Thyroxin bei der Bulimie zeigen eine normale Schilddrüsenfunktion an. Die erniedrigten T3-Werte sind dagegen Ausdruck der katabolen Stoffwechsellage und der intermittierenden Mangelernährung.

(2) Die Veränderungen im **noradrenergen System** (Noradrenalin) sollen im einzelnen besprochen werden, da ihm eine zentrale Rolle in der Regulation des

Tabelle 1. Metaboliten und Hormone im Serum von Patienten mit Bulimia nervosa und Anorexia nervosa

	Anorexie	Bulimie
Glukose	↓	↓
Insulin	↓	↓
Freie Fettsäuren	↑	↑
Acetoacetat	↑	↑
β-Hydroxibuttersäure	↑	↑
Cortisol	↑	↑
Wachstumshormon	↓	↓
TSH	→	→
Tyroxin	→	→
Trijodthyronin	↓	↓
Noradrenalin	↓	↓
Östradiol	↓	↓
Progesteron	↓	↓
Luteinisierendes Hormon	↓	↓
Follikelstimulierendes Hormon	↓	↓

Energiestoffwechsels, aber auch der Befindlichkeit zukommt. In einer Reihe verschiedener Funktionstests läßt sich die verminderte noradrenerge Aktivität nachweisen: Bulimische Patienten zeigen einen verringerten Anstieg des Plasmanoradrenalin im Orthostasetest, sie reagieren mit einem geringeren Anstieg der Werte auf Testmahlzeiten der verschiedensten Zusammensetzung und sie scheiden signifikant geringere Mengen des Noradrenalinabbauproduktes MHPG im Harn aus (Heufelder et al., 1985; Philipp et al., 1990). Wie wir in tierexperimentellen Studien zeigen konnten, beeinflußt die permanente und intermittierende Mangelernährung nicht nur das periphere, sondern auch das zentrale noradrenerge System (Pirke u. Spyra, 1982; Schweiger et al., 1985). Daß dieser Befund auch auf den Menschen übertragen werden kann, wurde von Kaye et al. (1984) demonstriert, die im Liquor cerebrospinalis eßgestörter Patienten verminderte MHPG-Spiegel fanden. Welche Bedeutung hat nun die verringerte noradrenerge Aktivität? Die klinischen Symptome Hypotonie, Bradykardie, Hypothermie sind Ausdruck der verminderten Aktivität des sympathischen Nervensystems und seines Neurotransmitters Noradrenalin. Die Verminderung des Grundumsatzes geht neben der T3-Verminderung vor allem auf die verminderte Noradrenalinaktivität zurück. Eine zweite Konsequenz der verminderten Noradrenalinaktivität kann die Entwicklung depressiver Verstimmungen sein (Schildkraut, 1978). Ein erheblicher Teil (30 – 60 %) bulimischer Patientinnen hat eine klinisch relevante Depression (major depressive disorder nach DSM III). Diese Depression entsteht nach eigenen Untersuchungen nur selten (in 9 %) vor Beginn der Eßstörungen (Laessle et al., 1987). Häufiger ist der Beginn im ersten Jahr nach Ausbruch der

Eßstörung (14 %) und noch später (70 %). Die Depression ist eine der gefährlichsten Komplikationen der Eßstörungen, da sie zu Suizid oder Suizidversuchen führen kann.

Eine andere Konsequenz der „Energiesparmaßnahmen" des Körpers ist die Beeinträchtigung der Reproduktionsfähigkeit eßgestörter Patientinnen, da diese in aller Regel im fertilen Alter sind und gelegentlich auch den Wunsch nach Kindern haben. Bei der Anorexie kommt es regelmäßig zu Amenorrhoe. Bei der Bulimie schwanken die Angaben der Amenorrhoehäufigkeit zwischen 3o und 8o %. Die Amenorrhoe hat ihre Ursache in einer mangelernährungsbedingten hypothalamischen Störung, die zu einer völligen oder teilweisen Suppression der episodischen Gonadotropinsekretion führt (Pirke et al., 1979). Auch weniger ausgeprägte oder intermittierende Gewichtsabnahme führt bei jungen Frauen zu Zyklusstörungen (Pirke et al., 1986; Schweiger et al., 1987). Abbildung 2 zeigt einige typische Zyklen bulimischer Patientinnen. In dieser Untersuchung wurden jeweils über einen Zyklus bzw. 6 Wochen mehrfach wöchentlich Blutproben zur Messung des Östradiol und des Progesteron gewonnen. Im Beispiel A ist eine bulimische Patientin mit normalem Zyklus repräsentiert: in der ersten Zyklushälfte kommt es zu einem allmählichen Anstieg der Östradiolwerte, die zur Zeit des Eisprunges ein Maximum erreichen. In der zweiten Zyklushälfte, der Lutealphase, kommt es dann bei hohen Östradiolwerten zu einem ausgeprägten Progesteronanstieg. Dieser Zyklus ist aller Wahrscheinlichkeit nach ein fertiler Zyklus. Nur bei 10 % aller untersuchten Patientinnen (n = 50) fand sich ein solcher Zyklus. Der Zyklus kann bei Bulimiepatientinnen in mehrerer Hinsicht gestört sein, auch ohne daß es unbedingt zu einem Ausbleiben der Monatsblutung kommen muß. Beispiel B in Abbildung 2 zeigt eine Lutealphasenstörung, wie wir sie bei 45 % unserer Patientinnen gefunden haben. Sie ist durch einen verminderten Progesteronanstieg gekennzeichnet. In solchen Fällen muß mindestens mit einer gravierenden Störung der Fertilität gerechnet werden. Das Beispiel C in Abbildung 2 zeigt einen anovulatorischen Zyklus, den wir ebenfalls bei 45 % der untersuchten Patientinnen nachwiesen. Hier kommt es zu keinem Östradiolanstieg, da sich kein Follikel zur Sprungreife entwickelt. Der Zyklus ist infertil. Persistieren anovulatorische Zyklen über mehrere Jahre, so entwickelt sich eine Osteoporose. Multiple Frakturen sind die Folge eines so entstandenen Östrogenmangels. Die zwischendurch immer wieder auftretenden Zustände von Hyperkortisolismus und die wechselhafte, häufig schlechte Ernährungslage verstärken den Effekt des Östradiolmangels. Alle beschriebenen metabolischen und endokrinen Störungen sind reversibel. Es ist jedoch zu bedenken, daß sich einige Veränderungen nach Überwindung der Krankheit nur sehr langsam, d.h. oft erst nach einigen Jahren, zurückbilden. Dazu gehören vor allem die Zyklusstörungen und die Veränderungen im noradrenergen System.

Medizinische Komplikationen

Über diese metabolischen und endokrinen Störungen hinaus kommt es durch störungsspezifische Verhaltensweisen bei Patientinnen mit Bulimia nervosa zu einer Reihe, teils schwerwiegender medizinischer Komplikationen. Die medizinischen

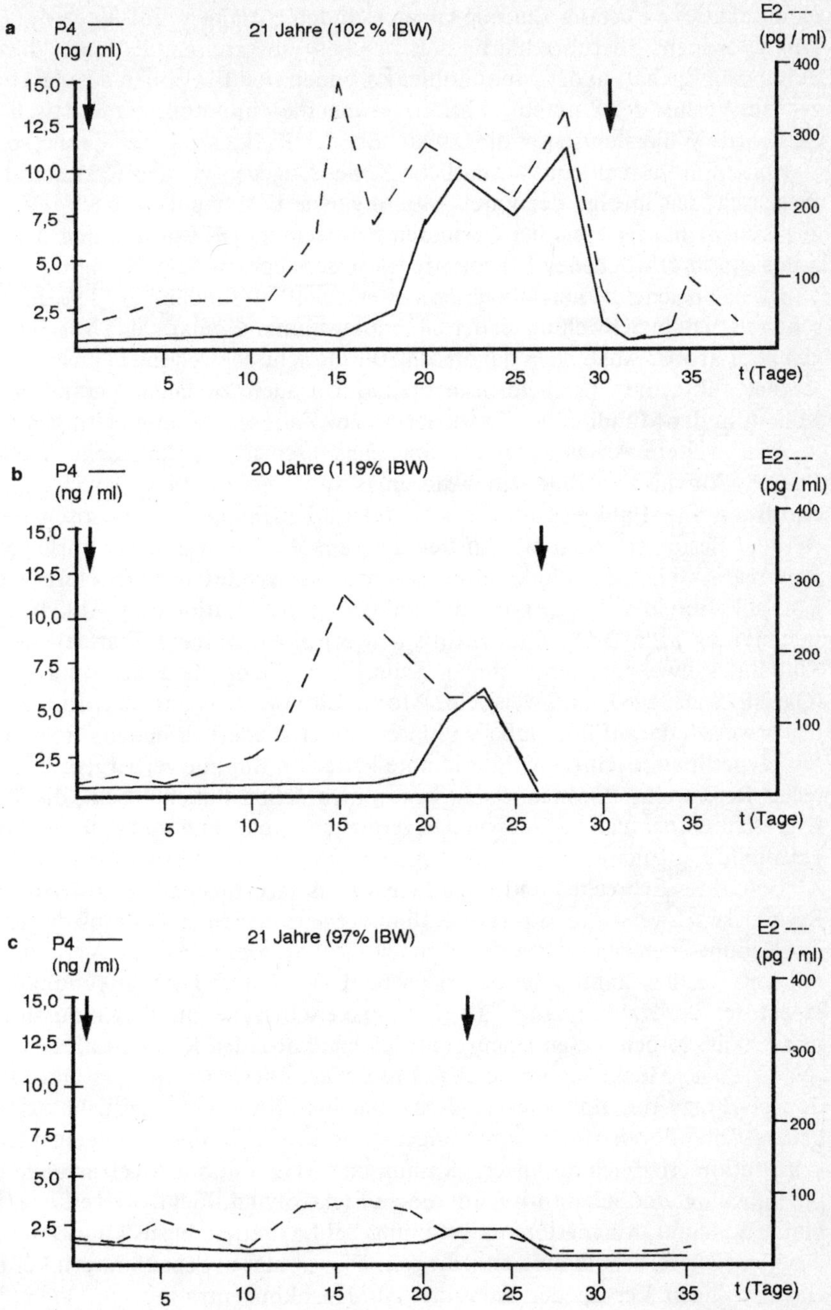

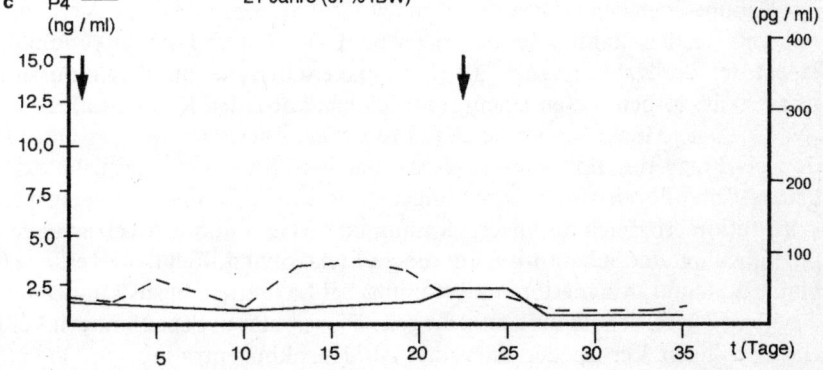

Abb. 2a-c. Zyklusstörungen bei Bulimia nervosa. Östradiol (E2) und Progesteron (P4) wurden während eines menstruellen Zyklus gemessen.
a Normaler Zyklus mit zweigipfligem Östradiolanstieg und deutlichem Progesteronanstieg während der zweiten Zyklusphase **b** Lutealphasenstörung mit nur kurzem und geringem Progesteronanstieg. **c** Anovulatorischer Zyklus. Hier kommt es nicht mehr zu einem genügenden Östradiolanstieg, d.h. es reift kein befruchtungsfähiges Ei heran

Komplikationen bei der Bulimie lassen sich den einzelnen Störungen des Verhaltens zuordnen. So führt häufiges Erbrechen zu Zahnschädigungen durch den hohen Säuregehalt in der Mundhöhle. Es finden sich Erosionen des Zahnschmelzes und Verlust der Zahnhartsubstanz, wobei die Zahngröße oft drastisch verringert wird (Willershausen et al., 1990). Bei der Entkalkung der Zähne spielt der Laxantienmißbrauch eine wesentliche Rolle. Dagegen werden Karies und Zahnfleischschäden infolge der guten Mundhygiene (Zähneputzen nach dem Erbrechen) nicht häufiger als bei Gesunden beobachtet. Die Ansäuerung der Mundhöhle durch erbrochenen Magensaft führt daneben zu Schwellung und Entzündung der Speicheldrüsen. Mayerhausen et al. (1990) fanden bei 53 % der bulimischen Patienten Schwellungen der Glandula submandibularis, bei 6 % Schwellungen der Parotis. Abgesehen davon, daß die Gesichtsschwellungen kosmetisch entstellen, führt die Speicheldrüsenentzündung auch zu einer Veränderung des Milieus in der Mundhöhle, die wiederum zur Zahnschädigung beitragen kann.

Eine weitere Auswirkung der Speicheldrüsenstörung kann ein Anstieg des Enzyms Amylase im Blut sein. Allerdings kann ein erhöhter Amylasewert auch Ausdruck einer Pankreasstörung sein und muß differentialdiagnostisch abgeklärt werden. Besonders weist ein Anstieg der Lipase im Blut auf das Vorliegen einer Pankreatitis hin. Die Pankreatitis ist eine relativ häufige und schwerwiegende Komplikation der Eßstörung, die unbedingt der stationären Abklärung und Behandlung bedarf. Die Pankreatitis tritt oft plötzlich nach Eßattacken auf. Sie geht mit schwersten abdominalen Schmerzen, Fieber und Tachycardie einher (Gavish et al., 1987) und weist eine Mortalität von 10 % auf. Gavish und Mitarbeiter weisen darauf hin, daß sich hinter immer wiederkehrenden Pankreatitiden mit Hyperlipämie häufig nicht erkannte Fälle von Bulimie verbergen. Ein zusätzliches Risiko eine Pankreatitis zu bekommen gehen Patienten ein, die Thiazid-Diuretika einnehmen. Exzeßiver Diuretikagebrauch kann auch zu ausgeprägter Ödembildung führen.

Gehäuftes Erbrechen und Laxantienabusus verursachen Elektrolytstörungen. Besonders schwerwiegend ist der Kaliumverlust, der an einem erniedrigtem Serum-Kalium-Spiegel und spezifischen elektrokardiographischen Veränderungen erkannt werden kann (charakteristische U-Wellen, ST-Absenkung). Klinisch macht sich der Kaliummangel als Herzmuskelschwäche und Rhythmusstörungen bemerkbar. Neben diesen lebensbedrohlichen kardialen Komplikationen werden Verwirrtheit, Muskelschwäche, Krämpfe, Parästhesien, Polyurie und Obstipation als Folge des Kaliummangels beobachtet. Kaliummangelzustände werden häufig weiter durch Magnesiummangel kompliziert, der den Erfolg einer Kaliumsubstitution erheblich erschwert. Kalium und Magnesiummangelzustände bedürfen unbedingt der Substitution mit diesen Elektrolyten. Elektrolytverluste (Bikarbonat, Kalzium, Magnesium und Kalium) bei Laxantienabusus können lebensbedrohliche Nierenschädigungen bedingen. Die tubulären Schädigungen können zu einem völligen Verlust der Fähigkeit zur Harnkonzentration, zu Ödembildung und zu sekundärem Hyperaldosteronismus führen. Neben der Nierenschädigung führt Laxantienabusus zu rektalen Blutungen, zu Wasserverlust, Dehydratation und zu lebensbedrohenden Erschlaffungszuständen des Dickdarms (Megakolon). Eine weitere allerdings ungefährliche Komplikation der Einnahme sennahaltiger Laxantien sind die Entwicklung von Uhrglasnägeln, die bei 6 % der eßgestörten

Patienten beobachtet wurden (Mayerhausen et al., 1990). Aus diesen Uhrglasnägeln können sich Trommelschlegelfinger und weitere Knochenabnormalitäten (hypertrophe Osteoartropatie) entwickeln. Die Pathogenese dieses Zustandes ist unklar (Fichter u. Chlond 1988).

Infolge des Verschlingens großer Nahrungsmengen und des anschließenden Erbrechens kommt es zu einer Reihe weiterer gastrointestinaler Störungen. Eine zunächst harmlose Störung ist der verlangsamte Transport der Nahrungsmittel und die verzögerte Magenentleerung (Lautenbacher et al., 1989). Hieraus können sich akute atonische Magenerweiterung mit schwersten Schmerzzuständen im Abdomen entwickeln. Die schwerste und häufig letale Komplikation ist die Magenruptur (Letalität 80 %). Rupturen der Speiseröhre sind nach Erbrechen beschrieben worden und sind gleichfalls mit einer sehr hohen Letalität belastet.

Spezifische und unspezifische Hautveränderungen können oft einen Hinweis für das Vorliegen einer Bulimie geben (Mayerhausen et al., 1990). Trockene Haut und trockene brüchige Haare mit Haarausfall werden in 10 − 30 % der Bulimiepatienten gefunden. Ursache dafür dürfte eine leichte Verminderung der Schilddrüsenhormonwirkung sein (niedriges Trijodtyronin; siehe oben).

Vitaminmangelzustände sind bei Bulimiepatientinnen eher selten und kommen als Ursache von Hautveränderungen weniger in Betracht (Philipp et al., 1988). Während die bisher genannten Hautveränderungen unspezifisch sind, können auch pathognomische Veränderungen an Fingern und Handrücken beobachtet werden: Oberflächliche Hautverletzungen, Erosionen, hyperpigmentierte Narben oder Schwielen entstehen durch Verletzungen an den oberen Zahnreihen wenn Hand und Finger zur Provokation des Erbrechens benutzt werden.

Epidemiologie und Verlauf

Die Prävalenzschätzungen für die Bulimie liegen bei Anwendung der Kriterien des DSM III (APA, 1980) zwischen 3 und 8 % für Frauen in der Altersgruppe zwischen 18 und 30 Jahren (Connors u. Johnson, 1987). Neueste angloamerikanische Untersuchungen nach den strengeren Kriterien des DSM-III-R (APA, 1987) kommen zu einer Schätzung von ca. 1 % klinischen Bulimien in der Risikogruppe (Fairburn u. Beglin, 1990). Nur ca. 1 % der Fälle sind Männer (Fairburn u. Cooper, 1984). Bei der Bulimia nervosa ist davon auszugehen, daß die Prävalenz in den letzten Jahren deutlich zugenommen hat (Pyle et al., 1986) und wahrscheinlich mit einem weiteren Anstieg zu rechnen ist.

Darüber hinaus sind einzelne Symptome der Bulimie bei jungen Frauen allgemein weit verbreitet. Die Diskrepanz zwischen dem derzeit vorherrschenden und vielfach unreflektiert übernommenen Schlankheitsideal und dem eigenen Körpergewicht nötigt offenbar viele Frauen, neben Schlankheitsdiäten auch offenkundig gesundheitsschädliche Maßnahmen zur Gewichtskontrolle zu benutzen. Ca. 3,5 % der weiblichen Gesamtbevölkerung der Bundesrepublik Deutschland ohne die Diagnose einer Eßstörung führen regelmäßig willkürlich Erbrechen herbei (Westenhöfer et al., 1987). Ca. 5 % aller Frauen benutzen Laxantien zur Gewichtsregulation. Die regelmäßige Einnahme von Appetitzüglern und Diuretika ist ebenfalls keine Seltenheit (Reinberg u. Baumann, 1986). Bei ca. 20 % der

Frauen im Alter zwischen 18 und 30 Jahren tritt mindestens einmal pro Woche ein als nicht kontrollierbar erlebter Eßanfall auf (Cooper u. Fairburn, 1983). 80 % dieser Gruppe haben schon mindestens einmal im Leben einen Eßanfall gehabt (Hawkins u. Clement, 1980).

Die Bulimia nervosa entwickelt sich meistens im frühen Erwachsenenalter. Ca. 4/5 erkranken vor dem 22. Lebensjahr (Paul et al., 1984). In ca. der Hälfte der Fälle geht der Bulimia nervosa eine Anorexie voraus (Mitchell et al., 1985a). Zum Verlauf der Bulimie ist bislang noch wenig bekannt. In klinischen Stichproben ergab sich eine mittlere Kankheitsdauer von mehr als 5 Jahren, bevor der erste Behandlungsversuch unternommen wurde. 32 % der Patientinnen litten seit mehr als 10 Jahren an dieser Eßstörung (Paul et al., 1984). Die bulimische Symptomatik verläuft in vielen Fällen intermittierend, d.h. Phasen mit ausgeprägter Symptomatik über Monate und Jahre hinweg wechseln sich mit nahezu symptomfreien Perioden ab (Mitchell et al., 1986).

Follow-up-Studien zum Langzeitverlauf (d.h. Follow-up-Zeiträume größer als 5 Jahre) behandelter Patientinnen liegen nicht vor. Es ist jedoch davon auszugehen, daß auch für mehrfach therapierte Patientinnen ein sehr hohes Rückfallrisiko besteht (Herzog et al., 1988).

Erklärungsansätze

Ein einheitliches, empirisch belegtes Modell zur Pathogenese und Aufrechterhaltung der Bulimia nervosa existiert nicht. Aufgrund der bislang vorliegenden Daten ist anzunehmen, daß unidimensionale Konzepte (z.B. rein biologische oder rein soziokulturell orientierte Modelle) für sich alleine nicht ausreichen, die Symptomentwicklung der Bulimie zu erklären. Als Rahmenkonzept ist deshalb ein Modell am besten geeignet, das die Entwicklung der Störung als Interaktion individueller Vulnerabilitätsfaktoren mit bestimmten Umweltbedingungen erklärt und für den Prozeß der Aufrechterhaltung zusätzlich spezifische psychobiologische Zusammenhänge berücksichtigt. Vulnerabilitätsfaktoren innerhalb dieses Konzepts sind dabei relativ stabile biologische und psychologische Charakteristika einer Person, die entweder genetisch determiniert sind, durch prä- bzw. perinatale Traumata erworben wurden oder aber das Ergebnis von Defiziten oder Fehlentwicklungen während der frühkindlichen Lernentwicklung sind.

Ein biopsychosoziales Modell

Claudia, 28 Jahre:
„In meiner Familie war das Essen immer eine betont gemeinsame Sache. Ab einem bestimmten Zeitpunkt hat mich das ziemlich gestört. Ich wollte was eigenes machen. Das hängt auch damit zusammen, daß mir niemand eigene Ideen zugetraute. Ich sollte immer nur brav sein. Seit meiner Magersucht – die ich zuerst hatte – hat sich das ein wenig geändert. Meine Mutter war mehr verzweifelt, als in der Lage, mir irgendwie zu helfen. Mich hat das Frauenbild meiner Mutter, dieses Hausfrauendasein, diese Unselbstständigkeit aufgeregt. Ihre Unsicherheit hat mich gestört, aber eigentlich habe ich sie mitgenommen, diese Unsicherheit. Und ich versuche verzweifelt, mich dagegen zu wehren, weil es mir so lächerlich vorkommt. "

Es wird angenommen, daß das Vorhandensein einzelner Vulnerabilitätsfaktoren für sich allein nicht ausreicht, um das klinische Bild einer bulimischen Eßstörung auszulösen. Hierzu müssen mehrere Faktoren zusammen und in Interaktion mit ungünstigen Umweltbedingungen auftreten. Die einzelnen Faktoren dieses Rahmen- modells sind in Abb. 3 dargestellt. Als hypothetische, genetisch determinierte oder erworbene Vulnerabilitätsfaktoren sind zu nennen:

– ein gegenüber dem Durchschnitt der weiblichen Bevölkerung erniedrigter Energiebedarf und dadurch erhöhtes Risiko der Gewichtszunahme;

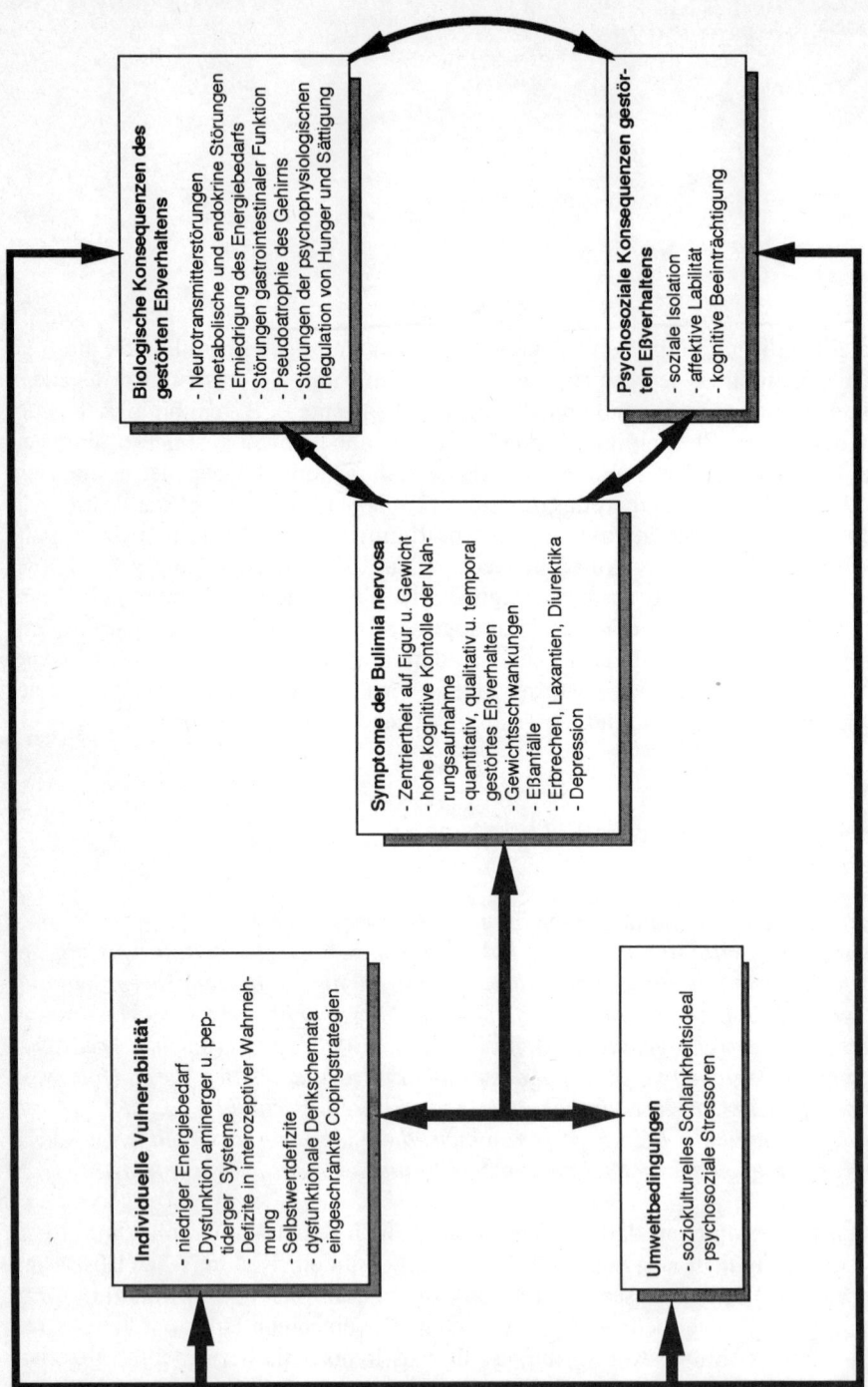

Biologische Konsequenzen des gestörten Eßverhaltens
- Neurotransmitterstörungen
- metabolische und endokrine Störungen
- Erniedrigung des Energiebedarfs
- Störungen gastrointestinaler Funktion
- Pseudoatrophie des Gehirns
- Störungen der psychophysiologischen Regulation von Hunger und Sättigung

Psychosoziale Konsequenzen gestörten Eßverhaltens
- soziale Isolation
- affektive Labilität
- kognitive Beeinträchtigung

Symptome der Bulimia nervosa
- Zentriertheit auf Figur u. Gewicht
- hohe kognitive Kontolle der Nahrungsaufnahme
- quantitativ, qualitativ u. temporal gestörtes Eßverhalten
- Gewichtsschwankungen
- Eßanfälle
- Erbrechen, Laxantien, Diurektika
- Depression

Individuelle Vulnerabilität
- niedriger Energiebedarf
- Dysfunktion aminerger u. peptiderger Systeme
- Defizite in interozeptiver Wahrnehmung
- Selbstwertdefizite
- dysfunktionale Denkschemata
- eingeschränkte Copingstrategien

Umweltbedingungen
- soziokulturelles Schlankheitsideal
- psychosoziale Stressoren

Abb. 3. Schema des heuristischen Rahmenkonzeptes zum Verständnis der Bulimia nervosa

- eine Dysfunktion aminerger und peptiderger Systeme, die Störungen der Nahrungsaufnahmeregulation oder Störungen affektiver Funktionen nach sich ziehen kann;
- Defizite in der interozeptiven Wahrnehmungsfähigkeit, die eine sichere Interpretation von Hunger- und Sättigungssignalen erschweren können;
- ein geringes Selbstwertgefühl, das ein Zentrieren auf Gewichtskontrolle zur Anpassung an gängige Gewichtsnormen wahrscheinlicher macht;
- dysfunktionale Denkschemata, die eine unangemessene Interpretation der Realität fördern;
- eingeschränkte Fertigkeiten zur Bewältigung belastender Situationen, die inadäquate Reaktionen in Streßsituationen (z.B. Überessen) initiieren.

Umweltbedingungen, die die Entwicklung einer bulimischen Eßstörung fördern können, sind:

- das soziokulturell vorgegebene Schlankheitsideal, das besonders unsichere Frauen nötigt, eine schmerzliche Diskrepanz zwischen Ist-Gewicht und gesellschaftlich gefordertem Normgewicht zu vermeiden;
- psychosoziale Stressoren, wie z.B. kritische Lebensereignisse, chronische Alltagsbelastungen, die bei fehlenden Bewältigungsmöglichkeiten das Auftreten inadäquater, kompensatorischer Verhaltensweisen, wie z.B. Eßanfälle, begünstigen.

Im Modell wird angenommen, daß das Zusammenwirken von Vulnerabilitätsfaktoren und Umweltbedingungen über verschiedene Zwischenstadien schließlich zum Symptomkomplex der Bulimia nervosa führt. Für die Entwicklung einer Störung des Eßverhaltens spezifisch sind dabei die Faktoren „relativ erniedrigter Energiebedarf" mit dem Risiko eines vergleichweise hohen Körpergewichts, die leichte Störbarkeit affektiver Funktionen und die ungenügende Differenzierungsfähigkeit interozeptiver Signale für Hunger oder Sättigung und Emotionen. Eine spezifische Umweltbedingung ist der soziokulturell zu beobachtende Schlankheitsdruck. Viele Frauen sehen sich heute dieser Gewichtsnorm ausgesetzt, ohne ihr bei den gängigen Ernährungsgewohnheiten, der Nahrungsmittelvielfalt und den eigenen körperlichen Bedingungen ohne weiteres entsprechen zu können. Es ist zu vermuten, daß die Zunahme der Eßstörungen in den letzten 20 Jahren auch auf diese gesellschaftlichen Veränderungen im Schönheitsideal zurückzuführen ist.

Im Modell wird weiterhin angenommen, daß sowohl biologische als auch psychologische Störungen als Konsequenz des bereits gestörten Eßverhaltens zur Perpetuierung des Krankheitsbilds beitragen können. Dazu gehören vor allem mangelernährungsbedingte Dysfunktionen noradrenerger und serotonerger Neurotransmittersysteme. Eine Herabsetzung der sympathischen Aktivität durch Fasten und intermittierendes Diäthalten kann beispielsweise zu einer Erniedrigung des Energiebedarfs beitragen. Um ein niedriges Gewicht halten zu können, ist dann eine besondere Kontrolle des Eßverhaltens und u.U. sogar eine weitere Reduktion der Kalorienaufnahme nötig. Eine Kalorienaufnahme wie vor der Fastenperiode kann zu einer kurzfristigen Gewichtszunahme sogar über das Ausgangsgewicht hinaus führen. Haben Betroffene einmal einen solchen „Rebound-effekt" nach einer Diät erlebt, steigt nun ihre Angst vor einer schnellen Gewichtszunahme bei normaler Ernährung weiter an. Entsprechend dieser Hypothese ist zu beobachten, daß bei 80 % der untersuchten Patientinnen zu Beginn der Bulimie ein Diätversuch gestanden hat, aus dem heraus sich die manifeste Eßstörung erst entwickelte. Es gibt auch Hinweise darauf, daß Dysfunktionen des serotonergen Systems das Auftreten von Eßanfällen begünstigen können. Da das serotonerge System an der Regulation der Nahrungsauswahl und an der psychophysiologischen Regulation von Hunger und Sättigung beteiligt ist, kann es nach Fastenperioden zu einer veränderten Nahrungswahl, z.B. zu einem übermäßigen Kohlenhydrathunger und zu verändertem Sättigungserleben kommen. Sekundär können bei chronischer Bulimie Störungen der gastrointestinalen Funktionen auftreten, wie z.B. ein verzögerter Nahrungstransit, eine verringerte Magenmotilität und ein Erschlaffen der Magenmuskulatur. Dadurch können Völlegefühle, Blähungen und Übelkeit ausgelöst oder gefördert werden. Evident ist, daß ein abnormes Eßverhalten den gesamten psychosozialen Bereich negativ beeinflußt und das Auftreten von Konflikt- und Belastungssituationen begünstigt. Bei gleichzeitig defizitären Bewältigungsstrategien werden die bulimieinduzierten Belastungen zu einer Perpetuierung der Symptomatik führen.

Spezifische Erklärungsansätze für bulimisches Eßverhalten

Eine zentrale und therapeutisch besonders relevante Rolle in dem skizzierten Rahmenmodell spielen 2 Bereiche. Zum einem das „gezügelte" Eßverhalten, zum anderen Defizite in der Streßwahrnehmung und -bewältigung. Hypothesen zur Aufrechterhaltung der Bulimie, die sich speziell auf diese beiden Bereiche beziehen, werden im folgenden detaillierter besprochen, da sie die Basis für die im Manualteil dargestellten Interventionen bilden.

Vom gezügelten Eßverhalten zur Bulimie

Brigitte, 23 Jahre:
„Am Anfang war es noch nicht sehr schlimm, nur mal nach dem Kaffee oder wenn ich etwas mehr gegessen hatte, als ich wollte. Mir war nicht klar, was ich da tue. Ich habe mich einfach aus einem Unwohlsein heraus übergeben – weil ich so vollgestopft war. Während dieser Zeit habe ich ständig Diäten gemacht, mit ständigem Heißhunger, die Freßanfälle konnte ich dann nicht ertragen, da ich ja abnehmen wollte. Der Zwang war zuerst einmal: Schlank zu sein. Die Folge davon waren Diäten, die habe ich dann bis zum Abend durchgehalten. Dann habe ich mich hingesetzt und angefangen zu essen und konnte nicht mehr aufhören. Wenn ein bestimmter Punkt überschritten war, habe ich alles gegessen, was zu finden war. Das war aber dann körperlich viel zu viel, ich war so voll, daß ich mich vor Bauchschmerzen übergeben mußte."

Aufgrund der bislang vorliegenden Daten und aufgrund theoretischer Überlegungen zu den Mechanismen der Nahrungsaufnahmeregulation kann angenommen werden, daß ein stark gezügeltes Eßverhalten die Wahrscheinlichkeit für das Auftreten von Eßattacken stark erhöht und darüber hinaus zum Auftreten länger anhaltender biologischer und psychologischer Störungen führt.

Empirische Hinweise zur Bedeutung gezügelten Eßverhaltens als Risikofaktor für das Auftreten von Eßanfällen stammen aus verschiedenen Bereichen. Sowohl bei anorektischen Patientinnen mit bulimischer Symptomatik als auch bei normalgewichtigen Patientinnen mit BN sind die ersten Eßanfälle nach längeren Diätperioden aufgetreten (Garfinkel et al., 1980). Bei Teilnehmern an einem Fastenexperiment traten sowohl während als auch noch nach Beendigung der Fastenperiode Eßanfälle auf, die keine der Personen vorher erlebt hatte (Keys et al., 1950). Experimentelle Studien zum Eßverhalten zeigen, daß Personen den erzwungenen Verzicht auf eine Mahlzeit durch erhöhte Nahrungsaufnahme bei der nächstmöglichen Gelegenheit ausgleichen (Bellisle et al., 1984). Schließlich  wurde in Tierexperimenten gezeigt, daß unter Deprivationsbedingungen die aufgenommene Nahrungsmenge pro Mahlzeit mit der Länge der Deprivationsperiode ansteigt. Unter „ad libitum" Bedingungen besteht ein solcher Zusammenhang nicht (Le Magnen, 1976). Ein experimentelles Paradigma zur Untersuchung spezifischer Auslösefaktoren und Voraussetzungen für Eßanfälle entwickelte die Arbeitsgruppe um Herman (Übersicht bei Herman u. Polivy, 1988). In einer Reihe von Experimenten konnte gezeigt werden, daß sich das Eßverhalten von Personen, die mit Hilfe eines Fragebogens in gezügelte und ungezügelte Esser eingeteilt wurden, im Labor signifikant in ihrem Eßverhalten unterscheiden. Normalerweise essen gezügelte Esser im Labor bei einem als Geschmackstest deklarierten Versuch weniger als ungezügelte Esser. Der Verzehr einer erzwungenen Vormahlzeit („preload") hat jedoch bei den gezügelten Essern den paradoxen Effekt, daß sie im nachfolgenden Geschmackstest mehr zu sich nehmen als die ungezügelten Esser. Andere disinhibierende Bedingungen (z.B. Alkohol, Induktion von Angst) haben dieselbe Wirkung. Dieses Phänomen kann als ein experimentelles Analogon zu den Eßattacken bei der Bulimia nervosa angesehen werden.

In Abhängigkeit vom Ausmaß der ausgeübten kognitiven Kontrolle der Nahrungsaufnahme kommt es bei gezügelten Essern zu verstärkten Hunger- und Frustrationsgefühlen. Diäthaltende Personen nehmen sich vor, allen in unserer Gesellschaft reichlich vorhandenen kulinarischen Verlockungen zu widerstehen, obwohl die Anreizvalenz der „verbotenen" Speisen durch den vorhergehenden Verzicht besonders erhöht sein kann (Tuschl et al., 1988). Die permanente Ignorierung von Hungergefühlen führt darüber hinaus vermutlich zu der, von bulimischen Patientinnen oft berichteten Unfähigkeit, interozeptive Signale adäquat wahrzunehmen (Garner et al., 1983). Die Bevorzugung von Diätnahrungsmitteln und der Gebrauch künstlicher Süßstoffe können weiter dazu führen, daß vertraute orale Reize, wie die Geschmacksqualität des Süßen, dem Organismus keine reliable Vorhersage des Energiegehaltes einer Speise mehr erlauben (Blundell u. Hill, 1986). Andere Maßnahmen zur Gewichtskontrolle wie z.B. Erbrechen oder die Einnahme von Abführmitteln bewirken möglicherweise zusätzlich, daß konditionierte Sättigungssignale gelöscht werden und tragen zu einer schrittweisen Inaktivierung der psychophysiologischen Regulation der Nahrungsaufnahe bei.

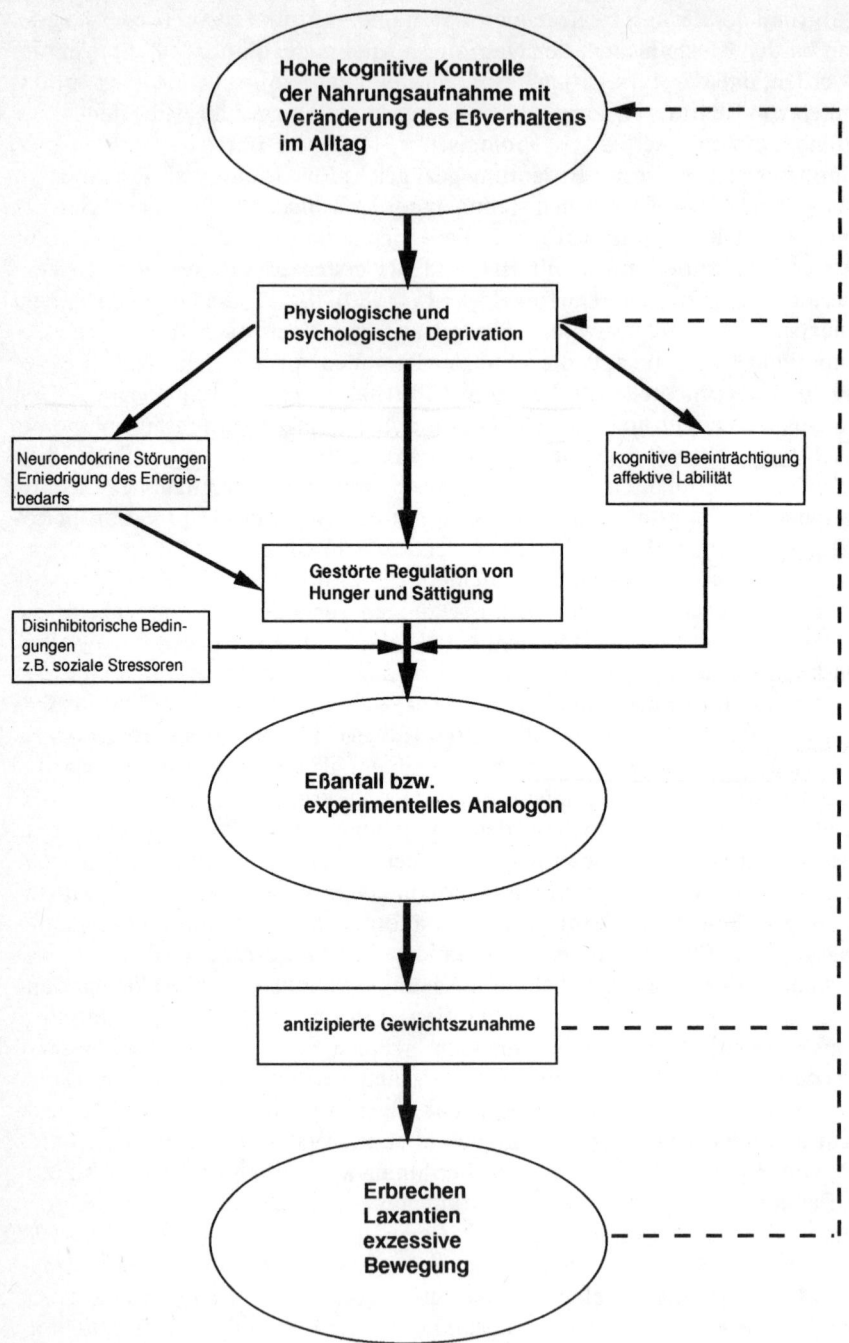

Abb. 4. Zur Bedeutung hoher kognitiver Kontrolle der Nahrungsaufnahme für die Entwicklung von Eßanfällen

Hunger- und Frustrationsgefühle wie auch eine gestörte Hunger- und Sättigungswahrnehmung treten also als Folge des „restrained eating" auf und erleichtern
das Auftreten von Heißhungeranfällen. Sind solche Eßanfälle erst einmal aufgetreten, wird anstatt mit einer Lockerung meist mit einer Verschärfung der kognitiven Kontrolle des Eßverhaltens reagiert. Dies verstärkt die Beeinträchtigung der
physiologischen und psychologischen Regulation der Nahrungsaufnahme und
führt zu dem für das Bulimie-Syndrom typischen Teufelskreis des Fastens und
Fressens.

Die beschriebenen Zusammenhänge sind in Abbildung 4 noch einmal zusammenfassend dargestellt. Aus der Interaktion von Vulnerabilitätscharakteristika
(z.B. einem niedrigen Energiebedarf mit der Folge eines relativ erhöhten Körpergewichts) mit Umweltbedingungen (z.B. einer soziokulturell vorgegebenen
Schlankheitsnorm) entwickelt sich eine zunehmende Beschäftigung und Unzufriedenheit mit Figur und Gewicht, resultierend aus dem Erlebnis einer Diskre-
panz zwischen dem eigenen tatsächlichen Körpergewicht und der Idealnorm. Um
ein niedriges Körpergewicht zu errreichen bzw. aufrechtzuerhalten, wird das
Eßverhalten verstärkt kognitiv kontrolliert. Die korrespondierenden Verhaltens-
änderungen sind beispielsweise wiederholte Schlankheitsdiäten oder permanente,
relativ unauffällige Nahrungsrestriktionen (z.B. Mahlzeiten auslassen, Verzicht auf Süßigkeiten oder Fett etc.), die phasenweise zu einer negativen Energie-
bilanz führen. Sowohl auf physiologischer (z.B. durch kurzfristige Erschöpfung
der Glykogenreserven) als auch auf psychologischer Ebene (z.B. durch mangelnde Befriedigung hedonischer Bedürnisse) ergeben sich dadurch intermittierend
Deprivationszustände. Diese begünstigen langfristig Störungen der „normalen"
erlernten Regulation von Hunger und Sattheit. Wenn unter diesen Bedingungen
die kognitive Kontrolle durch Disinhibitoren (z.B. erzwungene Vormahlzeit,
negative Affekte etc.) reduziert oder ganz beseitigt wird, werden Mahlzeiten sehr
wahrscheinlich erst beim Erreichen der Kapazitätsgrenze des Magens beendet,
d.h. es treten Eßanfälle auf. Solche Anfälle ihreseits induzieren Angst vor Kontrollverlust und Gewichtszunahme und motivieren deshalb zu weiteren, noch
strikteren Nahrungsrestriktionen bzw. anderen Maßnahmen wie z.B. Erbrechen
oder Laxantienabusus. Dadurch wird die Beeinträchtigung der psychophysiologischen Regulationsmechanismen der Nahrungsaufnahme weiter verstärkt. Es treten längerfristige Veränderungen, wie der bereits dargestellte Hypometabolismus
auf (s. Abschnitt „Metabolische und endokrine Veränderungen). Das Risiko der
Gewichtszunahme nach kurzfristig „normaler" Nahrungsaufnahme wird tatsächlich erhöht und führt darüber hinaus zu psychophysiologischen Mißempfindungen, wie Müdigkeit, Reizbarkeit und Stimmungsschwankungen. So entsteht ein
Teufelskreis mit sich abwechselnden Phasen des Fastens und des Überessens.

Streßbewältigung und Bulimie

Britta, 32 Jahre:
*„Als ich angefangen habe zu arbeiten, wurde es schlimmer. Ich habe mich täglich
vollgestopft und gebrochen. Am Ende dreimal am Tag. In dem alltäglichen
Arbeitsstreß ist es wieder voll losgegangen, ich war wohl mit der Arbeit und mit*

meiner Lebenssituation unzufrieden. Das weiß ich aber erst jetzt. Depressiv wurde ich eigentlich erst, als die Bulimie voll am Laufen war, vorher war ich es nicht. Mein Leben in der schlimmen Zeit der Bulimie war eigentlich nur ein Hetzen, auf die Uhr schauen, wann Feierabend ist, kochen, essen, brechen, wieder auf die Uhr schauen. Manchmal gings gleich noch mal los. Schuldgefühle hatte ich nur immer kurz nach dem Erbrechen. Das hat aber nicht lange gedauert, dann habe ich schon wieder gegessen. Mein Leben war ein richtiger Dauerstreß."

Im Rahmen einer kognitiv-lerntheoretischen Konzeptualisierung der Entstehung und Aufrechterhaltung der Bulimia nervosa werden die Eßanfälle und das Erbrechen als gelernte Reaktionen in Belastungssituationen interpretiert. Eßattacken vermindern kurzfristig Spannungs-und Frustrationsgefühle und werden über negative Verstärkung langfristig aufrechterhalten. Klinische Beobachtungen haben gezeigt, daß Eßanfälle oftmals nach Ereignissen auftreten, die von den Patientinnen als streßhaft, frustrierend und problematisch erlebt werden und auf die sie mit negativen Gefühlen wie Depression, Ärger oder Angst reagieren (Abraham u. Beumont, 1982; Davis et al., 1988; Hawkins u. Clement, 1984; Lacey et al., 1986; Loro u. Orleans, 1981). In einer empirischen Studie von Platte (1990) zeigten Patientinnen Defizite in streßreduzierenden Verhaltensweisen, wie positiven Selbstinstruktionen und kognitiver Bewältigung und hatten erhöhte Werte in streßerhöhenden Verarbeitungsweisen, die zusammenfassend als „emotionale Betroffenheit und Aufgeben" bezeichnet werden können.

Es kann davon ausgegangen werden, daß mit zunehmender Krankheitsdauer Eßanfälle als „Copingstrategie" immer fester etabliert werden und es parallel dazu zu einem weiteren Verlernen angemessener Streßbewältigungs- und Problemlösestrategien kommt. Eine undifferenzierte Wahrnehmung eigener Gefühle verhindert häufig das rechtzeitige Erkennen von Anspannung und Belastung. Selbst wenn einige Bewältigungsfertigkeiten vorhanden sind, können diese dann nicht rechtzeitig eingesetzt werden. Weiterhin ist davon auszugehen, daß aufgrund dysfunktionaler Denkschemata (z.B. „ich muß immer perfekt sein") viele – normalerweise unproblematische – Situationen als belastend erlebt werden und deshalb eine permanente Überforderung der Bewältigungsfähigkeit gegeben sein kann.

Ergebnisse der Therapieforschung

Waren die ersten Therapieansätze bei Bulimie eher unspezifisch, so sind in den letzen Jahren gut strukturierte und speziell auf die bulimische Eßstörung ausgerichtete kognitiv-behaviorale Interventionen erprobt worden. Die Therapieverfahren basieren auf Annahmen zur Entstehung und Aufrechterhaltung der Bulimie und auf klinischen Erfahrungen zur Wirksamkeit verschiedener Interventionsformen.

Mitchell et al. (1985b) hatten nach jahrelangen stationären psychodynamisch ausgelegten Therapien die Erfahrung gemacht, daß Patienten unter diesen Bedingungen wenig profitieren. Wenn bulimisches Verhalten, speziell die Eßanfälle und das Erbrechen, sich überhaupt verbessert hatte, verfielen die Patienten nach der Rückkehr in ihre Alltagsumgebung wieder in alte Verhaltensmuster. Aufgrund dieser klinischen Erfahrung stellte die Arbeitsgruppe eine kognitiv-behaviorale Therapie mit edukativen und übenden Anteilen zu Ernährung, Konsequenzen der Bulimie und Streß zusammen, die auf eine Veränderung der funktionalen Bedingungen des Eßverhaltens direkt abzielen sollte. Die Therapie wurde im ambulanten Gruppensetting angeboten. Fairburn (1985) ging von der theoretischen Überlegung aus, der Antrieb für das eßgestörte Verhalten sei vor allem in dysfunktionalen Kognitionen hinsichtlich Körper, Figur, Gewicht und Essen zu suchen. Die Therapie setzt dementsprechend einen Schwerpunkt auf die kognitive Umstrukturierung. Ein weiteres Beispiel für eine theoretisch abgeleitete Therapie ist der Ansatz von Rosen u. Leitenberg (1985). Aus der Überlegung, daß die Bulimie durch die Angstreduktion bei Erbrechen aufrechterhalten werde, setzten diese Autoren eine streng abgeleitete Therapie der Reaktionsprävention ein. Die Patienten werden in den Therapiesitzungen aufgefordert, soviel wie bei üblichen Eßattacken zu essen und warten zusammen mit dem Therapeuten den Rückgang der Angst vor Gewichtszunahme ab – ohne zu Erbrechen. Auf den empirischen Ergebnissen zu den psychobiologischen Konsequenzen von Mangelernährung basieren psychoedukative Interventionsansätze mit dem Schwerpunkt auf Ernährungsberatung (Beumont et al., 1989). Dabei werden den Patienten Informationen über die körperlichen und psychischen Konsequenzen ihres Eßverhaltens als auch über gesunde Ernährung vermittelt und sie werden angeregt, ihr Eßverhalten umzustrukturieren. Es wird erwartet, daß sich durch die Normalisierung des Basiseßverhaltens die Wahrscheinlichkeit für Eßanfälle erheblich reduziert. Dies sollte sich dann auch auf alle anderen Aspekte der Störung positiv auswirken.

Übersicht über 32 Therapiestudien

Empirische Ergebnisse liegen vor allem für verhaltenstherapeutische und kogni-
tiv- verhaltenstherapeutische Interventionen vor. Ungeachtet der theoretischen
Erklärungsmodelle wurde in den meisten dieser Studien ein relativ breites Spek-
trum von Maßnahmen eingesetzt, die von „klassischen" Verfahren wie Entspannungstraining bis hin zu spezifischen Techniken der kognitiven Umstrukturierung reichen. Die kurz- und mittelfristige Wirksamkeit solcher Breitbandpro-
gramme kann inzwischen als gesichert gelten (siehe z.B. Fairburn et al., 1986;
Agras et al., 1989). Dies gilt auch für andere Therapieansätze, wie die Reaktionsverhinderung (Leitenberg et al., 1989).

Eine Durchsicht von 32 Therapiestudien über Verhaltenstherapien und kognitiv-behaviorale Therapien bei Bulimia nervosa erlaubt eine vorsichtige Bewertung
des Methodenkatalogs insgesamt, also der direkten Intervention hinsichtlich
Ernährungsverhalten und spezifischer Psychopathologie der Körperschemastö-
rungen und dysfunktionalen Kognitionen um Gewicht und Ernährung. Eine
Übersicht der Studien geben Abb. 5 und Tabelle 2.

Interventionstechniken

Die herangezogenen 32 Therapiestudien berichten von 41 Therapiebedingungen,
d.h. von 41 verschiedenen Therapieprogrammen oder Interventionspaketen, die
alleine oder gegeneinander getestet wurden (z.B. eine kognitive Therapie gegen
eine Ernährungsberatung, siehe Abb. 5). Bei 8 Studien dienten Wartegruppen als
Kontrollgruppe. Die mittlere Anzahl der Therapiesitzungen über alle untersuchten Therapiebedingungen betrug 15,5 Sitzungen in 14 Wochen und reichte von 5

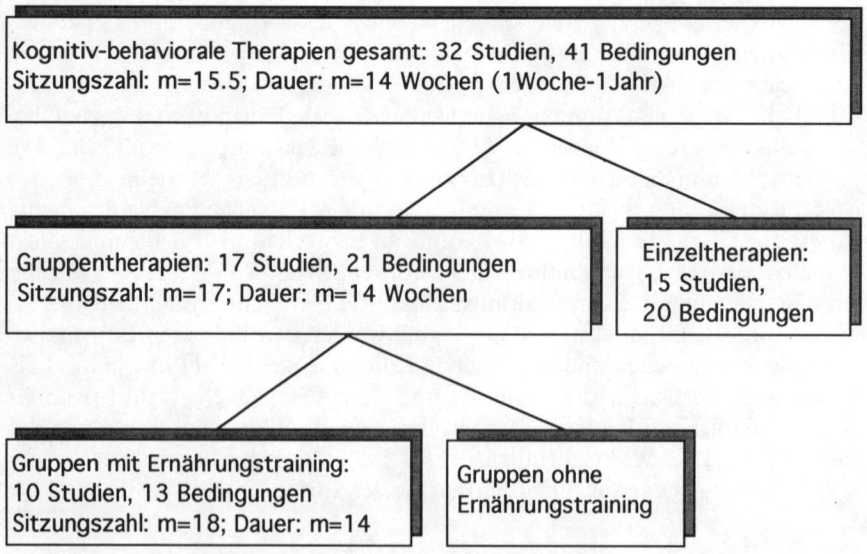

Abb. 5. Übersicht über die 32 untersuchten Therapiestudien (m: Mittelwert)

Tabelle 2. Übersicht über 32 Therapiestudien: Patienten- und Therapiemerkmale; G Gruppentherapie, E Einzeltherapie, M Medianwert

Autoren	Total n	Mittl. Alter [Jahre]	Mittl. Krankheits- heitsdauer [Jahre]	Frühere Anorexie [%]	Therapie- art	Therapie- dauer [Wochen]	Therapie- sitzungen n	Therapie- manual	Ge- schlecht d. Therapeuten
Agras et al. (1989)	77	29,2	8,8	17	E	16	4	ja	3 m + W
Connors et al. (1984)	26	25,2	5,6	15	G	9	12	ja	2 w
Cooper et al. (1989)	8	20,0	3,0	?	E	18	17	nein	??
Dixon u. Kiecolt-G. (1984)	30	23,8	6,2	?	G	10	10	nein	2 w
Fairburn (1981)	11	21,0	3,9	55	E	28 (M)	28	ja	??
Fairburn et al. (1986)	24	23,0	3,0	38	E	18	19	ja	? m + w
Freeman et al. (1988)	112	24,2	6,0	?	E oder G	15	15	ja	2 w (G)
Frommer et al. (1985)	92	26,6	4,4	53	G	12	12	ja	??
Giles et al. (1985)	34	26,7	7,1	41	E	15	?	ja	? m
Hsu u. Holder (1986)	56	26,6	4,1	43	E	12 (8 – 16)	> 5	ja	??
Huoan u. Brown (1985)	44	25,8	8,4	18	G	6 u. 12	12	ja	1 w
Johnson et al. (1984)	6	23,0	6,0	?	E	16	10	ja	? m + w
Johnson et al. (1986)	12	26,5	6,3	25	E	16	16	ja	? m
Kirkley et al. (1985)	28	28,3	9,5	?	G	16	16	?	2 ?
Lacey (1983)	30	21 – 37	3 – 18	20	G + E	10	20	ja	2 ?
Laessle et al. (1988)	17	23,4	6,3	38	G	16	24	ja	2 m + w
Lee u. Rush (1986)	30	28,0	?	10	G	6	12	ja	1 w
Leitenberg et al. (1984)	5	?	5,2	20	E	6	18	ja	1 ?

Tabelle 2. Fortsetzung

Autoren	Total n	Mittl. Alter [Jahre]	Mittl. Krankheitsdauer [Jahre]	Frühere Anorexie [%]	Therapie-art	Therapie-dauer [Wochen]	Therapie-sitzungen n	Therapie-manual	Geschlecht d. Therapeuten
Leitenberg et al. (1988)	47	26,0	6,9	?	G	14	24	ja	m, w
Mitchell et al. (1990)	34	22,8	6,2	?	G	10	22	ja	?
O'Connor et al. (1988)	28	23,6	6,2	?	E	?	10	nein	?
Ordman u. Kirsch. (1985)	20	20,0	2,7	15	E	15	10	ja	?
Paul u. Jacobi (1986)	16	24,0	6,5	?	G	12	12	ja	m, w
Roy-Byrne et al. (1984)	19	23,0	?	5	G	52	52	ja	m, w
Schmidt u. Marks (1989)	5	?	?	?	E	3	6	nein	w
Schneider u. Agras (1985)	13	29,0 (M)	5,0 (M)	15	G	16	16	?	?
Stevens u. Salisb. (1984)	8	28,0	4,2	?	G	16	16	nein	?
White u. Boskind-W. (1981)	14	?	4,0	?	G	1	5	nein	m, w
Williamson et al. (1989)	22	22,8	?	?	G + E	14	18	nein	?
Wilson et al. (1986)	17	20,5	3,0	?	G	16	16	ja	w
Wolchik et al. (1986)	20	22,0	5,0	27	G + E	7	7	ja	w
Yates u. Sambrailo (1984)	24	28,0	7,8	21	G + E	6	6	ja	?
Mittelwert	(n = 32) 29	(n = 28) 24,7	(n = 27) 5,6	(n = 18) 26,4		(n = 31) 14,0	(n = 31) 15,5		
Median	23	24,1	6,0	20,5		14,0	15,0		
Standardabweichung	25	2,8	1,8	14,7		8,8	8,9		
Spannweite	5–112	20,0–29,2	2,7–9,5	5–55		1–52	5–52		

n = Anzahl der Teilnehmer; **E** = Einzeltherapie; **G** = Gruppentherapie; **M** = Median

– 52 Sitzungen. Die Spannbreite der Sitzungszahl macht bereits deutlich, daß die Therapiebedingungen kaum vergleichbar sind. Die Übersicht kann daher vor allem eine generelle Einschätzung der Interventionsrichtung leisten, weniger eine differenzierte Beurteilung einzelner Therapiekomponenten.

Die am häufigsten angewandte Einzelintervention in den untersuchten Therapiebedingungen (Gruppen- und Einzeltherapien) war die „Selbstbeobachtung" des Eßverhaltens und der den Heißhungeranfällen vorausgehenden auslösenden Bedingungen (siehe Tabelle 3). Dabei wurden kognitive, soziale, biologische und emotionale Auslöser mit in die Analyse einbezogen. In fast 90 % der Therapiebedingungen wurde die Selbstbeobachtung in der einen oder anderen Form eingesetzt und stellte die „Datenbasis" zur „Selbstkontrolle" des Verhaltens bereit. Die Patienten wurden zur Ernährungsplanung oder Verhaltensplanung angeregt und zur Selbstverstärkung ermutigt. Nur in etwa einem Drittel der Therapiebedingungen kamen explizite Techniken der Stimuluskontrolle (z.B. Veränderung der Vorratshaltung, Umstrukturierung des Eßplatzes) und Reaktionsprävention (ausschließlich für Erbrechen) zur Anwendung. Die zweithäufigste Interventionstechnik ist die direkte Modifikation dysfunktionaler Kognitionen. Meist wurde eine „kognitive Umstrukturierung" nach Beck et al. (1979) oder Ellis (s. Ellis u. Grieger, 1979) durchgeführt, indem die Irrationalität verschiedener Gedanken benannt und Argumente für alternative Gedanken erarbeitet wurden. Auch Verhaltensübungen wurden zur „Falsifizierung" irrationaler Gedanken eingesetzt. Der inhaltliche Schwerpunkt lag auf körper- und ernährungsbezogenen Kognitionen. Über die Hälfte aller Therapiebedingungen griffen auf die Informationsvermittlung als psychoedukativen Ansatz zurück. Neben den körperlichen Konsequenzen der Bulimie wurden auch Informationen über Modelle der Streßentwicklung und – bewältigung und Modelle über die Wechselwirkung zwischen Kognitionen, Befinden und Verhalten vermittelt. Mit „Reaktionsprävention", in einem Drittel der Therapiebedingungen eingesetzt, sind primär Verfahren gemeint, die

Tabelle 3. Prozentualer Anteil der Therapiekomponenten in den Therapiebedingungen

		Therapiebedingungen	
	Gesamt (%)	Gruppentherapie (%)	Gruppentherapie mit Ernährungstraining (%)
Selbstbeobachtung u. -kontrolle	85	81	92
Kognitive Umstrukturierung	71	71	85
Informationsvermittlung	59	76	85
Unspez. Ernährungstraining	49	49	–
Exposition	46	32	46
Selbstsicherheitstraining	39	48	39
Stimuluskontrolle	34	24	23
Reaktionsverhinderung	29	19	23
Ensichtsorientierte Verfahren	29	43	31
Problemlösetechniken	27	14	15
Differenz. Ernährungstraining	27	10	100
Entspannungsverfahren	22	32	31
Sportliche Aktivität	10	10	15

Erbrechen als Reaktion auf Heißhungeranfälle verhindern, z.B. Essen einer „Heißhunger-Mahlzeit" ohne die Möglichkeit, die Nahrung anschließend zu erbrechen. Über Techniken, in denen zur Bulimie alternatives Verhalten auf spezifische Auslöser geübt wurde, wird kaum berichtet. Stattdessen wurde in 40 % der Therapiebedingungen „Selbstsicherheitstraining" als langfristiges Alternativverhalten angeboten, um funktionalen Bedingungen der Bulimie im sozialen Kontext Rechnung zu tragen. In relativ geringem Umfang kamen auch einsichtsorientierte Verfahren (z.B. Erkennen der funktionalen Zusammenhänge bulimischen Verhaltens im selbstreflexiven Gespräch, Gesprächspsychotherapie), Entspannungstraining und sportliche Aktivitäten zum Einsatz.

Ein „unspezifisches Ernährungstraining" mit grundsätzlichen Informationen über Fehlernährung bei Bulimie und generellen Anregungen zu günstiger Ernährung wurde in etwa der Hälfte der Therapiebedingungen eingesetzt. Dabei handelte es sich nicht um ausgearbeitete Interventionen zur direkten Planung von Mahlzeiten, deren Zusammensetzung und zeitlicher Abfolge, sondern lediglich um generelle Informationen zur Ernährung und der Aufforderung, eine bestimmte Menge an Nahrungsmitteln zu konsumieren. Diese Anregungen können sich inhaltlich sehr voneinander unterscheiden: so warnen z.B. Mitchell et al. (1985b) vor dem Gebrauch typischer „Anfallsnahrung", da diese die Heißhungeranfälle provozieren könnte. Andere (z.B. Agras et al., 1989; Fairburn, 1985) regen dagegen gerade die Exposition gegenüber solchen Nahrungsmitteln und die aktive Bewältigung des „Eßdrucks" an.

Differenzierteres „Ernährungstraining" wurde nur in einem Viertel der Therapiebedingungen angeboten. Es umfaßte die detaillierte Planung der Nahrungsaufnahme, ausführliche Information über körperliche und psychische Konsequenzen der Mangelernährung, Möglichkeiten und Prinzipien der ausgewogenen Ernährung, Konsequenzen der Ernährung für Körpergefühl, interoceptive Wahrnehmung und Gewichtsregulation sowie Übungen zur Mahlzeitenzusammenstellung.

Therapien im Gruppensetting

24 der 41 beschriebenen Therapiebedingungen sind im Gruppenformat durchgeführt worden (s. Abb. 5). Die Therapiebedingungen der Gruppentherapiestudien unterscheiden sich in der Häufigkeit und Kombination der eingesetzten Interventionen von den Therapiebedingungen im Einzelsetting (Tabelle 3). Der inhaltliche Schwerpunkt liegt bei Gruppentherapiestudien deutlicher auf „unspezifischer Ernährungsberatung" in Kombination mit „kognitiver Umstrukturierung". Charakteristisch für die Gruppentherapien ist die häufige Anwendung von Informationsvermittlung als psychoedukative Methode. Auch wurde in 3/4 der Studien ein Therapiemanual eingesetzt, die Therapien waren also deutlich strukturiert. Die Gruppentherapien dauerten im Durchschnitt 14 Wochen, in denen im Mittel 17 Sitzungen abgehalten wurden. Die Therapien im Gruppenformat dauerten zusammengenommen insgesamt etwas länger und waren ausführlicher, als die Einzeltherapien. Allerdings kann im Gruppensetting dem einzelnen Teilnehmer weniger Aufmerksamkeit geschenkt werden, so daß die längere Therapiedauer

wenig über die Intensität der Betreuung aussagt. Gruppentherapeutische Ansätze, in denen der Einsatz von ausführlicher Ernährungsberatung und Ernährungsmanagement in Hinblick auf die psychophysiologischen aufrechterhaltenden Bedingungen der Bulimie explizit angegeben sind, konzentrieren sich noch deutlicher auf Interventionstechniken der „Selbstbeobachtung und Selbstkontrolle", „Informationsvermittlung" und „kognitive Umstrukturierung". Andere Interventionen, wie „Stimuluskontrolle", „Reaktionsverhinderung" oder „Problemlösetechniken" wurden hier dagegen wenig eingesetzt.

Beurteilung der Interventionen

Insgesamt läßt sich sagen, daß sich für Patientinnen, die eine Verhaltenstherapie oder kognitiv-behaviorale Therapie erhielten, nach Therapieende eine statistisch gesicherte Reduktion der bulimischen Symptomatik ergab. Im Gegensatz dazu zeigten die Patientinnen, welche Wartegruppen zugeordnet worden waren, keinerlei Verbesserungen. Nach einer durchschnittlichen Therapiedauer von 14 Wochen mit 15,5 Sitzungen ist, zusammengefaßt über alle 41 Therapiebedingungen in den 32 Therapiestudien (Gruppen- und Einzeltherapien, siehe Abb. 5), die Anzahl der Heißhungeranfälle und/oder des Erbrechens im Mittel pro Woche um 74 % zurückgegangen (siehe Abb. 6). Durchschnittlich 38 % der Patientinnen waren bei Therapieende ohne Bulimieattacken (siehe Abb. 7).

Verschiedene Studien hatten auch Katamneseuntersuchungen durchgeführt (nach durchschnittlich 8 Monaten) und dabei über den mittleren Anteil symptomfreier Patienten berichtet. Danach zeigten beim letzten Katamnesetermin 43 % der Patientinnen keine Eßanfälle und/oder Erbrechen mehr. Offensichtlich kann davon ausgegangen werden, daß sich erreichte Verbesserungen nach der Therapie weiter stabilisieren.

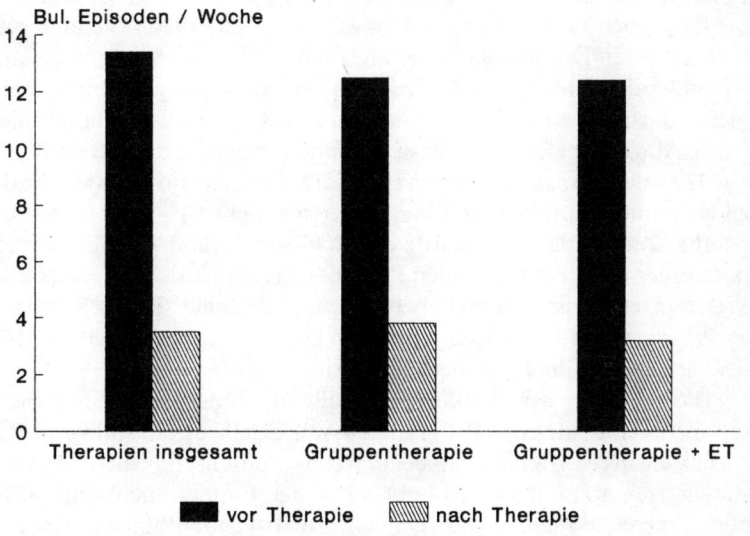

Abb. 6. Mittlere Veränderung der bulimischen Symptomatik

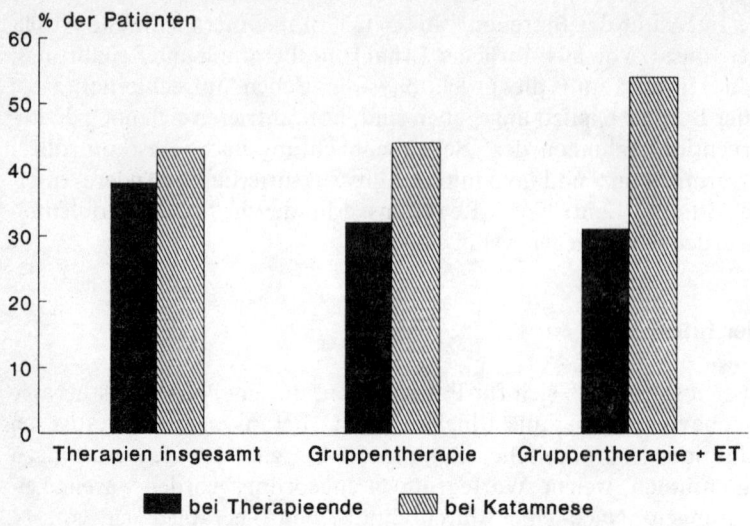

Abb. 7. Mittlerer Anteil von Patienten ohne bulimische Symptomatik

Veränderungen der Psychopathologie wurden in den meisten Studien mittels Selbstbeurteilungsfragebögen erfaßt. Am häufigsten wurde der „Eating Attitudes Test" (EAT) von Garner und Garfinkel (1979) eingesetzt, gefolgt vom „Eating Disorder Inventory" (EDI) von Garner et al. (1983). Zur Erfassung der Depressivität wurde mit Abstand am häufigsten das Beck-Depressionsinventar (BDI, Beck et al., 1961) verwandt. In 59 % der Therapiebedingungen wurde mittels dieser Selbstbeurteilungsfragebogen eine statistisch gesicherte Verbesserung der eßstörungsspezifischen Psychopathologie und in nur 32 % eine signifikante Verbesserung der Depressivität gefunden (siehe Abb. 8). Dabei sagt die Signifikanzprüfung noch nichts über die klinische Relevanz dieser Veränderungen aus. Im ungünstigsten Fall müssen in den restlichen Therapiebedingungen unzureichende Veränderungen hinsichtlich der Psychopathologie angenommen werden. Im Vergleich dazu haben sich die Symptome in den 24 Gruppentherapiebedingungen (siehe Abb. 5) in ähnlicher Weise verändert (siehe Abb. 6). Bei Therapieende zeigten 32 % der Patienten, zum letzten Katamnesetermin 44 % der Patienten keinerlei Heißhungeranfälle und/oder Erbrechen mehr (Abb. 7). In den meisten Gruppentherapiebedingungen wurde ebenfalls die Veränderung der Psychopathologie mittels der oben beschriebenen Fragebögen erhoben. Ein signifikanter Abfall der Werte in eßstörungsspezifischer Psychopathologie (EAT, EDI) wurde in etwa 75 %, eine signifikante Reduktion der Depressionswerte (z.B. BDI) in etwa 25 % der Therapiebedingungen berichtet (Abb. 8).

Die Frequenz der Heißhungeranfälle und/oder des Erbrechens ist in den 13 gruppentherapeutischen Programmen mit Ernährungstraining im Mittel um 74 % zurückgegangen. Bei Therapieende zeigten durchschnittlich 31 % der Patienten, zum letzten Katamnesezeitpunkt 54 % der Patientinnen keine Eßanfälle und/oder Erbrechen mehr. Die Ergebnisse zur Psychopathologie, die wieder mit entsprechenden Fragebögen erhoben wurden, zeigen bei den gruppentherapeuti-

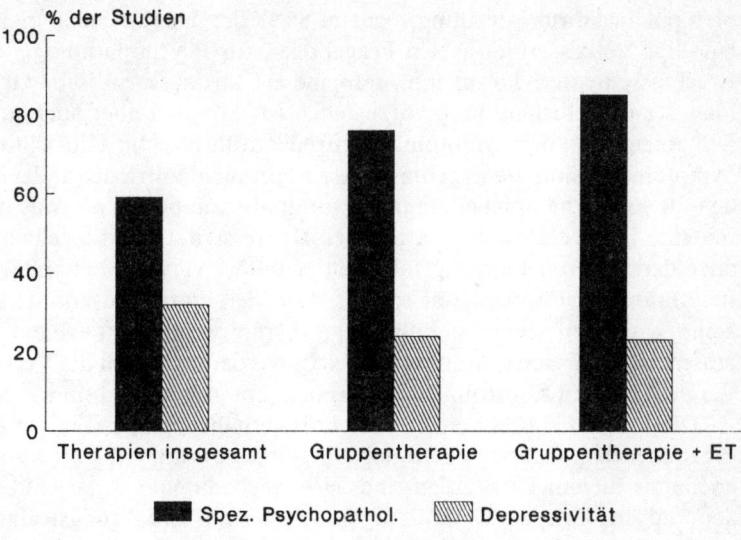

Abb. 8. Signifikante Verbesserung auf Skalen zur Psychopathologie

schen Programmen mit Ernährungstraining ein zufriedenstellendes Ergebnis. Hinsichtlich eßstörungsspezifischer Psychopathologie (EAT, EDI) kommte in 85 % der Studien eine statistisch signifikante Reduktion der Werte gezeigt werden, für Depressivität in 23 % der Studien. Bei allen gruppentherapeutischen Interventionen insgesamt ist im Mittel von 21 % Therapieabbrüchen berichtet. Die ernährungsspezifischen Ansätze berichten eine ähnliche – und jedenfalls keine höhere Quote – von im Mittel 20 % Therapieabbrüchen.

Überblickt man die untersuchten 32 Studien (siehe Abb..5), finden sich in der Besserung bulimischer Symptomatik (Eßanfälle und Erbrechen) für alle therapeutischen Bedingungen recht vergleichbare Erfolge. Bei Therapieende ist in allen 41 Therapiebedingungen zusammengenommen eine durchschnittliche Reduktion der Symptomatik um 74 % erreicht worden. Insgesamt zeigen 38 % der Patienten keinerlei Symptomatik mehr. Betrachtet man nur die Gruppentherapien (17 Studien mit 21 Therapiebedingungen, Abb. 5), waren dort 32 % der Patienten symptomfrei. Die besten Ergebnisse beim Katamnesezeitpunkt erzielten die gruppentherapeutischen Verfahren **mit Ernährungstraining**: 54 % der Patienten hatten weder Heißhungeranfälle noch erbrachen sie die Nahrung.

Die oben berichtete Stabilisierung der erreichten Symptomreduktion ist in allen Therapiebedingungen gleichermaßen zu beobachten. Ein deutlicher Rückgang der bulimischen Episoden nach ernährungsspezifischen Interventionen läßt sich vermuten, allerdings wurde in Studien, die solche Interventionen untersucht hatten, die Verhaltenssymptomatik auch besser dokumentiert. Betrachtet man die Verbesserung der Psychopathologie, bestätigt sich diese Tendenz. Alle Studien zusammen betrachtet (Gruppen- und Einzeltherapien, Abb. 5) ergab sich in 59 % aller Therapiebedingungen eine signifikante Reduktion der eßstörungsspezifischen Psychopathologie. Betrachtet man dagegen ausschließlich die Gruppentherapien, wurde dort in 76 % der Therapiebedingungen, bei Gruppentherapien **mit Ernährungstraining** sogar in 85 % der Therapiebedingungen eine überzufällige Verbesserung in den Fragebogen zur Psychopathologie erreicht. Diese Ergebnisse deuten darauf hin, daß eine ernährungsspezifische Gruppenbehandlung der Einzelbehandlung vorzuziehen ist, könnten aber auch auf eine bessere Dokumentation der Symptomatik zurückzuführen sein. Hinsichtlich depressiver Symptomatik sind die Ergebnisse insgesamt nicht zufriedenstellend. Hier schneiden die Einzeltherapiebedingungen summativ am besten ab, was möglicherweise für eine bessere Dokumentation der Depressivität bei Einzelbehandlung und/ oder der höheren Leistungsfähigkeit der dort verwendeten Interventionen zur Reduktion der Depressivität spricht. Für viele Patienten konnte also insgesamt keine Symptomfreiheit bei bulimischer Symptomatik und keine wesentliche Verbesserung der Psychopathologie erreicht werden, wiewohl die Verbesserungen im Vergleich zu den Kontroll/Wartegruppen sehr ermutigend sind.

Diese Übersicht läßt einen Vorteil der ernährungsspezifischen Interventionen gegenüber den anderen Therapiebedingungen vermuten. Daher sollen gesondert nochmals diejenigen Studien und Therapiebedingungen gegenübergestellt werden, die eine Gruppenbehandlung **ohne oder mit Ernährungstraining (ET)** angeboten haben (siehe Abb. 5). Hinsichtlich des Patientenkollektivs ergaben sich keine signifikanten Unterschiede zwischen diesen Behandlungsbedingungen, jedoch hinsichtlich der Theapiecharakteristika „Anzahl der Sitzungen" und „Dauer der Behandlung". Gruppen mit ET führten im Mittel 17,8 Sitzungen, Gruppen ohne ET nur 10,8 Sitzungen durch. Da sich auch eine Korrelation des Therapieerfolges mit der Behandlungsdauer ergab ($r = 0,40$), können mögliche Vorteile der Gruppen mit ET auf die längere Therapiedauer zurückzuführen sein. Tatsächlich zeigten sich für die Veränderungen bulimischer Verhaltensweisen überzufällige Unterschiede. Bei Bedingungen mit ET konnte „Erbrechen" bis zum Therapieende um 7,7/Woche im Vergleich zu 3,7/Woche bei Bedingungen ohne ET reduziert werden. In Anbetracht der längeren Therapiedauer bei Gruppen mit ET, der kleinen Fallzahlen sowie der etwas höheren Symptomfrequenz der Bedingungen ohne ET bei Therapiebeginn ist dieses Ergebnis allerdings nur vorsichtig als Hinweis auf die besondere Wirksamkeit ernährungsspezifischer Interventionen zu interpretieren.

Zusammenfassend läßt sich feststellen, daß die meisten der Therapieansätze zur Therapie der Bulimia nervosa zu Verbesserungen bei Therapieende oder Katamnese führen. Über die relative Wirksamkeit einzelner Interventionsbausteine läßt sich jedoch kein Urteil abgeben. Therapiestudien, die unterschiedliche Verfahren miteinander verglichen (Agras et al., 1989; Fairburn et al., 1986; Freeman et al., 1988; Kirkley et al., 1985; Leitenberg et al., 1988; Wilson et al., 1986), berichten nur geringe Unterschiede. In allen Studien mit Katamneseuntersuchungen zeigte sich eine Stabilisierung der bis Therapieende erreichten Erfolge oder sogar noch eine weitere Verbesserung, relativ unabhängig von den eingesetzten Therapiekomponenten. Berücksichtigt man die meist beträchtliche Dauer der bulimischen Störung, so sind die in einer relativ kurzen Therapiezeit erreichten Verbesserungen erstaunlich. Für diese schnelle Veränderung scheinen − und auch das ist mehr als tendenzieller Effekt beschrieben − Interventionen mit ernährungsspezifischen Anteilen günstig zu sein.

Effektivität von Ernährungsmanagement und Streßmanagement

Die Effektivität eines ernährungsspezifischen Therapieprogramms gegenüber einer kognitiv-behavioralen Intervention ohne Ernährungstraining wurde von uns in einer Studie an 55 Bulimiepatientinnen überprüft (Laessle et al., 1991). 27 Patientinnen nahmen an Gruppen teil, die ausschließlich ein „Ernährungsmanagement", wie im nachfolgenden Therapiemanual beschrieben, durchführten. 28 Patientinnen erhielten dagegen nur Interventionen aus dem nachfolgend beschriebenen „Streßmanagement". Die nach DSM-III-R diagnostizierten Therapieteilnehmerinnen der beiden Therapiebedingungen unterschieden sich nicht im Alter und Merkmalen der Erkrankung. Das mittlere Alter betrug 23,8 Jahre (SD = 3,8), die mittlere Erkrankungsdauer 7,5 Jahre (SD = 3,8). Alle Patientinnen waren normalgewichtig (BMI = 21,0; SD = 1,8), 24 hatten eine Anorexia nervosa in der Vorgeschichte. Die Patientinnen berichteten im Mittel von 13,3 (SD = 2,0) bulimischen Episoden in der Woche, 91 % der Patientinnen gaben selbstherbeigeführtes Erbrechen mit einer mittleren Frequenz von 14,8 (SD = 12,4) pro Woche an. Fast 53 % der Patientinnen hatten vor der Therapie bereits eine psychiatrische oder psychologische Behandlung erfahren, davon waren 9 Patientinnen auch schon stationär behandelt worden. Nach 2 Diagnosesitzungen wurden die Patientinnen zufällig einer der beiden Therapiebedingungen zugeordnet. Die Gruppen selbst umfaßten zwischen 5 und 8 Teilnehmerinnen und wurden in 15 zweistündigen Sitzungen in einem Zeitraum von 3 Monaten durchgeführt. Jede Gruppe wurde von einem männlichen und einem weiblichen Therapeuten durchgeführt. Speziell erhielten die Teilnehmerinnen des Ernährungsmanagements keine Interventionen, die auf eine kognitive Umstrukturierung dysfunktionaler Einstellungen oder auch die Bewältigung von Belastungssituationen abzielten; die Teilnehmerinnen des Streßmanagement wurden weder hinsichtlich psychobiologischer Wechselwirkungen von Bulimie, Verhalten und Erleben noch hinsichtlich angemessener Ernährung unterrichtet. Sie erhielten auch keinerlei Ernährungsplanung oder vertragliche Vereinbarung zur Umstellung des Eßverhaltens. Zur Beurteilung der Veränderung während und nach der Therapie wurden verschiedene Daten zum Eßverhalten selbst (z.B. Analyse der Häufigkeit von Heißhungeranfällen und Erbrechen, tägliche Kalorienaufnahme) und zur Psychopathologie (z.B. Schlankheitsstreben, Depressivität) zunächst zu Beginn, nach den ersten drei Wochen der Therapie, zu Therapieende, ein halbes Jahr und ein Jahr nach Therapie erhoben.

   Im Durchschnitt ergab sich für beide Therapiebedingungen eine signifikante Verbesserung der bulimischen Symptomatik bei Therapieende und Katamnese (siehe Abb. 9 und 10). Alle Patientinnen hatten die Häufigkeit der Heißhungeranfälle und des Erbrechens von durchschnittlich 12 Anfällen in der Woche signifikant auf 4 pro Woche bei Therapieende sowie einen Heißhungeranfall und 2,5 Brechepisoden pro Woche zur Nachuntersuchung nach 12 Monaten reduziert. Allerdings fand sich ein deutlicher Unterschied im Zeitverlauf der Verbesserung zwischen den Therapiebedingungen. Zur Zwischenbilanz nach den ersten drei Intensivwochen der Therapie zeigten die Patientinnen, die das Ernährungsmanagement bekommen hatten, bereits eine wesentlich deutlichere Abnahme bulimischer Anfälle und nahmen im Durchschnitt auch deutlich mehr Nahrung pro Tag

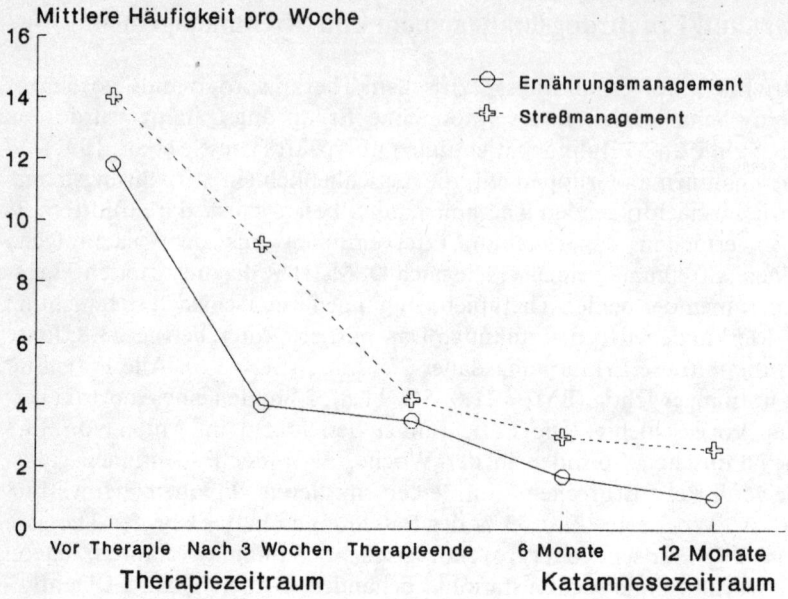

Abb. 9. Anzahl der Eßanfälle

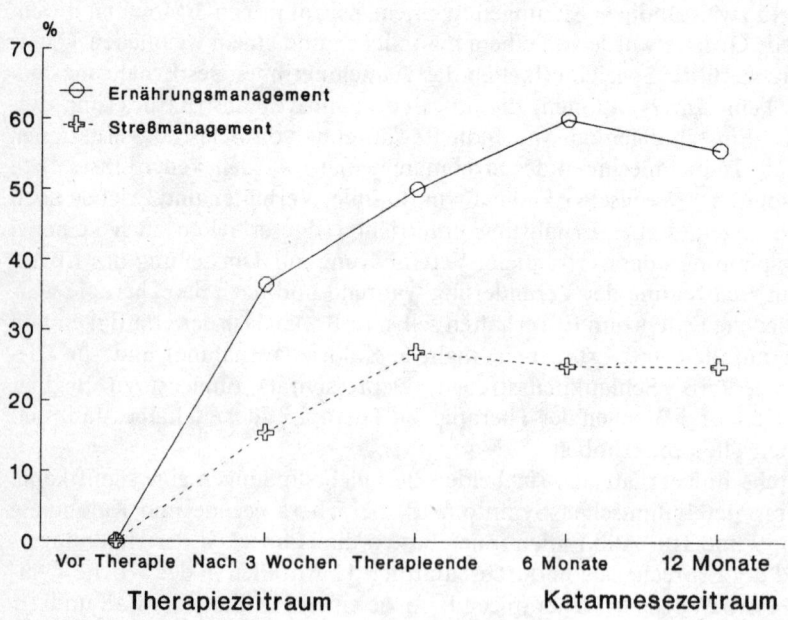

Abb. 10. Patientinnen ohne Eßanfälle

auf (1821 kcal/Tag), als die Teilnehmerinnen des Streßmanagement (1299 kcal/ Tag) (Abb. 11). Am Ende der Therapie war der Anteil symptomfreier Patienten zudem in der Gruppe mit Ernährungsmanagement höher (50 %) als in der Grup-

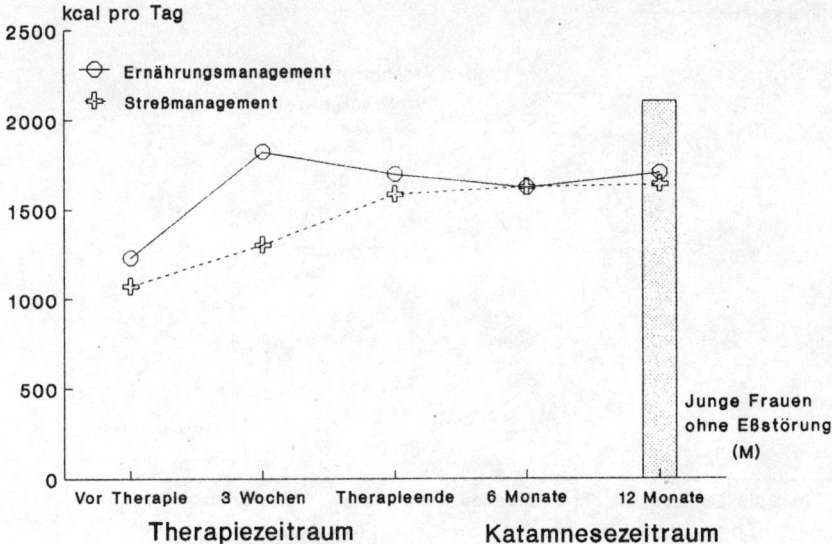

Abb. 11. Kalorienaufnahme bei Mahlzeiten (ohne Eßanfälle). M Mittelwert

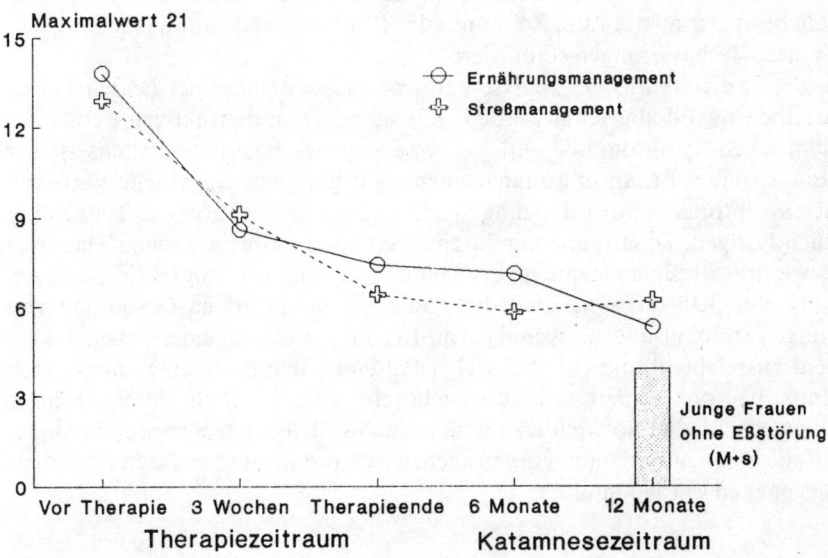

Abb. 12. Schlankheitsstreben (EDI-Subskala 1). M Mittelwert, s Standardabweichung

pe mit Streßmanagement (26,9 %). Unter beiden Therapiebedingungen verbesserten sich psychopathologische Merkmale signifikant (siehe Abb. 12 und 13). Allerdings erzielten die Teilnehmerinnen des Streßmanagement am Ende der Therapie

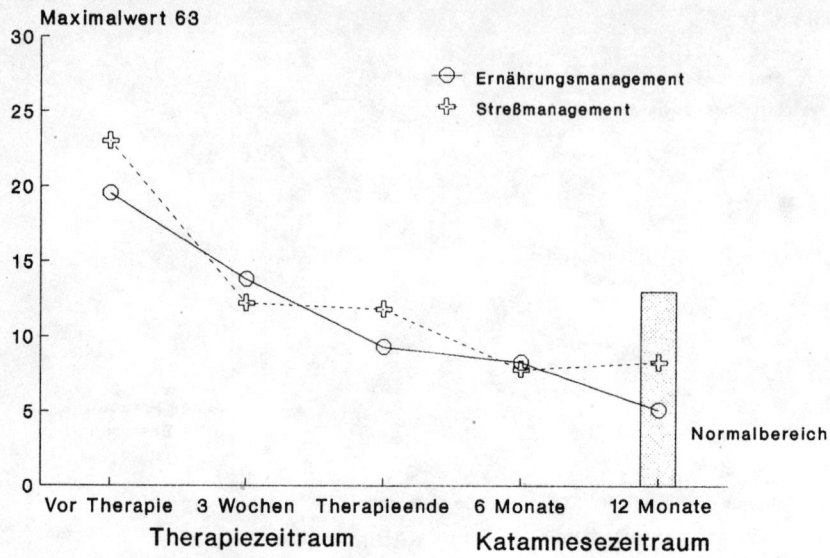

Abb. 13. Depressivität (Beck-Depressions-Inventar)

bessere Werte in den EDI-Skalen „erlebte Handlungseffizienz" und „zwischenmenschliches Vertrauen". Zum Zeitpunkt der 12-Monate-Nachuntersuchung hatten sich diese Verbesserungen stabilisiert.

Aus dieser differentiellen Analyse kann ein Nacheinander der beiden Therapiebausteine sinnvoll abgeleitet werden. Zur schnellen und effektiven Reduktion der bulimischen Symptomatik und Verbesserung des Basiseßverhaltens ist der frühe Einsatz eines Ernährungsmanagements gut geeignet. Die rasche Verbesserung der Symptomatik wird dabei auch die Therapiemotivation der Teilnehmer wesentlich festigen. Die Ergänzung durch einen kognitiv-behavioralen Therapieansatz, wie im Streßmanagement, erscheint vor allem zur langfristig positiven Bewertung der Selbsteffizienz und der Fähigkeit zur positiven Gestaltung von Beziehungen sinnvoll und notwendig. Ein Ernährungsmanagement alleine wäre hier nicht ausreichend und ruft bei vielen Patienten den direkten Wunsch nach Ergänzung hervor. Andererseits übersieht ein ausschließlich durchgeführtes Streßmanagement die Notwendigkeit, daß zur tatsächlichen Symptomveränderung auf die von den Patienten vorgetragenen Symptome des gestörten Eßverhaltens eingegangen werden muß.

Zweiter Teil

**Ein strukturiertes Therapieprogramm
zur Behandlung der Bulimie**

Aufbau des Therapieprogramms

Das vorliegende Therapieprogramm zur Behandlung der Bulimie basiert auf psychobiologischen Konzepten und auf Erfahrungen mit bereits überprüften Therapieansätzen. Für die Aufrechterhaltung der Eßstörung spielen drei Bereiche eine besondere Rolle (siehe Abb. 1):

1. Biologische Begleiterscheinungen gezügelten Eßverhaltens und deren Rückwirkung auf Erleben und Verhalten;
2. Funktionale Aspekte des Eßverhaltens, speziell der Heißhungeranfälle (z.B. Bulimie als dysfunktionale Problemlösung);
3. Irrationale Einstellungen und Denkstile bezüglich Gewicht, Figur und Nahrungsmitteln als Motor gestörten Eßverhaltens.

Unter Zugrundelegung dieser Annahmen interveniert die Therapie primär in zwei Verhaltensbereichen. Nach den Ergebnissen bisheriger Therapiestudien ist eine Reduktion der Heißhungerattacken und des Erbrechens sowie eine Normali-

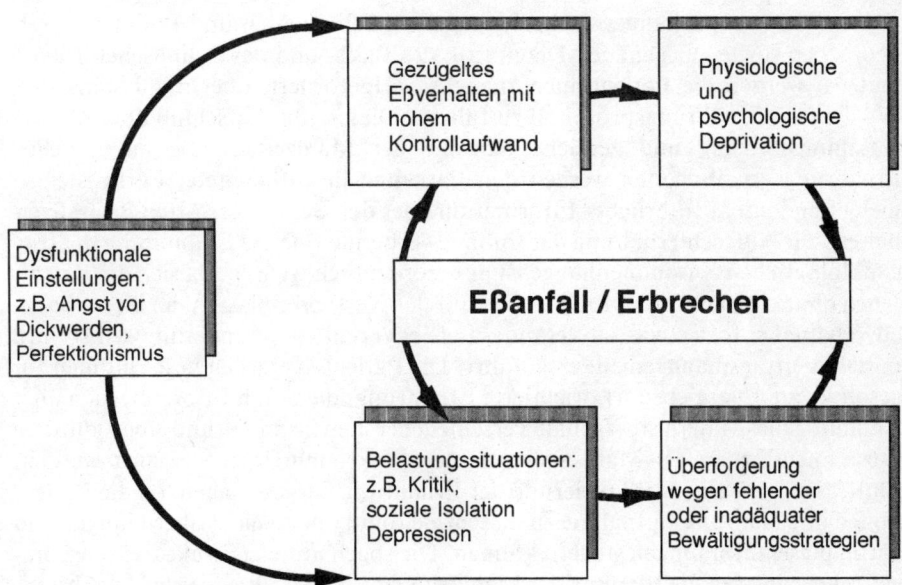

Abb. 1. Aufrechterhaltung bulimischen Verhaltens

sierung des Eßverhaltens besonders bei der Durchführung einer Ernährungsberatung bzw. eines Ernährungstrainings zu erwarten. Diesem Aspekt wird in dem
ersten Therapiebaustein − dem Ernährungsmanagement − Rechnung getragen.
Das gezügelte „Basiseßverhalten" − d.h. das Eßverhalten zwischen den Heißhungerattacken − soll so verändert werden, daß keine physiologischen und psychologischen Deprivationszustände mehr auftreten, die Heißhungeranfälle auslösen. Weiterhin sollen die Betroffenen für eine möglichst genaue Wahrnehmung
der interoceptiven Signale von Hunger und Sättigung sensibilisiert werden. Das
Körpergewicht wird sich unter diesen Bedingungen langfristig in einem für die
Patientin biologisch angemessenen Bereich stabilisieren können.

Zur Modifikation der funktionalen Aspekte des gestörten Eßverhaltens lernen
Betroffene, auftretende Belastungen effektiv zu bewältigen und nicht nur durch
bulimisches Verhalten kurzfristig zu dämpfen. Dazu wird ein „Streßmanagement" angeboten, dessen Konzeption auf bewährten Programmen und Interven-
tionsvorschlägen (z.B. Feldhege u. Krauthan, 1978; Kessler, 1985) basiert. Diese
wurden entsprechend den Anforderungen bei der Therapie der Bulimie erweitert
und verändert.

In beiden Therapiebausteinen ist die Modifikation dysfunktionaler Kognitionen ein wichtiger Bestandteil. Sie wird einmal indirekt erreicht durch das „Verhaltensexperiment", das den Betroffenen die Möglichkeit gibt, falsche Annahmen über Ernährung, Gewichtsentwicklung und Figur zu überprüfen. Zum zweiten werden ungünstige Kognitionen mit Techniken der „kognitiven Umstrukturierung" direkt bearbeitet.

Das Ernährungsmanagement

Um den Zusammenhang zwischen gezügeltem Eßverhalten und Bulimie zu verdeutlichen sowie zur genauen Diagnostik des Basis- und des bulimischen Eßverhaltens, werden die Patientinnen zunächst aufgefordert, über mindestens zwei
Wochen ein Ernährungsprotokoll zu führen. Dieses gibt Aufschluß über Menge,
Zusammensetzung und zeitliche Abfolge der Mahlzeiten. Die individuellen
Ernährungsgewohnheiten werden den Patienten in aufbereiteter Form rückge-
meldet und mit ausführlicher Information über den Beitrag gestörten Basiseßverhaltens zur Aufrechterhaltung der Bulimie verbunden. Diese Erläuterung der psychobiologischen Zusammenhänge ist außerordentlich wichtig, da sich die Betroffenen ohne ein plausibles Modell kaum auf den Versuch einlassen, an ihrem Basiseßverhalten sofort etwas zu verändern. Die Verhaltensveränderung selbst wird
mittels Vertragsmanagement eingeführt. Die Patienten erarbeiten Richtlinien für
gesunde, am Energiebedarf orientierte Ernährung, die durch Informationen über
Vitamin- und Mineralstoffgehalt verschiedener Lebensmittel und über günstige
Zusammensetzung der Mahlzeiten aus den Makronährstoffen ergänzt werden.
Zu Beginn wird eine Strukturierung der Ernährung vorgeschlagen, da die Patientinnen ihre Nahrungsaufnahme zu diesem Zeitpunkt noch nicht über Hunger-und
Sättigungsempfindungen steuern können. Die sogenannten „Strukturierten Eßtage" sehen eine genaue Planung der Mahlzeitenhäufigkeit, ihres zeitlichen Abstan-
des, der Nahrungsmenge und -zusammensetzung vor. Um auch das Erleben von

Genuß zu fördern, wird besonders auf die Zubereitung der Mahlzeiten und auf die Vielseitigkeit bei der Auswahl der Nahrungsmittel geachtet. Alle Vorschläge werden an Beispielen verdeutlicht.

Die Patientinnen legen im vorbereiteten Vertragsformular zunächst einen, später mehrere Tage in der Woche fest, an denen sie „strukturiert" essen, nicht erbrechen oder sonstige Maßnahmen zur Gewichtskontrolle ergreifen. An den übrigen Tagen gibt es keinerlei Einschränkung der Ernährungsgewohnheiten. Durch die Festlegung der „strukturierten Eßtage" wird der funktionale Zusammenhang zwischen Belastungssituationen und Heißhungeranfällen gelockert, da Anfälle abhängig von Wochentagen erlaubt sind, nicht aber abhängig von Belastungssituationen. Die Ernährungsplanung und die Durchführung wird über die ersten drei Wochen der Therapie kontinuierlich, später in größeren Abständen protokolliert; die Therapeuten geben detaillierte Rückmeldung über die Ernährungsstruktur (z.B. welche Makronährstoffe noch zu wenig konsumiert werden, wie abwechslungsreich die Mahlzeiten sind und ob die Nahrungsmenge ausreichend ist). Vorschläge zur Veränderung sollen im Detail immer von den Patientinnen selbst erarbeitet werden.

Das Ernährungsmanagement steht in unserem Therapiekonzept zu Beginn der Therapie. Die Umstellung der Ernährung in 3 – 7 Wochen hat sich als möglich und sinnvoll erwiesen. Die frühe Veränderung im Eßverhalten hilft, die Therapiemotivation durch das Erleben selbsteffizienten Verhaltens zu stärken. Da die meisten Patientinnen wegen ihres gestörten Eßverhaltens um Hilfe gefragt haben, ist in diesem Bereich auch mit dem größten Engagement zu rechnen. Sind die psychophysiologischen Auslöser für Heißhungeranfälle erst einmal reduziert, treten psychosoziale Auslöser besser in den Vordergrund. Hier kann das Streßmanagement ansetzen. Den Patientinnen wird deutlich, welche funktionalen Aspekte die Eßstörung jeweils individuell besitzt und welche Kompetenzen zur Veränderung notwendig sind.

Das Streßmanagement

Die Umstellung des Eßverhaltens erbringt meist sehr schnell spürbare Effekte für die Therapieteilnehmer, da beispielsweise Drüsenschwellungen zurückgehen, Kopfschmerzen weniger werden und sich das Allgemeinbefinden verbessert. Auch der „Eßdruck" reduziert sich durch die regelmäßige Nahrungszufuhr deutlich. Zu diesem Zeitpunkt haben die Patientinnen meist auch nur wenig oder gar nichts an Gewicht zugenommen, so daß der positive Effekt der strukturierten Tage überwiegt. Wenn jetzt Heißhungeranfälle auftreten, so meist im Zusammenhang mit belastenden Situationen, für die die Bulimie Erleichterung verspricht. Im Streßmanagement werden deshalb alternative Bewältigungsstrategien für diese Belastungen erarbeitet. Zunächst erhalten die Patientinnen Informationen darüber, wie günstiges und weniger günstiges Bewältigungsverhalten gelernt wird, wie dieses Verhalten analysiert werden kann, um Verhaltensschritte abzuleiten, und wie sie schließlich neues Verhalten erlernen können. Grundlage des Änderungsmodells ist der in Sitzung 1 beschriebene „Belastungskreislauf" und die Lerntheorien.

Im nächsten Schritt protokollieren die Teilnehmerinnen Belastungssituationen, denen Heißhungeranfälle als Reaktion gefolgt sind mit Hilfe des S-O-R-K-C- Schemas nach Kanfer u. Saslow (1969), welches für die Patienten vereinfacht als S-O-R-K Modell dargestellt wird: Unter S (Situation) berichten die Patientinnen über die äußerlichen Gegebenheiten der Situation, unter O (Organismus) protokollieren sie Körperempfindungen, Gefühle und Gedanken, die den Heißhungeranfall mit ausgelöst haben oder diesen begleiten (aus Gründen der Praktikabilität werden hier die unter „Organismus" subsummierten Variablen nicht nur auf dispositionelle Faktoren beschränkt – wie bei Kanfer und Saslow dargelegt – sondern sollen auch rückkoppelnde, verdeckte Reaktionen, z.B. emotionale Reaktionen enthalten). Unter R beschreiben die Patientinnen genau die Reaktion, also den Heißhungeranfall in seinem Ablauf und das anschließende Erbrechen. Die Konsequenzen (K) dieser Reaktion werden daraufhin analysiert, ob sie positiv oder negativ, ohne Latenz oder erst mit Verzögerung, dauerhaft oder nur zeitweilig auf die Reaktion erfolgen.

Ein Beispiel: Ein Heißhungeranfall kann in der Küche der Eltern nach einer Auseinandersetzung mit der Mutter von verschiedenen unangenehmen Gefühlen ausgelöst worden sein, wie einem nicht mehr zu kontrollierenden Hunger, dem Wunsch nach Ablenkung von diesen Gefühlen und dem Wunsch, es der Mutter schon zu „zeigen". Die Konsequenzen eines Eßanfalles sind kurzfristig positiv: der Hunger wird gestillt, die Betroffene ist von der Auseinandersetzung abgelenkt, aversive Gefühle werden gedämpft, aggressive Impulse befriedigt. Bald auftretende unangenehme Gefühle wie Völlegefühl, Übelkeit und Angst vor Gewichtszunahme werden durch das anschließende Erbrechen reduziert. Langfristig können die Konsequenzen für dieses Verhalten vielfältig und unterschiedlich sein. Positiv mag für die Patientin die erhöhte Zuwendung und Aufmerksamkeit der Mutter sein und die Bestätigung, essen zu können, ohne deutlich an Gewicht zuzunehmen. Aversiv könnten die vermutlich folgenden weiteren Auseinandersetzungen mit der Mutter sein und die körperlichen Folgen der Bulimie sowie das Bewußsein, „nicht in Ordnung" zu sein.

Entsprechend einer solchen Situationsanalyse werden kurzfristige und langfristige Strategien erarbeitet, Probleme ohne Bulimie zu bewältigen. Dies wird vor allem auch im Hinblick darauf geschehen, daß möglichst viele Positiva (angenehme Konsequenzen der Bulimie) erhalten bleiben und neue hinzukommen, möglichst wenig Negativa auf das neue Verhalten folgen, bzw. auftretende Unannehmlichkeiten ertragen werden können. Im einzelnen werden Strategien zur kurzfristigen Bewältigung von bereits entstandenen Streßsituationen angeboten und Strategien, die langfristig die Auftretenshäufigkeit solcher Situationen vermindern. Kurzfristige Bewältigungsstrategien sind Entspannungstechniken, Fähigkeiten zu Selbstermutigung sowie zur inneren und äußeren Ablenkung. Langfristige Strategien sind die Fähigkeit zu Tiefenentspannung und Körperkontrolle, Fertigkeiten für eine zufriedenstellende Kommunikation mit anderen Menschen, sowie Planungs- und Problemlösetechniken. Nach entsprechenden Informationen werden in Übungen, Rollenspielen und Hausaufgaben diese Strategien systematisch eingesetzt und erprobt. In der oben beschriebenen Situation könnte die Patientin beispielsweise eine Kurzentspannung einsetzen, um sich von den aufkommenden Mißempfindungen nicht überwältigen zu lassen und die Ruhe aufzubringen, ein grundsätzliches Gespräch mit der Mutter zu planen. Nach entsprechender Vorbereitung könnte sie mit der Mutter eine Aussprache über häufige Konflikte führen und der Mutter ihre Wünsche mitteilen. Schließlich könnte die Patientin ihre Ernährungsplanung nochmals überdenken, um in Zukunft nicht mit leerem Bauch in eine belastende Situation zu geraten.

Maßnahmen zur Veränderung dysfunktionaler Kognitionen

In beiden Therapiebausteinen sind Interventionen zur Reflexion, Überprüfung und Neustrukturierung von ungünstigen und starren Einstellungen fest verankert. Im Baustein „Ernährungsmanagement" sind die Informationen über Körper und Ernährung geeignet, irrationale Annahmen über die „Machbarkeit" der Figur, die Möglichkeiten zur Gewichtskontrolle und über die „richtige" Ernährung in Frage zu stellen. Das Verhaltensexperiment „strukturierte Eßtage" hilft, angstbesetzte Vermutungen über die Wirkung normaler Ernährung zu falsifizieren. Darüber hinaus werden gezielt Übungen zur Körperwahrnehmung angeboten, z.B. die Betrachtung und Pflege gemiedener Körperteile. Wie soziokulturelle Vorstellungen über die „ideale Figur" oder die „ideale Frau" zustandekommen, wird im Anschluß an die gemeinsame Gestaltung einer Collage (Einstellungen zu Figur, Körper, Essen und Frauenrolle) diskutiert. Ziel ist, diese Vorstellungen als mode- und zeitabhängig zu erkennen und die „ideale Figur" als Metapher für die verschiedensten Ansprüche an die „Frau von heute" zu entlarven.

Im Baustein „Streßmanagement" werden explizit Methoden der Einstellungsänderung erklärt und geübt. In Wahrnehmungsübungen, wie zum Beispiel dem Protokoll automatischer Gedanken und der Fokussierung auf aversive Gefühlszustände und deren kognitive Auslöser, wird der Zusammenhang zwischen irrationalen Gedanken und Gefühlen der Angst, Depression und des Ärgers erarbeitet. Um die Änderungsschritte transparent zu machen, werden auch hier gängige Konzepte der kognitiv orientierten Therapien vorgestellt (z.B. das ABC-Schema nach Ellis). Primär über die Analyse der Konsequenzen bestimmter Einstellungen für Gefühlszustände und Verhalten werden irrationale Einstellungen identifiziert und realistisch umformuliert. Auch Phantasieübungen zur eigenen Figur tragen zu einer Lockerung starrer Einstellungen bei. In Verhaltensübungen werden die neuen Einstellungen gefestigt. Eine Patientin kann beispielsweise die Badeanstalt besuchen und dabei einen Bikini tragen oder sich von einer Verkäuferin beim Kauf neuer Kleidung beraten lassen.

Durchführung der Therapie

Aufbau der Sitzungen

Zur Orientierung für Therapeuten und Patienten und zur leichteren zeitlichen Gliederung der Sitzungen empfiehlt sich eine durchgängige Strukturierung der Sitzungen. Jede Sitzung beginnt mit einer Zusammenfassung der letzten Sitzung durch eine Patientin. So können die Therapeuten überprüfen, was für die Patienten inhaltlich wichtig war, welche Schwierigkeiten geblieben sind und ob das Tempo des Vorgehens angemessen ist. Anschließend erfolgt die Hausaufgabenbesprechung. Diese sollte immer sehr ernst genommen werden, da sonst die Motivation für die teilweise recht umfangreichen Übungen nachläßt. Die Hausaufgaben bilden ein Kernstück der Therapie; über sie werden die erarbeiteten Problemlösungsstrategien im Alltag ausprobiert und integriert. Sie verlangen von den Patienten die konkrete Verhaltensänderung und sind daher auch besonders effektiv. Da ein sofortiger positiver Effekt der Übungen nicht immer gewährleistet ist, müssen die Therapeuten über die Besprechung der Hausaufgaben anfänglich die Verstärkung übernehmen. Im Anschluß an die Hausaufgaben werden Informationsblöcke und/oder Übungen angeboten, aus denen sich die nächsten Hausaufgaben ableiten. Die Sitzung schließt mit einem sogenannten „Blitzlicht", das heißt einer kurzen Rückmeldung, die dem Therapeuten einen Eindruck über die Wirkung und Qualität der Sitzung vermittelt.

Wie schon oben erwähnt, hat sich die vorgeschlagene Reihenfolge, das Ernährungsmanagement an den Beginn der Therapie zu setzen und erst im weiteren Verlauf auf die funktionellen Aspekte der Bulimie zu kommen, bewährt. Diese Reihenfolge muß aber nicht so eingehalten werden, die einzelnen Therapiebausteine können vom Therapeuten nach Bedarf eingesetzt, neukombiniert und verändert werden. Eine Evaluation liegt für die Einzelkomponenten Ernährungsmanagement und Streßmanagement sowie für die kombinierte Therapie vor (Laessle et al., 1988; Laessle et al., 1991).

Interventionstechniken

Zum Einsatz gelangen Techniken und Übungen aus dem kognitiv-behavioralen Interventionskatalog. Wichtige Bestandteile der Therapie sind Selbstbeobachtung, Modellvermittlung und Edukation, Selbstkontrolltechniken und Kontingenzmanagement, Vertragsmanagement, Verhaltensplanung, -experimente und -übungen, Rollenspiele, auslöserbezogene Interventionen, Expositionsverfahren bezüglich des Essens und des Körpers sowie Techniken der kognitiven Umstrukturierung. Die Übungen und Interventionen sind jeweils inhaltlich den spezifischen Problemen bei bulimischen Eßstörungen angepaßt. Grundsätzlich wird versucht, die gesammelten Selbstbeobachtungen in psychobiologische und lerntheoretische Modelle zu integrieren, Veränderungsschritte daraus abzuleiten, wahrnehmungs- oder einsichtsunterstützende Übungen anzubieten, Techniken zur Verhaltensänderung oder zum Verhaltensaufbau zu vermitteln und schließlich Verhaltensveränderungen im Alltag anzuregen. Die Übungen sind eigene Vorschläge oder sie wurden verschiedensten Therapiemanualen und -beschreibungen entnommen (Orbach, 1984; Stevens, 1975; Bruns, 1989; Feldhege u. Krauthan 1978; Kessler 1986; Morris u. Cimmmnnamon, 1975; Hahlweg et al., 1982; O'Connor et al., 1989; Diekstra 1982) und entsprechend dem Störungsbild und der Therapieintention modifiziert.

Trotz aller „Technik" sollte nicht vergessen werden, daß auch Humor und Lachen wichtige und – nach unserer Meinung – auch wirksame Methoden der Therapie darstellen. Lachen schafft ein Klima, in dem Änderung und Lernen nicht nur mühsam erscheinen, sondern Spaß machen. Humor verhilft darüber hinaus zu einer kritischen Distanz dem eigenen Erleben und Verhalten gegenüber und wird damit zur wichtigen Voraussetzung, kreativ Veränderungen auszuprobieren.

Strukturiertes Vorgehen

Das Programm ist weitgehend strukturiert. Besonders der Baustein Ernährungsmanagement gibt den Teilnehmern sehr feste Rahmenbedingungen für die Verhaltensveränderung vor. Man könnte einwenden, daß die Tendenz vieler Patientinnen zu „Überkontrolle" und „Perfektionismus" durch die Therapievorgaben noch unterstützt wird. Dies entspricht jedoch nicht unserer Erfahrung. Die vorgegebene Struktur ist transparent und grundsätzlich auf mehr Flexibilität ausgerichtet. Werden die alten Ernährungsregeln der Patientinnen ausformuliert, wird deutlich, daß die Ernährungsplanung mehr Freiraum läßt, als sich die Patientin bisher selbst zugestanden hat. Gleichzeitig bietet die Strukturierung ein gutes Gerüst, das Änderungsschritte erleichtert. Einzelne Zwischenschritte können von den Patienten unmißverständlich festgelegt werden.

Im Einklang mit diesen Erfahrungen fand Schulte (Schulte u. Künzel, 1989) strukturierte, manualvermittelte Therapieprogramme gegenüber individuell verhaltensanalytisch entwickelten Therapiestrategien im Vorteil. Ein Grund dafür könnte die Spezifität und Konkretheit solcher Therapiemanuale sein. Möglicherweise sind auch Therapeuten disziplinierter und konsequenter in der Anwendung verschiedener Interventionen und Übungen, wenn sie sich durch ein Manual leiten lassen. Langfristiges Ziel der Therapie ist es selbstverständlich, die Struktur des Eßverhaltens an den jeweiligen individuellen Lebensrhythmus anzupassen.

Ambulante Durchführung der Therapie

Die ambulante Therapie der Bulimie hat verschiedene Vorteile. Nach einer Studie von Kaye et al., 1984 und eigenen Erfahrungen löst die nach Klinikaufnahme forcierte Reduktion von Heißhungeranfällen und Erbrechen besonders ausgeprägte Formen des „restrained eating" aus und vermag die Selbstaktivierung der Patienten oft nur langsam anzuregen. Die zunächst erzielten Erfolge können dann im Alltagssetting, in dem die Patientin selbstverantwortlich handeln muß, oft nicht aufrechterhalten werden (vgl. auch Mitchell et al., 1985b). In der ambulanten Therapie können vor allem die Lebensbedingungen der Patienten leichter mit in die Analyse und Übung einbezogen werden. Die Teilnehmer sind in der Lage, geplante Veränderungen im Alltagssetting auszuprobieren und entsprechend ihrem Bedarf zu modifizieren. Die Transparenz der Struktur sowie die strikte Ableitung aller Therapieschritte aus plausiblen Modellen (zur Entstehung und Aufrechterhaltung der Eßstörung) ist besonders für die ambulante Behandlung, wie wir sie vorschlagen, wichtig. In der ambulanten Therapie können und sollen die Teilnehmer nicht von den Therapeuten kontrolliert werden. Daher ist jede Vorgabe ein Angebot des Therapeuten, das begründet werden muß. Die Therapieteilnehmer sollen sich nach den vorgegebenen Informationen entscheiden, ob sie das „Experiment" durchführen wollen und diese Entscheidung vor sich verantworten. Es fällt ihnen leichter, Einwände zu diskutieren, wenn klare Argumente vorgegeben sind, es fällt schwerer zu manipulieren, wenn es keinen „Kontrolleur" gibt.

Grundsätzlich sind die meisten Teile der vorgeschlagenen Therapiekonzeption auch stationär durchführbar. Die als Hausaufgaben konzipierten Übungen sollten dann für den Klinikrahmen modifiziert oder, wenn möglich, bei Probeentlassungen eingesetzt werden.

Durchführung als Gruppen- oder Einzeltherapie

Die hier dargestellte Therapie ist überwiegend im Gruppenformat durchgeführt und erprobt worden. Obwohl alle Teile auch in der Einzeltherapie anwendbar sind, hat die Durchführung in der Gruppe wesentliche Vorteile. Neben dem ökonomischen Aspekt bietet das Gruppenformat die Möglichkeit für die Teilnehmer, Erfahrungen und Anregungen auszutauschen. Die Teilnehmer können sich glaubhaft gegenseitiges Verständnis versichern, aber auch gegenseitig Vorschläge machen, die sie häufig nur schwer akzeptiert würden, wenn sie von den Therapeuten kämen. Die Gruppe bildet immer auch eine Konkurrenzsituation, die genutzt werden kann, die Teilnehmer zu Veränderungen zu ermutigen. Schließlich sind im Gruppenformat auch Übungen zur sozialen Kompetenz – z.B. für solche Konkurrenzsituationen – besser als in Einzelbehandlung durchzuführen. Da in der ambulanten Praxis die Zusammenstellung von Gruppen häufig nicht möglich ist, wurde das Manual so konzipiert, daß es ohne weiteres auch für eine Einzeltherapie eingesetzt werden kann. In den Therapiesitzungen werden deshalb – neben formatunabhängigen Interventionen – sowohl gruppenspezifische als auch speziell für die Einzeltherapie geeignete Übungen vorgeschlagen.

Therapeutenhaltung

Voraussetzung für die Therapie bulimischer Eßstörungen ist neben dem Wissen über deren Entstehung, Aufrechterhaltung, spezifische Pathologie sowie über Techniken der Veränderung die Kenntnis eigener Ernährungsgewohnheiten, Einstellungen zu Essen und Ernährung, Körperempfinden und Figur. Ernährung ist nicht nur lebenserhaltende Notwendigkeit, sondern hat darüber hinaus vielfache soziale und kulturelle Bedeutung. Die „normale" Ernährung schlechthin läßt sich kaum definieren, höchstens eine im Sinne verschiedener Ziele notwendige oder nützliche Ernährung. Für die Patienten ist die hilfreichste Vorgabe eine Regelung der Ernährung, die Wohlbefinden gewährleistet, die körperlichen Funktionen stabilisiert und verstehbare, feste Regeln und Zieldefinitionen enthält. Erst wenn der Kreislauf zwischen gestörtem Eßverhalten, psychobiologischen Konsequenzen und Rückwirkung auf das Eßverhalten unterbrochen ist, können sich Patienten für bestimmte Varianten der Ernährung entscheiden, wie z.B. religiös begründete Fastenrituale, vegetarische Kost o.ä.m. Die möglichen Risiken für Rückfälle in die Eßstörung müssen dabei immer diskutiert werden. Zum Beispiel stellt eine vegetarische Ernährung für viele Patienten ein deutliches Rückfallrisiko dar, da eine ausgewogen zusammengestellte Ernährung nur mit umfangreichem Wissen über vegetarische Nahrungsmittel und mit verhältnismäßig großem Einkaufs- und Zubereitungsaufwand zu gewährleisten ist. Außerdem versteckt sich hinter der vegetarischen Ernährung bei Patienten oft die unausgesprochene Annahme, kalorienärmer, also figurbewußt zu essen. Dann wäre der Wunsch nach vegetarischer Ernährung ein Hinweis darauf, daß zentrale Aspekte der Eßstörung, nämlich die dysfunktionale Einstellung zu Körper und Figur, noch unzureichend bearbeitet sind.

Um dem Patienten die bewußte Entscheidung für ein bestimmtes Eßverhalten zugänglich zu machen, ohne ihn vorschnell in eine bestimmte Richtung zu nötigen, muß sich der Therapeut über eigene Vorlieben und Gewohnheiten im Klaren sein. Anhand eigener Ernährungsprotokolle sollte jeder Therapeut die eigenen Ernährungsgewohnheiten und dabei gleichzeitig die Anforderungen an die Patienten aus eigener Anschauung kennenlernen. Es ist nicht gesagt, daß eine Therapie der Eßstörungen nicht möglich wäre, wenn auch der Therapeut Essen zur Streßreduktion eingesetzt, Nahrungsmittelaversionen hat oder bestimmten Ernährungsideologien (z.B. Vegetarismus) folgt. Wichtig ist aber, diese Gewohnheiten zu kennen und zu verstehen, daß die eigenen Verhaltensregeln für den Patienten nicht notwendigerweise vorteilhaft sind.

Ein Therapeut für Bulimie muß kein Ernährungsspezialist sein, allerdings sind verschiedene Theapiesituationen schwierig zu meistern, wenn auf Einwände, Fragen oder Vorgaben von Patienten nicht angemessen eingegangen werden kann. Ein Grundwissen über Ernährung ist daher notwendig. Bei speziellen Fragen kann auf Nachschlagwerke oder auf eine ökotrophologische Beratung zurückgegriffen werden. Anhand des „Fragebogen zum nutritiven Wissen" kann jeder Therapeut sein Wissen über Ernährung und Nahrungsmittel überprüfen und gegebenenfalls erweitern. Im Anhang sind einige Literaturvorschläge angegeben; die „Informationsbroschüre Ernährung" enthält zusammengefaßt die wichtigsten Informationen.

In unserem Kulturkreis ist das gängige Schönheitsideal mit einer sehr schlanken Figur verbunden. Eine schlanke Figur bringt für Frauen eine Reihe von Vorteilen, angefangen von der höheren sexuellen Attraktivität bis zur Zuschreibung wünschenswerter Eigenschaften, wie Disziplin, Tüchtigkeit und Leistungsfähigkeit. Sicher wäre auch hier ein/e Therapeut/in überfordert, wollte er/sie sich von diesen Vorstellungen gänzlich frei machen. Die Störung beginnt dort, wo diese Anforderungen überwertig und ausschließlich werden. Die Kenntnis der eigenen Einstellung wird in der Therapie davor schützen, vorschnell Wünsche nach „Schlanksein" zu akzeptieren, Untergewicht zu verharmlosen oder – im Gegensatz dazu – negative Konsequenzen von Übergewicht herunterzuspielen. Der Therapeut sollte immer um eine realistische Rückmeldung hinsichtlich der Einstellungen zu Figur und Gewicht bemüht sein, weder verharmlosen noch überbewerten und die Relativität der Bewertungen deutlich machen. Ebenfalls sollte sich jeder Therapeut über Vorbehalte gegenüber bestimmten Aspekten des gestörten Eßverhaltens (z.B. Ekel vor dem Erbrechen oder den Heißhungeranfällen) oder gegenüber Verhaltensstrategien in sozialen Situationen und dem weiblichen Rollenverhalten bewußt sein.

Häufige Schwierigkeiten

Die meisten Schwierigkeiten ergeben sich aus einer unreflektierten Interaktion zwischen Klient und Therapeut. Insbesonders edukative Teile der Therapie und konfrontative Interventionen sind geeignet, den Widerstand der Teilnehmer hervorzurufen. Neben der ständigen eigenen Überprüfung des Therapiestils sollte daher auf ein Klima der Offenheit in der Therapie geachtet werden, in dem die Teilnehmer jederzeit Einwände, Unsicherheiten oder Schwierigkeiten zurückmelden können. Die Therapeuten haben hier immer eine wichtige Modellfunktion. Erfolgt die Informationsvermittlung weitgehend durch die Therapeut-Klienten-Interaktion (Fragen an die Klienten, was sie selbst z.B. über Fett wissen, Anregung von Schritten zur Überprüfung und Erweiterung dieses Wissens etc.) und über die Strukturierung und Ergänzung des Wissens der Patienten (z.B. durch Techniken der Metaplanung: Übung „Fett ist gesund"), kann das Image des „Oberlehrers" weitgehend vermieden werden. Auch hierbei ist das Gruppenformat nützlich, da viele Teilnehmer unterschiedliche Aspekte, z.B. über Ernährung, über die körperlichen Auswirkungen oder über funktionale Probleme der Heißhungeranfälle beisteuern können. Zwischenzeitlich läßt sich die Zusammenfassung oder Einführung von Information, z.B. über psychobiologische Zusammenhänge oder über Lernmodelle nicht vermeiden. Dann sollten diese Informationen immer mit den Erfahrungen der Patienten verknüpft werden. Im Manualteil sind Formulierungsvorschläge zu bestimmten Informationsteilen gemacht, die häufig bereits Beispiele zur Verknüpfung theoretischer Aspekte mit praktischem Erleben enthalten. Im Gespräch können die Therapieteilnehmer diese Beispiele ergänzen. Die Patienten können dann auch angeregt werden, selbst neue Informaionsquellen zu eröffnen und neue Erkenntnisse in der Therapiesitzung vorzutragen.

In den konfrontativen Teilen, z.B. bei den strukturierten Eßtagen, der Einführung sogenannter „verbotener Nahrungsmittel" oder bei Körperübungen bieten sich verschiedene Möglichkeiten an, Nötigung und reaktiven Widerstand zu vermeiden. Einmal kann der „Experimentalcharakter" aller Übungen unterstrichen werden, um den Patienten ihre Selbstbestimmung zu verdeutlichen. Auch sollten immer erst die Patienten darüber befragt werden, welche Schritte sie selbst vorschlagen. Schließlich können konfrontative Therapieteile genutzt werden, um die Teilnehmer zur Reflexion über derartige Situationen – Auseinandersetzung mit „Autoritäten", Eltern etc., Gewohnheiten mit ängstigenden Stimuli umzugehen, eigene Strategien der Vermeidung etc. – anzuregen und alternative Verhaltensmöglichkeiten zu erarbeiten. Häufig versäumte Hausaufgaben werden dann z.B. Anlaß sein, das Versäumnis zu benennen, nach Einwänden und Schwierigkeiten zu fragen und den Klienten zur eigenen Verhaltensplanung anzuregen. Aufforderungen an die Therapeuten, die Verhaltensänderung für die Teilnehmer zu planen oder grundsätzliche „ja-aber" oder „ich kann nicht" Einwände sind dann günstige Modellsituationen für ähnliche Verhaltensweisen oder Reaktionen in sozialen Situationen außerhalb der Therapie.

Selten ist es möglich, die Familie oder andere wichtige Bezugspersonen in die Therapie einzubeziehen. Es ergeben sich besonders dann Schwierigkeiten, wenn die Ziele des nahen sozialen Umfeldes denen der Therapie widersprechen. Wenn Eltern mit der Tochter nur zufrieden sind, wenn diese zum Beweis ihrer Liebe und ihrer Lebensfähigkeit „es selbst schafft", mit der Bulimie aufzuhören, wird ein Therapieerfolg im Ansehen der Eltern nichts nützen. Wenn der Partner ein  bestimmtes Bild der „richtigen Frau" hat und dieses mit Schlankheit verknüpft, wird er mit den in der Therapie angeregten Vorstellungen in Konflikt geraten. Wenn das Kranksein des Kindes hilft, die Familie zu stabilisieren, den Eltern ein gemeinsames Thema ermöglicht oder von der Depression eines Elternteils ablenkt, wird eine Verhaltensänderung und Selbstständigwerden der Patientin eine Reihe schwerwiegender Probleme und Konflikte nach sich ziehen. Man könnte noch viele derartiger Einflüsse beschreiben; jeder Therapeut wird sie in vielen Fällen selbst beobachtet haben und sollte sie als mögliche Therapiethemen immer bedenken. In einigen Fällen wird es notwendig sein, sich zusätzlich zu dem hier vorgeschlagenen Programm speziell mit solchen Problemen zu beschäftigen. Häufig können solche Konfliktsituationen aber für Rollenspiele und Interventionen im Bereich „Sozialverhalten/Kommunikation" aufgegriffen und bearbeitet werden.

Für viele Patientinnen ist der Bereich Sexualität sehr scham- und angstbesetzt und mit unangenehmen Erlebnissen verbunden. Häufig leiden Frauen mit Bulimie unter den Folgen sexuellen Mißbrauchs in der Kindheit. Im Rahmen des hier vorgeschlagenen Programms ist es selten möglich, darauf intensiv einzugehen. Im Rahmen der Diagnostik sollten jedoch Informationen zum Bereich Sexualität genauer erhoben werden, um eine spätere therapeutische Bearbeitung zu ermöglichen. Werden im Rahmen einer Gruppentherapie beängstigende sexuelle Erlebnisse von einzelnen Patientinnen angesprochen, sollten sich die Therapeuten nicht scheuen, das Thema konkret aufzugreifen und die betroffenen Gefühle zu verbalisieren.

Mit einer Gewichtszunahme ist meistens nur bei untergewichtigen Patientinnen zu rechnen. Bei leicht untergewichtigen oder idealgewichtigen Bulimiepatienten wird die Gewichtszunahme selten über die Grenzen des Normalgewichts hinausgehen. Erfolgt dennoch eine starke Gewichtszunahme, ist zu überlegen, ob die Nahrungsplanung noch unzureichend ist oder ob die Gewichtszunahme funktionell im Rahmen des Krankheitsgeschehens einzuordnen ist, z.B. von der Patientin als „Beweis des erfolglosen Versuches" eingesetzt wurde.

Spezifische Indikationen

Das Therapieprogramm ist in erster Linie für normalgewichtige bulimische Patienten konzipiert und wurde auch mit diesen durchgeführt. Für stark untergewichtige Patientinnen, also bei Anorexia nervosa, ist das Programm kaum erprobt, die Anwendung scheint aber unter bestimmten Voraussetzungen durchaus möglich. Nach unseren Erfahrungen sollten magersüchtige Patientinnen zunächst im Rahmen stationärer oder teilstationärer Programme (z.B. Gerlinghoff et al., 1991) behandelt werden, um neben den körperlichen und psychischen Voraussetzungen vor allem die motivationalen Bedingungen für den Aufbau der im Programm angesprochenen Selbstkontrollkompetenzen zu schaffen.

Bei übergewichtigen Patienten sind ebenfalls positive Effekte auf das Basiseßverhalten und die Lebensführung zu erwarten. Ist das Übergewicht ein sekundärer Effekt sich abwechselnder Perioden des Fastens und der Überernährung, ist nach ernährungsberatenden Interventionen sogar mit einer Gewichtsreduktion zu rechnen. Auf eine streng kalorienreduzierte Diät kann so verzichtet werden (Rief et al., 1991).

Die gemeinsame Behandlung von normal- und übergewichtigen Bulimiepatientinnen hat sich dagegen in unseren Behandlungsangeboten nicht bewährt. Die Übergewichtigen erleben sich im Vergleich mit den normal- bzw. idealgewichtigen Patientinnen in der Gruppe als besonders benachteiligt und unfähig: nicht nur ihr Eßverhalten ist gestört, die Störung hat nicht einmal den gewünschten Erfolg wie bei den anderen Therapieteilnehmerinnen. Außerdem leuchtet übergewichtigen Patienten − nach entsprechender Indoktrination aus dem Gesundheitssystem − die Forderung, kurzfristiges Fasten oder Reduzieren der Nahrungsaufnahme zu vermeiden, oft nicht ein und sie erwarten im Gegenteil Anregungen zur schnellen Gewichtsreduktion. Die unter- und normalgewichtigen Mitpatientinnen scheinen diese Erwartungen darüber hinaus noch zu legitimieren. Schnelle Gewichtsabnahme durch Verringerung und Einschränkung der Nahrungsaufnahme im Sinne einer Diät sind jedoch Ziele, die mit dem vorgelegten Behandlungskonzept nicht vereinbar sind. Auseinandersetzungen zwischen Klienten und Therapeuten können die Folge sein. Für Patienten, die sich primär überernähren, muß der zweite Teil, das Streßmanagement, zur Selbstkontrolle des Eßverhaltens mit einem angepaßten Ernährungsprogramm kombiniert werden, indem eine langfristige, mäßige Kalorienreduktion vorgestellt wird (z.B. Wochinger u. Neef 1985).

Eine andere Patientengruppe − nämlich bulimische Patienten, die zur Gewichtskontrolle selten oder gar nicht erbrechen − kann uneingeschränkt mit dem dargestellten Ernährungsmanagement behandelt werden, wenn andere − durchaus subtile − Mechanismen zur Gewichtskontrolle eingesetzt werden: ein deutlich kalorienreduziertes Basiseßverhalten, Fastentage, Abführmittel oder exzessive Bewegung. Unter diesen Bedingungen gelten die gleichen Funktionszusammenhänge, wie bei Patienten mit Erbrechen.

Für männliche Patienten mit Bulimie liegen bislang kaum Erfahrungen zur Therapie vor. Bezüglich psychopathologischer Merkmale scheinen sich männliche allerdings kaum von weiblichen Patienten zu unterscheiden (Fichter et al., 1989). Im Rahmen unseres Programms sollte jedoch berücksichtigt werden, daß männliche Patienten häufiger als Frauen exzessive körperliche Aktivität zur Gewichtskontrolle einsetzen. Hier kann versucht werden, durch Vertragsmanagement die übermäßige Aktivität schrittweise auf ein günstiges Maß zu reduzieren. Handelt es sich ausschließlich um alleine durchgeführten Sport (z.B. exzessives Jogging), können darüber hinaus Sportarten angeregt werden, die mit Sozialkontakten verbunden sind (z.B. Mannschaftssport).

Erkrankungen, die zur Behandlung von den Patienten ein besonderes Diätregime verlangen, wie z.B. Diabetes mellitus oder Morbus Cron, erhöhen vermutlich das Risiko zur Entwicklung einer Eßstörung. Bei Patienten mit Diabetes mellitus treten bulimische Eßstörungen in der Risikopopulation junger Frauen deutlich häufiger auf als bei gesunden jungen Frauen (Waadt et al., 1990). Die Diäterfordernisse scheinen dabei wie das freiwillig gezügelte Eßverhalten körperliche und psychische Mangelsituationen zu fördern (Laessle et al., 1990). Tritt eine bulimische Eßstörung bei Diabetes mellitus auf, kann es zu lebensgefährlichen Komplikationen kommen. Da die Nahrung mit der Insulinapplikation abgestimmt werden muß, um die Stoffwechsellage der Patienten zu kontrollieren, führen Heißhungeranfälle, ausgleichendes Fasten, Erbrechen und regulierende Insulininjektionen zu schweren Stoffwechselentgleisungen (deutlich erhöhten oder erniedrigten Blutzuckerspiegeln), die zu Bewußtlosigkeit, Hirnschäden und Tod führen können. Diabetische Bulimiepatienten greifen dabei häufig auf die Insulinunterdosierung als einer Methode der Gewichsreduktion zurück. Wird auf die aufgenommene Nahrung hin zuwenig Insulin verabreicht, scheidet der Körper einen Teil der aufgenommenen Kalorien bei einer hohen Blutzuckerkonzentration als Harnzucker über die Niere wieder aus. Langfristig erhöhte Blutzuckerspiegel, wie sie nach Heißhungeranfällen und Insulinunterdosierung die Regel sind, sind die Ursache für schwerwiegende Späterkrankungen, wie Blindheit durch Retinopathie, Dialyse bei Nephropathie oder Amputationen der Extremitäten nach Neuro- und Angiopathie mit Nekrosen. Bei besonders dringendem Behandlungsbedarf ist die Therapie dieser Patienten oft schwierig. Die Eßstörung wird häufig verheimlicht und erst spät erkannt. Ist die Diagnose gestellt und der Patient zu einer Therapie bereit, müssen bei der Veränderung der Eßstörung die Behandlungsnotwendigkeiten für den Diabetes berücksichtigt werden. Grundsätzlich bedarf ein jugendlicher Diabetiker keiner besonderen Ernährungsregeln, außer der weitgehenden Reduktion von Saccharose. Eine flexible Ernährung ist aber nur möglich, wenn die entsprechende flexible Insulinbehandlung angewandt wird. Dazu benötigt der Patient eine intensive Schulung zur Selbstbehandlung, die in größeren Diabeteszentren und verschiedenen Rehabilitationseinrichtungen angeboten wird. Der unkundige Therapeut sollte sich vom Patienten die Diabetesbehandlung erklären lassen. Das hat den Vorteil, daß der Therapeut die Doppelerkrankung selbst besser verstehen kann und gleichzeitig der Patient seine Selbstbehandlungsregeln überprüft. Informationslücken werden so erkannt und können behoben werden. Die Umstellung der Ernährung auf „strukturierte Eßtage" (bei einfacheren Methoden der Insulinbehandlung oft 6 – 7 Mahlzeiten,

3 Haupt- und 4 Zwischenmahlzeiten zur Blutzuckerregulation; bei intensivierter Insulintherapie, mindestens dreimaliger Blutzuckerselbstkontrolle am Tag und Dosisanpassung, sowie bei Pumpentherapie können die fünf Mahlzeiten täglich beibehalten werden) kann ansonsten wie beschrieben durchgeführt werden. Die Insulintherapie sollte im Detail erst angepaßt werden, wenn schon mehrere strukturierte Eßtage zu einer Stoffwechselberuhigung geführt haben, vorher müssen nur schwere Blutzuckerentgleisungen vermieden werden. Ein nichtärztlicher Psychotherapeut oder ein Arzt ohne Spezielkenntnisse der Diabetestherapie sollte in der Behandlung bulimischer Diabetiker immer in enger Kooperation mit dem behandelnden Diabetologen arbeiten. Kurze Absprachen über das jeweilige Therapiekonzept genügen, um zu verhindern, daß ein Patient durch unzureichende Informationen oder subjektive Interpretation Verwirrung oder gar Mißverständnisse zwischen Arzt und Therapeut stiftet. Die Therapie bei diabetischen Bulimiepatienten wird sich schließlich besonders mit der Krankheitsverarbeitung der chronischen Erkrankung und der Notwendigkeit der lebenslangen Kontrolle des Eßverhaltens im Rahmen der Diabetesbehandlung befassen müssen.

Für ausländische junge Frauen scheint ebenfalls ein erhöhtes Risiko für die Entwicklung von Eßstörungen zu bestehen, vermutlich aufgrund der Identitätskrisen nach dem Wechsel in einen fremden Kulturkreis (Fichter et al., 1985). Die Therapie muß mit verschiedenen Schwierigkeiten rechnen, die sich aus den fremden Ernährungsgewohnheiten, aus fremden soziokulturellen Regeln aber auch aus möglichen Integrationsschwierigkeiten ergeben. Inwieweit eine Patientin traditionelle soziokulturelle Regelungen und Ernährungsgewohnheiten berücksichtigen möchte, kann sie in der Therapie selbst bestimmen, wenn die resultierende Verhaltensplanung und der Umgang mit Schwierigkeiten transparent gemacht werden kann. Eine größere Schwierigkeit stellt dagegen häufig die Scham der Patienten vor dem Therapeuten dar. Vor allem in den östlichen Kulturkreisen ist psychisches oder psychosomatisches Kranksein noch deutlicher stigmatisiert als in Deutschland. Die Familien haben in der Regel einen besonders festen Zusammenhalt und so werden gerade weibliche Patientinnen von ihren Familienangehörigen häufig unter Druck gesetzt, nichts aus der Familie zu erzählen. Die Therapie muß dann unter Umständen verstärkt mit Symbolen, Metaphern und „als-ob"-Situationen arbeiten. Da diese Patientinnen oft auch einer ausgeprägten Kontrolle durch die Familie unterliegen, ist ihr Handlungsspielraum eingeschränkt. Fähigkeiten eines selbtsicheren Verhaltens müssen angepaßt geübt werden, d.h. in hohem Maß Fertigkeiten zur Kompromißbildung und diplomatischen Kommunikation umfassen. Andererseits können auch Eigenheiten der östlichen Kulturkreise genutzt werden, zum Beispiel kann die Tradition des Bauchtanzes einen guten Zugang zum Körpererleben bilden. Häufiger als westliche Patientinnen greifen Patientinnen aus dem osteuropäischen Raum auf quasi-religiöse oder abergläubische Techniken wie beispielsweise das Wegbeten von Symptomen zurück. In der Therapie können diese Techniken durch die Kombination mit Verhaltensauflagen eingebaut und genutzt werden. Zum Beispiel kann das Wegbeten von Ängsten hinsichtlich der Figur mit der Auflage versehen werden, den Erfolg zu kontrollieren, indem die Patientin sich im Spiegel betrachtet, einer entsprechenden Tanzgruppe beitritt oder sich anderweitig der gefürchteten Situation aussetzt.

Diagnostik

Eine gründliche Diagnostik des Verhaltens, der Psychopathologie und der körperlichen Zustandes der Therapieinteressentin verfolgt zwei Ziele: Zum einen kann der Therapeut über die erhobene Information abschätzen, ob die Patientin aus dem vorliegenden Therapieprogramm voraussichtlich einen Nutzen ziehen wird, wie die Therapiemotivation aussieht und ob andere oder weitere Therapiemöglichkeiten einzusetzen sind. Zum zweiten gibt die Diagnostik über den Verlauf und den Erfolg der Therapie Auskunft.

Im folgenden soll es vor allem um die Erhebung der diagnostischen Informationen gehen, die vor dem Beginn der Therapie nötig sind. Erfahrungsgemäß sind drei Diagnostiksitzungen ausreichend, jeweils im Abstand von 1-2 Wochen.

Erster Termin: Persönliche Daten und Beschreibung der Beschwerden.
Zweiter Termin: Genaue Diagnostik des Ernährungsverhaltens.
Dritter Termin: Funktionale Verhaltensanalyse.

Erster Termin: Persönliche Daten und Beschreibung der Beschwerden

Der erste Gesprächstermin mit der Patientin dient dem gegenseitigen Kennenlernen und einer ersten Abklärung der Beschwerden, des Therapieanlasses, der Eignung und der Therapiemotivation der Anwärterin. Durch eine überblicksartige Information über das Therapierational, die Therapieanforderungen und -inhalte kann eine tragfähige Therapeut-Patient-Beziehung begründet werden, die auf einer offenen, selbstverantwortlichen Übereinkunft der Teilnehmer beruht. Unrealistischen Erwartungen, Therapie und Heilung „serviert" zu bekommen, wird so von vornherein entgegengewirkt. In dieser ersten Sitzung soll das vollständige Symptom einschließlich emotionaler Störungen erhoben werden. Zusätzliche psychiatrische Erkrankungen, z.B. Borderlinestörungen, Psychosen oder schwere Alkoholabhängigkeit müssen abgeklärt und bei der Therapieplanung berücksichtigt werden. Beispielsweise ist für eine Patientin mit schwerer Depression und Suizidalität eine stationäre psychiatrische Behandlung erforderlich. Wie bereits beschrieben (s. Abschnitt „Medizinische Komplikationen"), können bei bulimischen Patientinnen schwerwiegende medizinische Komplikationen vorliegen, die äußerlich nicht sichtbar sind, wie z.B. Kaliummangel. Eine internistische Abklärung ist daher in jedem Fall notwendig. Dabei können auch andere Komplikationen, wie z.B. Diabetes mellitus, berücksichtigt werden.

Das aktuelle Gewicht der Patientin sollte mittels einer geeichten Waage bestimmt und der Body Mass Index (BMI = Körpergewicht in kg / (Körpergröße in m)²) berechnet werden. Bei einem BMI zwischen 18 und 24 liegt die Patientin im normalen Gewichtsbereich. Deutliches Untergewicht liegt bei einem BMI unter 16 vor, Übergewicht bei einem BMI über 26. In den meisten Fällen müssen für diese Patientinnen andere als die beschriebenen Interventionsmaßnahmen geplant werden.

Zur ökonomischen und vollständigen Erhebung persönlicher Daten, der Exploration der Eßstörung, der lebensgeschichtlichen Entwicklung sowie möglicher Suizidalität und Suchtproblematik kann der „Interviewleitfaden" (siehe Anhang 1) eingesetzt werden. Einige Fragebögen, die der Patientin bis zum nächsten Termin mitgegeben werden, können die Erhebung der Psychopathologie ergänzen. Im einzelnen eignen sich folgende Instrumente:

–   **Eating Disorder Inventory** (EDI, Garner 1991): Der EDI (siehe Anhang 1) ist ein Fragebogen zur Selbstbeantwortung, der wichtige Aspekte der Psychopathologie der Eßstörungen, wie im Abschnitt „Das bulimische Syndrom" dargestellt, in den folgenden 8 Skalen erfaßt:

(1) „Drang, dünn zu sein" (Beschäftigung mit dem Gewicht und mit Diäten; übertriebenes Schlankheitsideal),

(2) „Bulimie" (unkontrollierbare Eßanfälle; Kontrollverlust beim Essen),

(3) „Unzufriedenheit mit dem eigenen Körper" (Gefühl zu dick zu sein),

(4) „Unfähigkeit zu effektivem Handeln" (Unsicherheit, Wertlosigkeit, Kontrollverlust),

(5) „Perfektionismus" (hohe Leistungsideale, Überangepaßtsein),

(6) „Mißtrauen anderen gegenüber" (Unfähigkeit zu engen Beziehungen),

(7) „Fehlende Selbstwahrnehmung" (Hunger, Sättigung, Emotionen),

(8) „Angst vor dem Erwachsenwerden".

–   **Fragebogen zum Figurbewußtsein** (FFB, Cooper et al., 1987): Der FFB (Anhang 1) gibt ebenfalls in selbst zu beantwortenden Fragen Auskunft darüber, wie zufrieden oder unzufrieden die Patientin mit ihrer Figur ist, welche Gedanken und Gefühle die Patientin sich um ihre Figur macht und welchen Stellenwert die Figur für sie hat. Auch für diesen Fragebogen sind Mittelwerte und Standardabweichungen für eine eigene Stichprobe bulimischer Patienten im Anhang nachzulesen.

–   **Anorexie-Eigenschaftswörterliste** (AN-EWL, Steinhausen, 1985): Die AN-EWL (siehe Anhang 1) ist ein semantisches Differential mit 16 Gegensatzpaaren zur Erfassung der Einstellung zum eigenen Körperbild. Der AN-EWL eignet sich besonders gut zur Verlaufsuntersuchung, da Veränderungen optisch übersichtlich und für die Patientin nachvollziehbar darzustellen sind.

–   **Fragebogen zum Ernährungsverhalten** (FEV, Pudel et al., 1989): Der Fragebogen erfaßt in drei Skalen „kognitive Kontrolle des Eßverhaltens", „Störbarkeit des Eßverhaltens" und „Erlebte Hungergefühle".

–   **Depressions-Skala** (DS, von Zerrsen, 1976): In einer kurzen Skala werden wichtige Symptome der Depression erfaßt. Normwerte und Vergleichswerte psychiatrischer Stichproben liegen vor.

–   **State-Trait-Angst-Inventar** (Laux et al., 1981): Zur Selbstbeschreibung situationaler ängstlicher Erregung und situationsüberdauernder Ängstlichkeit kann dieses kurze Instrument eingesetzt werden.

Zweiter Termin: Diagnostik des Ernährungsverhaltens

Zur Vorbereitung der genauen Diagnostik des Ernährungsverhaltens sowie der funktionalen Verhaltensanalyse können bereits nach der ersten Sitzung Tagebuchprotokolle zur Ernährung und Stimmung (siehe Anhang 1) mitgegeben werden. Zum zweiten Termin kann unter Rückgriff auf bereits ausgefüllte Ernährungsprotokolle und mit Hilfe eines ernährungsdiagnostischen Leitfadens (Anhang 1) vor allem die für das Ernährungsmanagement wichtige Information differenziert erhoben werden. Besonders wichtig ist ein Vergleich früherer und heutiger Ernährungsgewohnheiten, die Bedingungen und Funktionen des Essens sowie die Exploration bestimmter Ernährungsideologien (z.B. Vegetarismus). Zusammen erlauben diese Berichte bereits eine Rückmeldung über heute bestehende Ernährungsregeln und mögliche, bulimieaufrechterhaltende Rückkopplungsschleifen. Zur Therapieplanung können bereits Vorstellungen über das Ziel-Eßverhalten aus früheren Ernährungsgewohnheiten entwickelt werden. Tabelle 1 zeigt 2 Beispiele von Ernährungsprotokollen am Beginn der Therapie mit Auswertung.

Dritter Termin: Funktionale Verhaltensanalyse

Vor allem die gemeinsame Betrachtung der Ernährungs- und Stimmungsprotokolle erlaubt es, Hypothesen über funktionale Aspekte der Eßstörung zu entwikkeln. Das von uns vorgeschlagene Stimmungstagebuch (Anhang 1) ist so aufgebaut, daß sich über den Zeitraum einer Woche der Verlauf bulimischer Symptomatik und das Alltagsbefinden parallel verfolgen läßt.

In dieser Sitzung können bereits Grundbegriffe des Lernens (siehe auch „Informationsbroschüre Lernen", Anhang 2) vermittelt und anhand eigener Lernerfahrungen der Patientin veranschaulicht werden. Der Rückgriff auf das eingangs durchgeführte Interview ist hierbei oft hilfreich. Vor allem wenn die Therapie als Gruppentherapie durchgeführt werden soll, können in dieser Sitzung die für die Patientin typischen Auslöser und aufrechterhaltenden Bedingungen gesammelt und individuelle Therapieziele erarbeitet werden. Die Patientin kann dann angeregt werden, diese individuellen Themen in den entsprechenden Therapiesitzungen wieder einzubringen.

Tabelle 1. Beispiele für Ernährungstagebücher mit Auswertung

Ernährungsprotokoll					Name: Heidrun	Wochentag: Montag Datum: Baseline	Erbrechen	
Wo esse ich	Mit wem	Beginn der Mahlzeit	Ende	Gedanken/Gefühle	Menge	Art der Lebensmittel und/oder Getränke	Zeit	Menge
Büro	Alleine	7.25	7.45	Pause	1 1 1/2 TL 1 gr. Tasse 4 Rippchen	Vollkornbrot Roggensemmel Halbfettmargarine Kaffee ohne Milch u. Zucker Schokolade		
Büro	Alleine	11.30	11.45	Streß, schlechtes Gewissen	1 2 1 gr. Tasse	Hirseplätzchen Vollkornsemmeln Kaffee mit Milch		
Büro	Alleine	12.00	12.15	Mittag	0,7 lt	Cola light		
Zu Hause	Alleine	18.00	20.00	Hunger, Langeweile, „was für mich tun"	7 400 g 200 g 3 150 g 1 1 100 g	Schokoriegel Sandkuchen Sahne Semmeln Fleischsalat Mohnkuchen Makronenplätzchen gemischte Plätzchen		
Zu Hause	Alleine	20.45			1/2 lt 1	Kaffee Kiwi Erbrochen	20.00	2

Auswertung: 4 normale Mahlzeiten,   950 kcal, ausgewogen
1 Freßattacke,   4700 kcal, fettreich
Gesamtenergie   5650 kcal, fettreich, kohlenhydratreich

Tabelle 1. Fortsetzung

Ernährungsprotokoll Name: Heidrun   Wochentag: Montag   Datum: Baseline

Wo esse ich	Mit wem	Beginn der Mahlzeit	Ende	Gedanken/Gefühle	Menge	Art der Lebensmittel und/oder Getränke	Erbrechen Zeit	Menge
Zu Hause	Alleine	10.15	13.00	Fühlte mich alleine	4 1 Stange 1 Packung 1/4 ltr. 1 Packung	Semmeln mit Butter u. Marmelade Zwiebelbrot Spinat, Kartoffelbrei Milch Treets erbrochen	13.15	2
Oktoberfest	Alleine	14.30		Großes Fressen	100 g 150 g 1 1 400 g 1	Schokolade Weingummi, Kokosflocken Käsestange Schokoriegel Zitronenkuchen Käsekuchen		
Zu Hause	Alleine	17.30		Weitergefressen	1 Tafel 1	Schokolade Käsetasche erbrochen	18.15	2
Zu Hause	Alleine	21.45	22.10	Weitergefressen	3 100 g	Kartoffeln angebraten Reis, gewürzt erbrochen	22.15	4

Auswertung: Keine normale Mahlzeit   0 kcal
3 Freßattacken
Gesamtenergie   6010 kcal, fettreich, kohlenhydratreich

Dritter Teil

Beschreibung der 25 Therapiesitzungen

1. Sitzung

Überblick

Ziele

- *Kennenlernen der Teilnehmer*
- *Vermittlung von Informationen zum Therapieablauf*
- *Überprüfung der Therapiemotivation*
- *Terminplanung*

Ablauf der Sitzung

1. Vorstellungsrunde   Erwartungen und Befürchtungen
2. Information 1   Therapierational
3. Information 2   Therapiebausteine
4. Zusammenfassendes Feedback   Therapieerwartungen
5. Organisation   Therapievertrag, Terminplanung
6. Hausaufgaben
   - Therapievertrag durchlesen und entscheiden
   - Informationsbroschüre: „Bulimie" durchlesen
   - 10 Gründe sammeln, die für normales Essen sprechen
   - ein Ernährungsprotokoll führen
7. Blitzlicht   Feedback zur Therapiesitzung

Vorbereitung und Materialien

Informationsbroschüre Bulimie (s. Anhang 2), Ernährungstagebücher (s. Anhang 1)

Therapeutisches Vorgehen

1. Vorstellungsrunde: Erwartungen und Befürchtungen

Zu Beginn der Sitzung stellt sich zunächst der Therapeut vor. Im Anschluß daran stellt sich jede Patientin in der Gruppe vor (Name, Alter, Wohnort, Beruf, Erkrankungsdauer) und erzählt welche Erwartungen und Wünsche sie an die Therapie knüpft. Der Therapeut kann nachfragen, ob mit dem Entschluß zur Therapie auch Ängste verbunden sind und welche negativen Konsequenzen der Therapie die einzelnen Teilnehmerinnen befürchten. Wichtig ist an dieser Stelle der Hinweis, daß in der Therapie Ängste und Befürchtungen immer offen angesprochen werden können und sollen, da sie sonst nicht bearbeitet werden können. Erwartungen und Wünsche werden vom Therapeuten gesammelt und zusammengefaßt. Ziele, die häufig von Patientinnen genannt werden, sind:

- keine Heißhungeranfälle haben (ohne Spezifizierung des gesamten Eßverhaltens),
- nicht mehr dauernd ans Essen denken müssen,
- abnehmen oder zumindest das Gewicht halten und sich wohlfühlen,
- in vier Monaten keine Probleme mehr zu haben,
- insgesamt glücklicher sein u.a.

In der Gruppe wird die Formulierung der Ziele hinsichtlich folgender Kriterien exemplarisch an etwa zwei Beispielen diskutiert; in der Einzeltherapie kann auf alle Zielvorstellungen etwas genauer eingegangen werden.

- Wie realistisch ist das Ziel?
- Gibt es Kriterien dafür, wann das Ziel erreicht ist?
- Wie konkret oder umfassend ist das Ziel?

Wenn eine Patientin beispielsweise als Ziel angibt, sie möchte immer glücklich sein, sollte genau herausgearbeitet werden, was Glück für sie bedeutet und was sie sich darunter vorstellt. Die einzelnen Ziele, die sich daraus ergeben, werden möglichst konkret formuliert.

2. Information 1: Therapierational

Der Therapeut gibt eine allgemeine Einführung in das Therapieprogramm. Die Teilnehmerinnen sollen die Ergebnisse und Eindrücke aus dieser ersten Sitzung nutzen können, um eine endgültige und verbindliche Entscheidung für die Therapie zu treffen. Entsprechend ist der Hinweis wichtig, daß eine Entscheidung gegen die Gruppe keinem Teilnehmer nachteilig ausgelegt wird. Im einzelnen erläutert der Therapeut die folgenden Punkte:
- Die Therapie ist als Lernprogramm konzipiert und nutzt dementsprechend die Erkenntnisse der Psychologie zum Lernen (und Verlernen) von Erleben und Verhalten.

- Die Bulimie ist ein komplexes Erlebens- und Handlungsgefüge, dessen Auslösung und Aufrechterhaltung funktional mittels biopsychologischer und lernpsychologischer Konzepte erklärt werden kann. Die Therapie setzt bei den Aspekten an, durch die bulimisches Eßverhalten heute aufrechterhalten wird.
- Dazu fordert der therapeutische Prozeß von der Teilnehmerin eine aktive Mitarbeit. Der Therapeut kann Wege zeigen und Techniken vermitteln – lernen und ändern müssen die Teilnehmerinnen selbst. Die hohe Eigenverantwortlichkeit der Patientinnen wird betont.
- Das Therapieprogramm ist als ambulant durchführbare Therapie konzipiert. Hier wird nochmals die Eigenverantwortlichkeit der Teilnehmerinnen unterstrichen. In einem ambulanten Programm kann der Therapeut das Verhalten der Patientinnen kaum kontrollieren, überprüfen oder die Mitarbeit der Teilnehmerinnen forcieren. Gleichzeitig bietet die ambulante Durchführung den großen Vorteil, daß die aufrechterhaltenden Bedingungen für die Patientinnen täglich erlebbar und dokumentierbar sind. Die erarbeiteten Alternativen können sofort im Alltag ausprobiert werden und ihre Anwendung an den Bedürfnissen modifiziert werden.

Der folgende Text gibt ein Beispiel, wie der Therapeut das Therapierational vermitteln kann:

Für uns ist Therapie nichts Geheimnisvolles, Mystisches, das irgendwelche verborgenen Regungen in Gang setzt. Therapie ist ein Lernprozeß. Sie können hier lernen, anders mit Essen umzugehen, wieder normal zu essen. Sie können lernen, Belastungen und Streßsituationen zu meistern, eben nicht mehr nur mit Essen und Kotzen. Und Sie können lernen, eine neue Einstellung zu sich selbst und Ihrem Körper zu finden. Neben den hierzu nötigen Informationen gibt Ihnen die Therapie den Freiraum und Anregungen, diese neuen Verhaltensweisen auszuprobieren und gemeinsam zu üben. Die Therapie zielt nicht darauf ab, Ihre Persönlichkeit zu ändern, ob Sie wollen oder nicht. Die Therapie soll Ihnen vielmehr freie Entscheidungen ermöglichen. Jetzt sind Sie in dem Teufelskreis der Bulimie gefangen, Sie haben keine Möglichkeit, sich für oder gegen normales Essen zu entscheiden. Erst im Verlauf der Therapie, wenn Sie neue Verhaltensweisen erlernt haben, wenn Sie beides können – „Bulimie" und „normal essen" – können Sie darüber entscheiden, ob und wie Sie Ihr Leben verändern wollen.

3. Information 2: Therapiebausteine

Die drei Therapiebausteine werden kurz dargestellt, wie sie sich aus einem psychobiologischen Modell der Aufrechterhaltung der Bulimie ergeben (s. Zweiter Teil, Abb. 1). Die meisten Patientinnen können von mindestens einer Diätphase am Beginn der Eßstörung berichten. Es wird erklärt, daß bei einer Diät eine psychologische und biologische Mangelsituation entsteht und der Körper Maßnahmen ergreift, an mehr Nahrung zu kommen. Die Betreffende hat Hunger, denkt oft ans Essen und entwickelt spezifischen Appetit auf bestimmte Nahrungsmittel. Nicht zu essen erfordert in dieser Situation einen hohen Kontrollaufwand. In einer belastenden Situation kann die Betreffende ihre Energie möglicherweise nicht mehr ausschließlich dieser Kontrolle zu widmen – es kommt zu unkontrolliertem Essen. Eine solche Heißhungerepisode wird oft als Versagen erlebt und erhöht auch das Risiko der gefürchteten Gewichtszunahme. Die zunächst logische Konsequenz ist Erbrechen und/oder erneutes Fasten. Der Hungerzustand des Körpers wird dadurch aufrechterhalten. Es kommt zu körperlichen Mißempfindungen, Reizbarkeit, Depression und Schlafstörungen. So entstehen weitere Belastungssituationen, die in Heißhungeranfällen enden können. Mit der Zeit gewinnen Heißhungeranfälle, aber auch das Erbrechen eine neue Qualität: Sie helfen Belastungen kurzfristig zu bewältigen. Eßanfälle lenken von Problemen ab, die Probleme können vertagt werden, Essen beruhigt und gibt Trost. Das Erbrechen vermittelt die Illusion, effektiv gehandelt zu haben. Es reduziert die Angst vor Gewichtszunahme. Die Motoren für diese Mechanismen sind dysfunktionale Kognitionen: Störungen des Körperbildes und irrationale Vorstellungen zu Essen, Körper und Gewicht. War „Schlanksein" zu Beginn der Störung die Motivation für die Diät, wird es nun zur überwertigen Idee: Wenn die richtige Figur erreicht wäre, wären viele Probleme gelöst – zumindest die Bulimie wäre dann in den Augen der Betroffenen nicht mehr nötig. Wird daraus die Überzeugung abgeleitet, man habe nur noch nicht genügend gefastet, nicht genug Disziplin aufgebracht, hält sich der Kreislauf Diät – Heißhunger in Gang. Zusammengefaßt heißt das: die Bulimie erhält sich selbst aufrecht. Die Therapiebausteine können folgendermaßen erklärt werden:

Therapiebaustein Ernährungsmanagement

Für die Therapie bedeutet das, daß zunächst das Basiseßverhalten geändert werden muß. Im ersten Teil der Therapie beschäftigen wir uns daher mit Essen: Was ist normales Essen? Was ist ein normales Gewicht? Wie verändert sich das Gewicht durch Essen? Wie kann ich regelmäßig essen, ohne dick zu werden? Diese Fragen werden wir hier diskutieren und wir werden Ihnen Übungen anbieten, die Ihnen helfen, Ihr Eßverhalten umzustellen. Dies soll mit Hilfe des Therapiebausteins Ernährungsmanagement geschehen.

Der Therapeut stellt kurz die Ziele und das Vorgehen im Ernährungsmanagement dar.

Ziele beim Ernährungsmanagement:

– regelmäßig essen (nach Hunger und Sättigung),
– genügend essen (wichtig: die Therapie ist kein Abnehmprogramm),
– gesund essen (Ausgewogenheit/Vielseitigkeit),
– normal essen (in Gemeinschaft, mit Genuß).

Vorgehen beim Ernährungsmanagement:

– Vermittlung von Informationen (Wissen über die Folgen der Bulimie, Wissen über die Bedürfnisse und die Funktion des Körpers, Wissen über Ernährung).

– Übungen (Übungen zur Mahlzeitenplanung, zum Einkaufen, Üben der Mahlzeiten).

2 Therapiebaustein Streßmanagement

Wenn Sie Ihr Eßverhalten ein Stück weit geändert haben, sind vielleicht noch nicht alle Probleme beseitigt. Auch nach der Umstellung Ihres Körpers auf physiologisch richtige Ernährung kann es immer noch Anlässe für Heißhungerattakken und/oder Erbrechen geben. Im zweiten Teil der Therapie werden wir uns daher mit Fähigkeiten beschäftigen, diese Anlässe und Schwierigkeiten anders als mit Bulimie zu lösen. Gerade das Sichvollstopfen mit Essen kann nämlich eine wesentliche Rolle bei der Vermeidung von Konflikten spielen und die Funktion haben, Angst und Anspannung zu reduzieren. Es ist ein Ziel der Therapie, solche belastenden Situationen besser in den Griff zu bekommen und damit umgehen zu können. In dem Abschnitt der Therapie, den wir Streßmanagement nennen, können Sie neue Bewältigungsformen für Belastungssituationen lernen und ausprobieren.

Ziele beim Streßmanagement:

– Belastungen erkennen (hinschauen, hinhören, hinfühlen, hinschmecken).
Welche Situationen belasten?
Welche körperlichen Merkmale spüre ich dabei?
Was denke ich dabei?
– Was tue ich in Belastungssituationen?
Bewältigung der Belastung kurzfristig (wenn im Moment nichts zu ändern ist und die Belastung schon da ist).
Bewältigung der Belastung langfristig (das Auftreten unwahrscheinlich machen).

Vorgehen im Streßmanagement:

– beobachten lernen,
– selbstbeobachten lernen,
– im Rollenspiel neue Strategien ausprobieren,
– Übungen in vivo.

3 Therapiebaustein Körperwahrnehmung und Bewertung

Der Hintergrund für das Entstehen der Bulimie sind dysfunktionale Einstellungen wie Angst vor Dickwerden oder Perfektionismus, die sowohl im Ernährungsmanagement als auch im Streßmanagement bearbeitet werden: Veränderungen der Einstellungen können sich zum einen über die Ergebnisse des „Verhaltensexperiments" (Umstellung des Eßverhaltens) ergeben, zum anderen durch erworbene Kompetenzen zur Streßbewältigung. Außerdem werden sowohl zur Körperwahrnehmung als auch zu dysfunktionalen Einstellungen jeweils spezifische Übungen angeboten.

Wir haben gehört, daß viele Menschen bei Überforderung, Streß und Anspannung mit verschiedenen psychischen und/oder körperlichen Symptomen reagieren. Die Eßstörungen — Magersucht und Bulimie — haben in den letzten Jahren bei jungen Frauen stark zugenommen. Warum? Ein wesentlicher Grund ist der massive Schlankheitsdruck in unserer Gesellschaft, der besonders auf den Frauen lastet. Das war nicht immer so. In vergangenen Jahrhunderten waren runde, füllige Figuren gefragt, die man heute dick, wenn nicht gar fett nennen würde. Figurnormen verändern sich im Laufe der Zeit und sind wahrscheinlich relativ zufällig. Heute vermitteln Reklame, Modemagazine, Fernsehen und Filme: Schlanksein ist die weibliche Eigenschaft, die gleichzeitig Schönheit, Anerkennung, Gesundheit, Glück und Erfolg verspricht. Diese Vorstellung ist einseitig. Glück und Erfolg hängen von anderen Eigenschaften und Fähigkeiten ab, als von einem dünnen Körper. Und selbst das Argument, schlank sei gesund und dick ungesund, kann heute nicht mehr aufrechterhalten werden. Viele Untersuchungen belegen: Weder für Männer noch für Frauen in den mittleren 60 % der Gewichtsverteilung besteht ein Zusammenhang zwischen Gewicht und Todesursache. Ein höheres Sterberisiko haben dagegen die 20 %, die sehr dick sind, aber auch die 20 %, die besonders dünn sind. Ein Gewichtsideal, wie es von Fotomodellen und Filmsternchen vorgelebt wird, ist also ungesünder als leichtes Übergewicht. Trotzdem halten viele Frauen diese kulturell geprägte Figurnorm für ein objektiv bestehendes Ideal. Die mit Figur, Gewicht und Selbstbild verbundenen Vorstellungen wollen wir in der Therapie sichtbar machen, ihren Einfluß auf Gefühle und Handeln untersuchen und wo nötig, günstigere Einstellungen erarbeiten. Außerdem werden Sie lernen, Körpersignale wieder richtig wahrzunehmen und zu interpretieren, Hunger und Sättigung wieder zu spüren.

4. Zusammenfassendes Feedback: Therapieerwartungen

Die anfangs benannten Therapieerwartungen werden jetzt nochmals im Hinblick auf die vorgestellten Therapiebausteine diskutiert. Der Therapeut faßt zusammen, daß nur solche Therapieziele realistisch sind und damit auch Aussicht auf Erfolg haben, die konkret vorstellbar und an das eigene Verhalten gebunden sind. Ein realistisches Ziel wäre beispielsweise: „Ich möchte in der Therapie lernen, regelmäßig normale Mengen zu essen". Wenn (in Ansätzen) bereits solche realistischen Ziele genannt werden, sollten diese hervorgehoben und verstärkt werden.

5. Organisation: Therapievertrag und Terminplanung

Für Gruppentherapien können Therapieverträge, in denen beispielsweise die regelmäßige Teilnahme und die Durchführung von Hausaufgaben verpflichtend festgelegt werden, helfen, die Compliance und den Zusammenhalt der Gruppe zu fördern. Darüber hinaus hat es sich bewährt, schon in der Organisationssitzung bestimmte Gruppenregeln aufzustellen, die für alle Mitglieder der Gruppe einschließlich des Therapeuten verbindlich sind. Der Therapeut erkärt den Teilnehmerinnen, daß solche Gruppenregeln die Zusammenarbeit in der Gruppe verbessern und dabei helfen, das gemeinsame Ziel am schnellsten und sichersten zu erreichen. Termine für die einzelnen Sitzungen werden verbindlich festgelegt.

6. Hausaufgaben

Am Ende jeder Sitzung werden die Hausaufgaben besprochen, die bis zum nächsten Termin durchgeführt werden sollen.

- „Informationsbroschüre: Bulimie" durchlesen.
- Jede Patientin soll 10 Gründe sammeln, die für normales Essen sprechen.
- Die Patientinnen werden gebeten, für eine Woche ein genaues Ernährungsprotokoll zu führen.

7. Blitzlicht: Feedback zur Therapiesitzung

Jede Therapiesitzung endet mit einer Blitzlichtrunde. Jede Teilnehmerin sagt kurz etwas dazu, wie sie sich jetzt am Ende der Sitzung fühlt und welchen Eindruck die Sitzung auf sie gemacht hat. Diese Form der Rückmeldung sollte auch bei einer **Einzeltherapie** unbedingt genutzt werden.

Mögliche Schwierigkeiten

- Die hier vorgestellten Krankheitsmodelle werden als unzureichend und nicht auf die individuelle Situation abgestimmt erlebt: Entsprechend bestehen Befürchtungen, das Therapieprogramm könnte nur wenig hilfreich sein. Alle Einwände sollten diskutiert und die Möglichkeiten der individuellen Ausgestaltung in diesem Therapievorschlag erläutert werden. Es gibt darüber hinaus sicherlich eine Reihe gleichberechtigter Erklärungsmodelle und Therapievorschläge. Wir haben uns für dieses Vorgehen entschieden, da viele Funktionszusammenhänge wissenschaftlich nachgewiesen und die Effektivität des Therapieprogramms empirisch belegt werden konnten.

- Es gibt inaktive, verängstigte Teilnehmerinnen (Gruppentherapie): In der ersten Sitzung sollte es gelingen, jede Teilnehmerin zu einer Äußerung über ihre Erwartungen, Wünsche und Bedenken zu bewegen. Der erste Eindruck der Eigenaktivität in der Gruppe ist häufig sehr prägend für den weiteren Verlauf. Hier wird sozusagen definiert, wie die Aktivitätsverteilung in der Gruppe aussehen wird. Ängstliche Patientinnen sind am besten zu aktivieren, wenn ihre Ängste direkt angesprochen werden.

- Nicht alle Teilnehmerinnen sind anwesend (Gruppentherapie): Hier sollte – je nach Grund der Abwesenheit – im Einzelfall entschieden werden, ob ein Hinzukommen in die 2. Sitzung noch möglich ist.

2. Sitzung

Überblick

Ziele

- Vermittlung von Modellvorstellungen zum Zusammenhang zwischen Eßverhalten, Stoffwechselprozessen und Körpergewicht
- Kognitive Vorbereitung auf den Modus der Gewichtskontrolle
- Festigung der Gruppenkohäsion

Ablauf der Sitzung

1. Teilnehmervortrag	Zusammenfassung der letzten Sitzung
2. Übung	Nonverbale Darstellung der Bulimie
	– Teil 1: Einzeldarstellung der Bulimie als Geste oder Pantomime
	– Teil 2: Gleichzeitiges Agieren in der Gruppe
	– Reflexion der Übung
3. Hausaufgabenbesprechung	Gründe für die Veränderung des Eßverhaltens
4. Information 1	Psychobiologie der Mangelernährung
5. Information 2	Set-point-Theorie des Körpergewichts
6. Information 3	Gewichtsnormen und Gewichtsentwicklung
7. Übungsvorbereitung	Wöchentliches gemeinsames Wiegen
	– „Was mißt die Waage"
	– Analogbeispiel: Wassertemperatur
8. Hausaufgaben	– Waage außer Haus geben
	– Vorteile der Bulimie sammeln
	– Informationsbroschüre „Lernen" durchlesen
9. Blitzlicht	

Vorbereitung und Materialien

„Informationsbroschüre: Bulimie", „Informationsbroschüre: Lernen" (s. Anhang 2), Taschenrechner, geeichte Waage

Therapeutisches Vorgehen

1. Teilnehmervortrag: Zusammenfassung der letzten Sitzung

Zu Beginn jeder Therapiesitzung wird eine Teilnehmerin gebeten, ein kurzes Resümee über die letzte Sitzung abzugeben.Dabei sollte ein besonderes Augenmerk darauf gelegt werden, was neu gelernt wurde und welche Gefühle und Erwartungen damit verbunden sind. Falls wichtige Themenbereiche ausgelassen wurden, können diese von anderen Teilnehmerinnen oder dem Therapeuten ergänzt werden. Danach haben die anderen Teilnehmerinnen die Möglichkeit, der Gruppe zu berichten, wie es ihnen seit der letzten Sitzung ergangen ist und mit welchen Erwartungen und Gefühlen sie heute gekommen sind.

2. Übung: Nonverbale Darstellung der Bulimie

Damit sich alle Gruppenmitglieder besser kennenlernen und um den aktiven Charakter der Therapie gleich zu Beginn zu markieren, wird eine Übung zur Gruppenkohäsion durchgeführt. Die vorgeschlagene Übung – eine pantomimische Darstellung der Bulimie – ist geeignet, emotionale und körperbetonte Aspekte der Bulimie zu transportieren, die gegenseitige Öffnung der Teilnehmerinnen zu fördern und die Notwendigkeit des aktiven Mitmachens zu verdeutlichen. Bewährt hat sich die aktive Teilnahme des Therapeuten. Sie bietet ein gutes Modell und bezeugt damit auch seine Solidarität mit den Teilnehmerinnen.

Bulimie hat sehr viel mit Körper zu tun: Sie essen, bis Ihnen der „Bauch platzt", Sie erbrechen, würgen und kotzen, Sie mögen Ihren Bauch nicht, Ihren Po nicht, fühlen sich zu fett. Daher möchten wir nun jede von Ihnen bitten, das, was für Sie Bulimie bedeutet, ohne Worte, in einer Geste oder einer Pantomime darzustellen. Achten Sie bitte dabei besonders darauf, was Sie im Moment des Spielens an Ihrem Körper bemerken und welche Gefühle Sie dabei empfinden. Für Ihr Spiel können Sie den ganzen Raum und alle Gegenstände, die sich hier befinden, benutzen...Nachdem jede einzelne von Ihnen Ihre Geste oder Pantomime vorgestellt hat, möchte ich Sie bitten, daß alle diese Geste gleichzeitig spielen. Achten Sie jetzt bitte darauf, wie sich dabei Ihr Verhältnis zu den anderen Teilnehmerinnen verändert und was Sie dabei erleben.

Die Diskussion über die Übung sollte folgende Fragen enthalten:
- *Was haben Sie zu Beginn der Übung empfunden?*
- *Welche Körperteile haben Sie gespürt, welche haben Sie nicht wahrgenommen?*
- *Versuchen Sie nun in Worte zu fassen, was Sie mit der Übung ausgedrückt haben?*
- *Was haben Sie empfunden, als Sie die anderen bei der Übung beobachtet haben?*
- *Wie hat sich die Situation für Sie verändert als alle zusammen die Übung geführt haben?*

Einzeltherapie: Grundsätzlich kann diese Übung auch in einer Einzeltherapie durchgeführt werden. Sollte in der Dyade Patientin /Therapeut die Übung nicht angemessen erscheinen, gibt es die Alternative, die Patientin ihre Vorstellung der Bulimie malen zu lassen.

3. Hausaufgabenbesprechung: Gründe für Veränderung des Eßverhaltens

Die Argumente, die für normales Essen sprechen, werden in der Gruppe gemeinsam gesammelt, die wichtigsten schreibt der Therapeut an die Tafel. Einige Beispiele für häufig genannte Argumente:

- Ich werde „normal" sein.
- Ich werde leistungsfähiger (z.B. beim Sport).
- Ich fühle mich körperlich wohler (z.B. weniger Kopfschmerzen).
- Ich brauche mich nicht mehr zu schämen.
- Ich werde mehr Zeit haben.
- Ich werde weniger Streß haben.
- Ich werde Kraft übrig haben.
- Ich kann offener sein und brauche nicht mehr zu lügen.
- Ich habe mehr Geld.

Die möglichen körperlichen und psychischen Konsequenzen der Bulimie sollten, wenn von den Teilnehmerinnen angesprochen, beschreibend zusammengestellt werden, eventuell an einer Schautafel.

Körperliche Konsequenzen	*Psychosoziale Konsequenzen*
Kalte Hände	Depressionen
Trockene Haut	Gefühl des Kontrollverlusts
Mattigkeit	Arbeitsstörungen
Herz-Kreislaufstörungen	Fixierung auf Essen
Schlafstörungen	Libidoverlust
Zyklusstörungen	Kontaktverlust.
Karies	Soziale Isolation
Elektrolytverlust	usw.
Drüsenschwellungen	
Reizungen und Verletzungen im Magenmuskel	
Reizungen und Verletzungen in der Speiseröhre	
usw.	

Ein wichtiger Schritt bei dieser Übung ist, die Gründe, die allgemein gegen die Bulimie sprechen, mit den eigenen Motiven, sich zu ändern, zu vergleichen und wenn möglich in Einklang zu bringen. Es sollte auch herausgearbeitet werden, 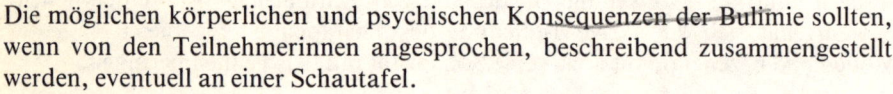 wenn eine Patientin sich jemand anders zuliebe ändern will, ihre Motivation also fremdbestimmt ist. Eine fremdbestimmte Änderungsmotivation ist nicht unbedingt ein Hinderungsgrund für eine erfolgreiche Behandlung – vor allem zu

Beginn der Therapie. Es sollte jedoch der Teilnehmerin ganz deutlich werden, daß der Wunsch sich zu ändern, der Wunsch jemandem zu gefallen ist. An dieser Stelle kann folgender „Wahl"- bzw. „Warnspruch" eingeführt werden:"

> Wahlspruch: „Ich bin nicht auf der Welt, um so zu sein wie andere mich haben wollen."
>
> Warnspruch: „Andere sind nicht auf der Welt, um so zu sein wie ich sie haben möchte."

4. Information 1: Psychobiologie der Mangelernährung

Der folgende Informationsteil ist recht langwierig und vermittelt sehr komplexe Zusammenhänge. Es ist deswegen wichtig, keinen Monolog zu halten, sondern auf Verständlichkeit und guten Kontakt zu den Patientinnen zu achten. Günstig ist, ein Gespräch mit gegenseitigen Fragen und Antworten zu entwickeln. Die folgenden Texte dienen nur der Anregung, wie man die theoretischen Hintergründe relativ einfach vermitteln kann. Der Therapeut verweist auf die Broschüre, die in der letzten Sitzung ausgeteilt wurde und kündigt an, daß nun die wichtigsten Faktoren bei der Entstehung und Aufrechterhaltung der Bulimie nochmal ausführlich besprochen werden.

Wie Sie gerade eben festgestellt haben, gibt es bei der Bulimie eine Reihe unangenehmer körperlicher und psychischer Folgeerscheinungen. Worauf, glauben Sie, sind diese zurückzuführen? Wie entstehen diese Symptome?

Die Antworten der Teilnehmerinnen werden gesammelt und geordnet.

Viele Folgen und Symptome der Bulimie, die wir gerade besprochen haben, sind allein auf Mangelernährung zurückzuführen. „Mangelernährung, das kann doch gar nicht sein" werden Sie jetzt vielleicht denken, „ich bin doch wirklich nicht unterernährt, im Gegenteil, eher etwas zu dick". So dachte man früher auch. Doch es hat sich herausgestellt, daß auch normalgewichtige, sogar übergewichtige Personen kurzfristig mangelernährt sein können. Eine Anpassung an Mangelernährung kann bereits nachgewiesen werden, wenn über einen Zeitraum von 24 Stunden ein Kaloriendefizit von etwa 1000 kcal besteht – durch einen Fastentag beispielsweise oder wenn ein Großteil der Nahrung nach dem Essen wieder erbrochen wird. Was geschieht? Man wird müde, fühlt sich schlapp, kann sich schlechter konzentrieren etc. Und: Man bekommt Hunger, richtigen Heißhunger! Man wird ganz unruhig und auf einmal kreisen alle Gedanken nur noch ums Essen. Dies illustriert das Schaubild „Hungerspirale" (Abb. 1).

Wir nennen das Nahrungssuchverhalten. Das ist ein entwicklungsgeschichtlich ganz alter Mechanismus, der schon bei unseren frühen Vorfahren so funktionierte. Wird zuwenig gegessen, programmiert das Gehirn auf Nahrungssuche – um das Überleben zu sichern. Was passiert nun, wenn Sie längere Zeit zu wenig essen? Nehmen Sie dann ab, oder welche Erfahrungen haben Sie gemacht? Dauert die Mangelernährung an, durch eine längere Fastenkur beispielsweise, wenn immer wieder einzelne Diättage eingeschoben werden oder auch durch häufiges

Abb. 1. Hungerspirale

Erbrechen, dann schraubt der Körper seinen Energieverbrauch insgesamt herunter, wir leben praktisch auf Sparflamme. Auf mehreren Ebenen spart der Körper Energie ein:

1. Der Stoffwechsel in den Zellen wird verlangsamt.
2. Die Aktivität des symphatischen Nervensystems wird verringert.
3. Die Fortpflanzungsfähigkeit wird eingeschränkt.

Einige Konsequenzen dieser Energieeinsparmaßnahmen des Körpers haben wir vorher bereits bei den negativen Folgen der Bulimie gehört: Manche von Ihnen haben festgestellt, daß ihre Periode ausbleibt, seltener kommt oder viel schwächer ist. Die Fortpflanzungsfähigkeit einer erwachsenen Frau benötigt etwa 10 %

der Energie, weil die Körpertemperatur im zweiten Teil des menstruellen Zyklus um bis zu einem Grad angehoben wird. Diese wird bei Mangelernährung eingespart. Dies läßt sich wieder phylogenetisch erklären: In Hungerzeiten, bei Nahrungsmittelknappheit ist Fortpflanzung und damit eine Vermehrung der Art einfach nicht sinnvoll.

Andere körperliche Konsequenzen der Bulimie resultieren aus der Senkung des Grundumsatzes. Kalte Hände beispielsweise kommen von einer erniedrigten Körpertemperatur. Blutdruck und Herzrate sind herabgesetzt. Die Schweißdrüsen produzieren weniger Flüssigkeit. Die Herabsetzung der Aktivität des sympathischen Nervensystems kann auch psychische Folgen haben: Die Stimmung wird schlechter, reizbarer. Depressive Verstimmungen können allein auf Grund der Mangelernährung entstehen. Aber nicht nur die Menge der Nahrung kann solche psychischen Auswirkungen haben. Die Zusammensetzung der Nahrung aus den Makronährstoffen Fett, Eiweiß und Kohlenhydrate hat Auswirkungen auf die Bildung eines der wichtigsten Botenstoffen im Gehirn, des sogenannten Serotonins. Das Serotonin ist beteiligt an der Regulation des Appetits, der Stimmung, des Schlafs und der sexuellen Funktionen. Eine sehr eiweißreiche, bzw. kohlenhydratarme Diät, die über längere Zeit eingehalten wird, kann zu Störungen in allen diesen Bereichen beitragen. Wenn Sie eine Diät gemacht haben – die meisten Diäten sind ja eiweißreich und kohlenhydratarm – werden sie vielleicht plötzlich eine große Lust auf Süßigkeiten verspürt haben. Wieder ein Beispiel, wie der Körper versucht, seinen Bedarf an bestimmten Nährstoffen selbst zu regulieren. Süßigkeiten bestehen ja zum überwiegenden Teil aus schnell verfügbaren Kohlenhydraten. Über die richtige Zusammensetzung der Nahrung (wir nennen die Bestandteile Makronährstoffe) werden wir uns später im Rahmen des Ernährungsmanagement noch Gedanken machen. Für heute ist wichtig, daß Sie erkennen, daß viele der Sypmtome der Bulimie wie Heißhungeranfälle, Müdigkeit, Depressionen usw. allein die Folge der Mangelernährung sein können.

In der Broschüre, die wir Ihnen das letzte Mal ausgeteilt haben, ist sehr ausführlich das sogenannte „Fastenexperiment" dargestellt, die wichtigste Untersuchung, die bisher zu den Folgen von leichter Unterernährung durchgeführt wurde. Sicher kamen Ihnen viele der Ergebnisse bekannt vor – eben als Folgen Ihrer Bulimie. Die Anpassung des Körpers an Mangelernährung mit einem verminderten Kalorienbedarf hat aber noch eine fatale Folge: Während die Herabsetzung des Energiebedarfs sehr schnell eingeleitet wird, stellt sich der Körper nur langsam auf ein wieder erhöhtes Energieniveau ein. Fängt man nach einer Diät wieder normal zu essen an, nimmt man sehr schnell wieder zu. Der Körper braucht jetzt einfach weniger Energie. Wir können uns das so vorstellen: Der Körper ist mißtrauisch, ob nicht schon bald wieder weniger Essen zur Verfügung steht. Früher in der Menschheitsgeschichte war dieses Mißtrauen berechtigt: Die nächste Hungersnot folgte vielleicht schon sehr schnell. Deswegen dauert die Umstellung von einem niedrigen auf einen höheren Energiebedarf sehr viel länger als umgekehrt. Und in Krisen- und Hungerszeiten war und ist das sicher sinnvoll. Sie haben das nach einer Diät sicher schon erlebt: Wenn sie wieder anfangen normal zu essen, tritt das ein, was Sie am meisten befürchten: Sie werden schnell wieder dicker. Die Folge ist, daß Sie mit einer neuen Diät beginnen oder noch häufiger Erbre-

chen. Ein Teufelskreis beginnt. Und damit wird die natürliche Regulation des Kör-
pergewichts immer mehr gestört. Diese natürliche Regulation des Körpergewichts
nennt man Setpoint. Dies ist der nächste Punkt in unserem Informationsteil.

5. Information 2: Set-point-Theorie des Gewichts

Verschiedene Forschungsergebnisse legen nahe, daß es für jeden Menschen ein —
offenbar weitgehend genetisch festgelegtes — individuelles Gewicht gibt. Dies ist
das sogenannte Set-point-Gewicht. Für die meisten Menschen liegt das Set-point-
Gewicht in einem mittleren Bereich, einige wenige haben ein sehr niedriges, ande-
re ein sehr hohes Gewicht.

Die Normalverteilung des Gewichts kann durch Anzeichnen einer Glockenkurve
veranschaulicht werden.

In mehreren Studien konnte belegt werden, daß der Körper verschiedene
Mechanismen benützt, um sein Gewicht mit nur geringen Schwankungen stabil
zu halten. Wir haben es gerade besprochen: Wenn wir zuwenig Kalorien aufge-
nommen haben, erinnern uns der Hunger und die Gedanken, die ständig nur ums
Essen kreisen daran: „Du mußt mehr essen". Außerdem schaltet der Körper auf
Sparflamme: Die Stoffwechselrate sinkt ab, der Körper braucht weniger Kalo-
rien, um sein Gewicht zu halten. Das erklärt auch, warum man am Anfang einer
Diät relativ schnell abnimmt — das meiste ist übrigens Wasser — und es dann mit
zunehmender Diätdauer immer langsamer geht.
Wenn wir z.B. von einem durchschnittlichen täglichen Kalorienbedarf von
2000 kcal ausgehen, wieviel glauben Sie würden Sie im Laufe eines Jahres abneh-
men, wenn Sie konsequent nur noch 1500 kcal aufnehmen würden?

Viele Patientinnen nehmen ein lineares Verhältnis von Gewicht und Nahrungsaufnahme an. Sie schätzen, sie würden nach einem Jahr um fünf bis zehn
Kilo leichter sein (siehe Abb. 2a). Hier ist nochmal auf die Einsparmechanismen
des Körpers hinzuweisen. Durch diese würde die tatsächliche Gewichtsabnahme
im ganzen Jahr nicht mehr als 2 bis höchstens 3kg betragen (Abb. 2b). Dies sollte
an der Tafel verdeutlicht werden.

Wie Sie sehen, besteht kein linearer Zusammenhang zwischen der täglichen
Kalorienaufnahme und dem Gewicht — auf einen längeren Zeitraum hin betrach-
tet. Dies weiß man übrigens erst seit kurzem. Früher dachten auch Mediziner und
Ernährungswissenschaftler, daß jemand kontinuierlich zunimmt, wenn er über
einen längeren Zeitraum täglich einige hundert Kalorien mehr aufnimmt (Abb. 2c).

Der Therapeut zeichnet zuerst Abb. 2c und dann Abb. 2d (jedoch noch ohne
das Kalorienbeispiel) an der Tafel an.

Tatsache ist jedoch, daß Ihr Körpergewicht nicht automatisch ansteigt, je
mehr Kalorien Sie zu sich nehmen (Abb. 2d). Ein bestimmtes Gewicht, das Set-

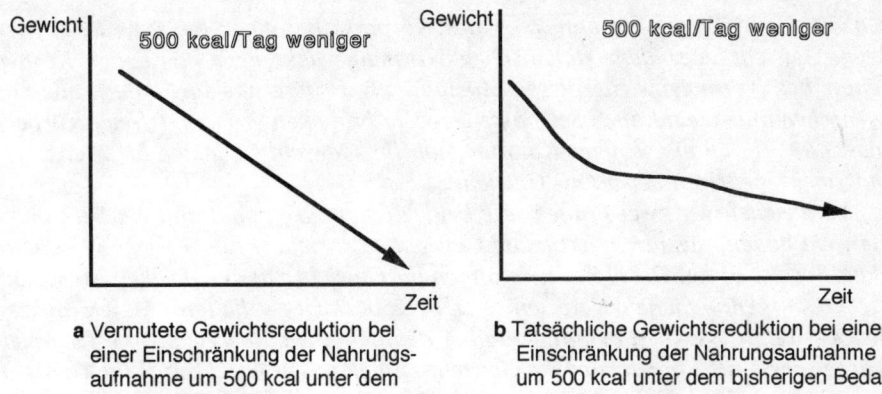

a Vermutete Gewichtsreduktion bei einer Einschränkung der Nahrungsaufnahme um 500 kcal unter dem bisherigen Bedarf

b Tatsächliche Gewichtsreduktion bei einer Einschränkung der Nahrungsaufnahme um 500 kcal unter dem bisherigen Bedarf

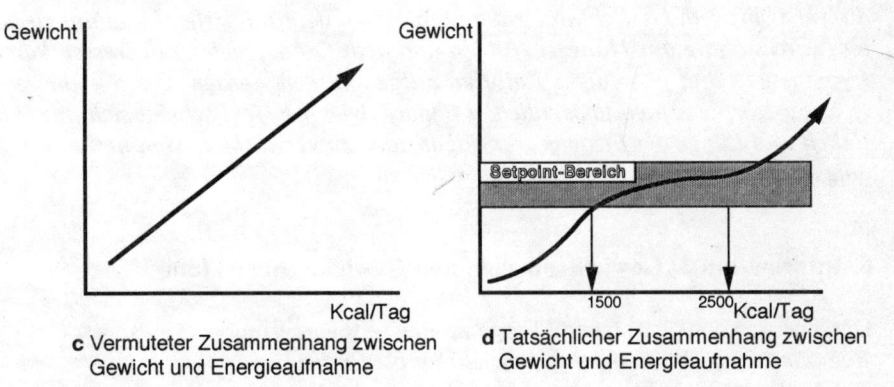

c Vermuteter Zusammenhang zwischen Gewicht und Energieaufnahme

d Tatsächlicher Zusammenhang zwischen Gewicht und Energieaufnahme

Abb. 2. Gewichtsverlauf und Kalorienaufnahme

point-Gewicht bleibt stabil auch wenn sie über längere Zeit einige hundert Kalorien mehr oder weniger als zuvor essen. Erst wenn die Kalorienmenge deutlich unter- oder überschritten wird können Sie Ihr Gewicht deutlich verändern.

Der Therapeut erklärt diesen Zusammenhang am Diagramm anhand eines Beispiels. Er markiert im Plateau der Gewichtskurve die untere tägliche Kalorienmenge und die obere tägliche Kalorienmenge, die ein bestimmtes Gewicht aufrechterhalten.

Der Set-point-Mechanismus funktioniert also in beide Richtungen. Der Körper wehrt sich nicht nur gegen eine starke Gewichtsabnahme, sondern auch gegen übermäßige Gewichtszunahme. Hier steigt die Stoffwechselrate an, wodurch der Körper die überflüssigen Kalorien verbrennt. Bis dieser Mechanismus in Gang kommt, dauert es jedoch einige Zeit. Außerdem ist diese Fähigkeit nicht bei jedem gleich stark ausgeprägt. Der „Set-point" scheint ein recht empfindliches Gleichgewicht zu sein. Schon geringfügige Gewichtszu- oder -abnahmen aktivie-

ren die Verteidigungsmechanismen des Körpers. Bei einer Person, deren Set-point-Gewicht über dem statistischen Normalgewicht liegt, kann der Körper schon bei Normalgewicht diesen Zustand als Unterernährung interpretieren. Menschen mit einem hohen Set-point-Gewicht brauchen pro kg fettfreier Körpermasse im Verhältnis weniger Kalorien, um ihr Gewicht zu halten als Menschen mit einem niedrigen Set-point- Gewicht.

Vergleichen wir zwei Frauen, die beide 165 cm groß sind und ein Set-point-Gewicht haben, das ihrem aktuellen Gewicht entspricht. Frau A wiegt 50 kg und Frau B wiegt 65 kg. Beide Frauen können ihr Gewicht mit der gleichen Menge an täglich aufgenommenen Kalorien – z.B. 2500 kcal – halten. Anders ausgedrückt: Relativ gesehen benötigt Frau A deutlich mehr Energie pro kg fettfreier Körpermasse als Frau B, um ihr Gewicht zu halten. Wollte Frau B ihr Gewicht reduzieren, müßte sie ihre Nahrungsaufnahme besonders drastisch einschränken. Und das wiederum setzt die Sparmaßnahmen des Körpers in Gang. Die Set-point-Theorie erklärt, warum Diäten fast nie von andauerndem Erfolg sind: Wer ständig versucht, sein Gewicht unter dem biologisch determinierten Set-point zu halten, wird ständig mit Hungergefühlen und dem Drang, sich zu überessen kämpfen müssen. Und je weniger Kalorien aufgenommen werden, desto mehr reduziert der Körper seinen tatsächlichen Bedarf. Dieser Effekt scheint sich mit Häufigkeit und Länge der Fastenkuren sogar noch zu verstärken. Man nimmt immer langsamer ab, dafür aber immer schneller zu.

6. Information 3: Gewichtsnormen und Gewichtsentwicklung

Der Therapeut stellt folgende Frage an die Teilnehmerinnen:
Wie können Sie Ihr Set-point-Gewicht herausfinden?
Die Antworten werden gesammelt und geordnet.

Der Rahmen, in dem sich das Gewicht eines Menschen normalerweise – also ohne Kontrollversuche – bewegen wird, ist genetisch determiniert, das heißt es ist angeboren. Sehen Sie sich die anderen Menschen in ihrer Familie an, Ihre Eltern, Ihre Großeltern, die Geschwister, dann bekommen Sie eine Vorstellung davon, was Ihr persönliches Normalgewicht ist. Wenn alle Familienmitglieder recht kräftig sind, dann ist es einfach nicht realistisch anzunehmen, daß sie ohne dauerhafte Essenseinschränkung mit all den gerade besprochenen Folgen ein niedriges Gewicht halten können. Oder aber Sie erinnern sich an die Zeit vor Beginn der Eßstörung. Wenn Sie in dieser Zeit ein bestimmtes Gewicht länger als ein Jahr bei normalem Eßverhalten konstant halten konnten, ist das möglicherweise Ihr Set-point-Gewicht gewesen. Dies gilt aber nur, wenn Sie die Wachstumsphase schon beendet hatten.
Sie haben sicher schon von üblichen Gewichtsnormen, wie dem „Idealgewicht" gehört. Wissen Sie, woher diese Normen kommen?
Normalgewicht = Körpergröße – 100
Idealgewicht = Normalgewicht – 15 %.
Das sogenannte Idealgewicht basiert auf Untersuchungen amerikanischer Lebensversicherungsgesellschaften aus den fünfziger Jahren. Sie hatten untersu-

chen lassen, welches Körpergewicht die Personen hatten, die am längsten leben. Dieses Gewicht, das also am gesündesten sein sollte, nannten sie Idealgewicht. Viele Faktoren, die für ein erhöhtes Sterberisiko verantwortlich sein können, blieben dabei jedoch unberücksichtigt. Heute weiß man, daß bei sonst gleichen Bedingungen Normalgewicht bzw. leicht erhöhtes Gewicht mit dem geringsten Sterberisiko einhergeht. Untergewicht hingegen kann das Risiko erhöhen. Warum sich das Idealgewicht trotzdem als Gewichtsnorm hält, ist mit rationalen Überlegungen nicht zu begründen.

Richtlinien für einen günstigen Gewichtsbereich sind in Abb. 3 dargestellt. Als alternatives größenunabhängiges Körpergewichtsmaß kann an dieser Stelle auch der Body Mass Index (BMI) eingeführt werden. Er errechnet sich: BMI = kg/m^2. Aufgrund der wissenschaftlichen Literatur wird ein BMI zwischen 18 kg/m^2 und 24 kg/m^2 als normal oder günstig erachtet (Übersicht bei Bray, 1987). Für Patientinnen, die sich bisher häufig an dem weitverbreiteten „Idealgewicht" orientiert haben, steht hier ein neuer Bezugsrahmen für ihre Gewichtsbewertung zur Verfügung. Als Übung können die Body Mass Indices der Teilnehmerinnen berechnet werden.

7. Übungsvorbereitung: Wöchentliches gemeinsames Wiegen

Nach dem vorangegangenen Informationsteil, wird nun das gemeinsame Wiegen eingeführt, das ab der nächsten Sitzung einmal in der Woche am Anfang der

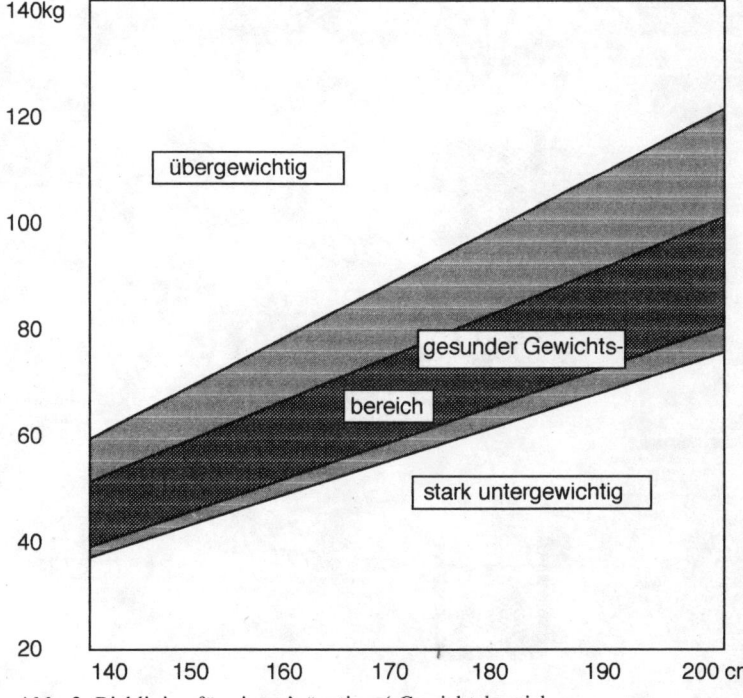

Abb. 3. Richlinien für einen 'günstigen' Gewichtsbereich

Stunde statt finden wird. Ziel des einleitenden Fragespiels ist es, die Ursachen für Gewichtsschwankungen darzustellen und zu relativieren und die Waage als ungenaues und mehrdeutiges Meßinstrument für Gewichtsschwankungen zu identifizieren.

Wir haben nun gelernt, daß das Körpergewicht eines Menschen − wenn es nicht durch Fasten und Diäten gestört wird − über einen langen Zeitraum mit nur geringfügigen Schwankungen sehr stabil bleibt. Und diese Schwankungen sind nur selten auf eine wirkliche Gewichtszunahme, sondern vielmehr auf Wassereinlagerungen bzw. auf Wasserverlust zurückzuführen. Wir wollen nun einmal gemeinsam überlegen, was die Waage eigentlich mißt, das heißt wie sich das Körpergewicht eines Menschen zusammensetzt.

Zusammen mit dem Therapeuten finden die Patientinnen nun heraus, daß das Körpergewicht sich aus Fett, Muskeln, Wasser und dem Magen-Darm-Inhalt zusammensetzt. Ein Gewichtsunterschied setzt sich also auch aus Schwankungen dieser vier Komponenten zusammen. Als Metaplan-Modell dient die Wassertemperatur (s. Abb. 4).

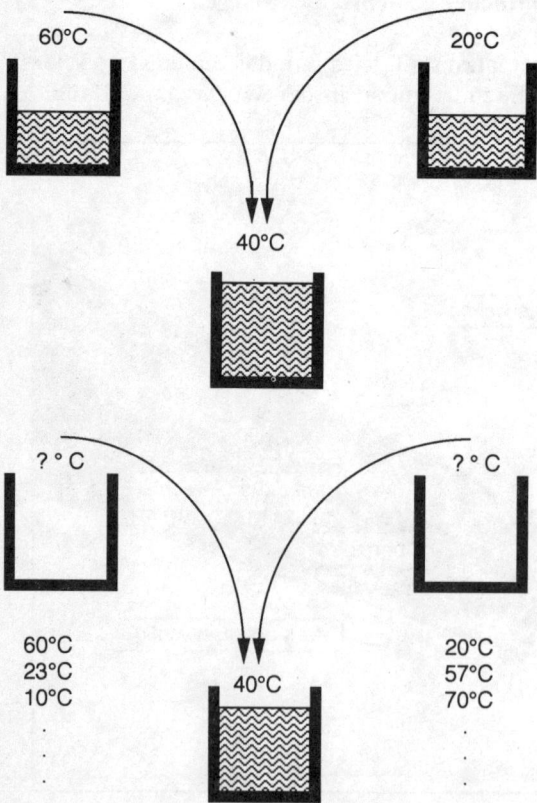

Abb. 4. Was mißt die Waage?

Daraus wird ein Fragespiel entwickelt:

Frage: Wenn man einen Eimer mit einem Liter 60°C heißem Wasser mit einem Eimer mit einem Liter 20°C heißem Wasser zusammenschüttet, wie heiß ist das Wasser dann? Antwort: 40°C. Weitere Beispiele: Wie heiß kann das Wasser in den beiden Eimern, die zusammen 40°C ergeben, auch gewesen sein? (10° plus 70°, 40° plus 40° usw.). 30°C warmes Wasser könnte aus Wasser mit 1°C und 59°C zusammengeschüttet sein (oder aus 33°C plus 27°C usw.)

   Dieses Modell wird nun auf eine Zunahme oder Abnahme an Körpergewicht übertragen. Was auf der Waage zu sehen ist, ist ein Endergebnis, das auf ganz unterschiedliche Weise zustande kommen kann (s. Tabelle 1).

Tabelle 1. Beispiele für die Zusammensetzung von 1000g verlorenem bzw. gewonnenem Gewicht

Waage	Fett	Muskeln	Wasser	Magen/Darm
− 1000g	+ 50g	+ 10g	− 860g	− 200g
	− 100g	− 150g	− 350g	− 400g
+ 1000g	− 100g	− 50g	+ 1200g	− 50g
	+ 50g	+ 200g	+ 500g	+ 250g

Aus Tabelle 1 geht hervor, daß eine Gewichtszunahme von einem Kilo sogar mit einem Fettverlust einhergehen kann.

Für die Zeit der Therapie wollen wir Sie bitten, sich zu Hause nicht mehr zu wiegen. Einmal in der Woche werden wir hier in der Therapiesitzung gemeinsam wiegen. In der nächsten Sitzung zum ersten Mal. Das hat folgenden Sinn: Sie werden sehen, wie das Gewicht über die Dauer der Therapie schwankt. Wir werden ja hier kein Abnehmprogramm machen. Im Regelfall (meist bei Normalgewicht) können Sie aber davon ausgehen, daß Sie nur bei Beginn der Umstellung des Essens um bis zu drei Kilo zunehmen werden. Wenn Sie normal- oder idealgewichtig sind, wird Ihr Gewicht dann um ca. zwei Kilo nach oben oder unten schwanken können. Das wöchentliche Wiegen soll Ihnen zeigen, daß Sie nicht endlos zunehmen, wenn Sie normal essen. Zum zweiten wollen wir verhindern, daß Sie sich zuhause täglich wiegen und sich damit unnötig ängstigen. Wie wir besprochen haben, sind die Gewichtsschwankungen meist auf Schwankungen im Wasserhaushalt des Körpers zurückzuführen, nicht aber auf eine tatsächliche Zunahme an Fett oder Muskelgewebe.

8. Hausaufgaben

− Die Patientinnen werden gebeten, ihre Waage für die Zeit der Therapie außer Haus zu geben.
   Bis zum nächsten Termin sollen sieh alle Patientinnen darüber Gedanken machen, welche Vorteile die Bulimie für sie hat. Diese Vorteile sollen gesammelt werden.

– Die „Informationsbroschüre: Lernen" wird ausgeteilt und die Teilnehmerinnen werden gebeten, sie bis zum nächsten Mal zu lesen.

9. Blitzlicht

Mögliche Schwierigkeiten

– Teilnehmerinnen weigern sich, die nonverbale Übung mitzumachen: Zu
Beginn der Therapie zieren sich manchmal Teilnehmerinnen, die für sie unge-
wöhnlichen Übungen mitzumachen. Die Ängste, die sie daran hindern, sollten
offen angesprochen werden. Nachdem darauf verwiesen wurde, daß doch alle
Gruppenmitglieder vor den gleichen Schwierigkeiten ständen, ist es jedoch
wichtig, unbedingt auf die Durchführung der Übung zu bestehen. Wenn Son-
derregelungen zugelassen werden, ist Gruppendissoziation vorprogrammiert,
wo doch gerade Kohäsion hergestellt werden soll. Um Diskussionen darüber
zu vermeiden, empfiehlt es sich bereits bei der Therapievereinbarung, solche
Übungen anzukündigen und das Einverständnis aller Teilnehmer dafür sicher-
zustellen.
– Eine Patientin wendet ein, daß verschiedene Fastenformen wie z.B. das sogenannte „Heilfasten" oder Entschlackungskuren als besonders gesund und
wertvoll gelten: Zunächst sollten die eigenen Erfahrungen der Patientinnen
dazu gesammelt und differenziert diskutiert werden. Meinungen und Tatsachen sollten getrennt werden. So hat z.B. ideologisch begründetes Heilfasten
keine objektivierbaren gesundheitlichen Vorteile. Die sogenannte „Ent-
schlackung" ist ein Mythos, der wissenschaftlich durch nichts zu begründen
ist. Ein ganz anderer Gesichtspunkt des Heilfastens ist die Entscheidung zur
Übung, Meditation, Disziplin oder auch nur für ein verbindendes Gruppener-
lebnis – hier geht es nicht um Schlanksein. Obwohl Heilfasten für viele Menschen ein völlig unproblematisches Erlebnis sein kann, ist es für Patientinnen
mit Eßstörungen nicht empfehlenswert.
– Patientinnen wenden ein, sie hätten sich mit dem geringen Gewicht besonders
wohl gefühlt und könnten daher nicht verstehen, warum sie dieses Gewicht
nicht anstreben sollten: Als Therapeuten versuchen wir bei diesem Einwand
zu verstehen, was „sich wohl fühlen" eigentlich bedeutet: ist es das körperliche
Wohlbefinden oder eher der Stolz auf die Leistung an Gewicht abgenommen
zu haben. Wichtig ist auch zu fragen, wie lange die Phase gedauert hat und
was passiert ist, daß dieses „sich wohl fühlen" nicht aufrecht erhalten werden
konnte. Auch die Frage der unterschiedlichen Körperbewertung und des
Eßverhaltens bei unterschiedlichen Stimmungslagen ist hier zu diskutieren.
– Es gibt Schwierigkeiten bei der „Waagen-Hausaufgabe": Manche Hausaufgaben können in einer ambulanten Therapie nicht nachgeprüft werden und sollen es auch nicht. Stattdessen sollte die Atmosphäre so gestaltet werden, daß
mögliche Schwierigkeiten immer direkt und angstfrei angesprochen werden
können. Der Therapeut muß deutlich machen, daß er Schwierigkeiten oder
Fehler nie negativ bewertet, sondern vielmehr als Hinweis darauf, daß es ein

ungelöstes Problem gibt. Nur so werden die Teilnehmerinnen angeregt, sich gemeinsam Gedanken über die Lösungen solcher Schwierigkeiten zu machen. Die Compliance bei der Hausaufgabe, sich zu Hause nicht zu wiegen ist im allgemeinen gut, wenn die Teilnehmerinnen die Gründe für diese Aufgabe selbst zusammenstellen können und Schwierigkeiten und Ängste gleich angesprochen werden. Mit Verträgen kann die Compliance darüber hinaus noch gefördert werden.

– Verschlimmerung der Bulimie: Wenn eine Teilnehmerin sehr entmutigt ist und über Verschlimmerung ihrer Bulimie klagt, sollte der Therapeut kurz intervenieren. Auch eine positive Umdeutung ist möglich: die Verschlechterung kann ein Zeichen für eine deutlichere Wahrnehmung des problematischen Eßverhaltens sein. Dies ist ein erster wichtiger Schritt zu einer Veränderung. Dabei kann das pünktliche Erscheinen der Patientin zum Therapietermin in diesem Sinne verstärkt werden.

3. Sitzung

Überblick

Ziele

- Verdeutlichung irrationaler Ängste zu Gewicht und Körper
- Verdeutlichung der Funktionalität bulimischen Verhaltens
- Aufbau positiver Selbstbewertung

Ablauf der Sitzung

1. Teilnehmervortrag	Zusammenfassung der letzten Sitzung
2. Übung 1	Wiegen
	– Konfrontation mit Gewicht und Gewichtsentwicklung
	– Entspannungsübung
	– Konfrontation mit Patientenreaktionen
	– Reflexion irrationaler Ängste
	– Dokumentation des Gewichts
3. Hausaufgabenbesprechung	Vorteile der Bulimie
4. Hausaufgabenvorbereitung/ Diskussion	Beispiele individueller Therapieziele anhand Erlernen-Verlernen-Listen
5. Übung 2	Positive Selbstdarstellung
	– Vermittlung der Bedeutung von Selbstverstärkung für effektives Lernen
	– Nennen eigener positiver Eigenschaften
	– Reflexion der ausgelösten Gefühle
6. Hausaufgaben	– „Erlernen-Verlernen-Liste" ausfüllen
	– „Fragebogen Ernährungswissen" beantworten
7. Blitzlicht	

Vorbereitung und Materialien

Waage, Gewichtsdokumentation, Erlernen-Verlernen-Listen (s. Anhang 3), Fragebogen Ernährungswissen (NUWI, s. Anhang 1)

Therapeutisches Vorgehen

1. Teilnehmervortrag: Zusammenfassung der letzten Sitzung

Wie in Sitzung 2.

2. Übung 1: Gemeinsames Wiegen

Wie in der letzten Therapiesitzung angekündigt, wird von nun an einmal in der Woche zu Beginn der Sitzung gemeinsam gewogen. Der Therapeut erklärt vorab noch einmal kurz den Sinn dieser Übung, die zum einen der Gewichtskontrolle und dem Feedback über die Gewichtsentwicklung der Teilnehmerinnen dient. Zum anderen konfrontiert die Übung die Patientinnen mit ihren irrationalen Ängsten bezüglich ihres momentanen Gewichts. Diese Ängste werden in der weiteren Therapie bearbeitet. Die Waage wird von der Zimmerecke in die Mitte geschoben und die Teilnehmerinnen werden aufgefordert, nacheinander (ohne Schuhe) auf die Waage zu treten. Name, Körpergröße und Gewicht werden in die Tabelle eingetragen. Eventuell kann jeweils der BMI (kg / m^2) errechnet werden. Der Therapeut sollte sich ebenfalls wiegen und damit ein gutes Modell geben.

Zu Beginn der Behandlung ist dies sicher eine der schwierigsten Übungen. Wie im Abschnitt „Mögliche Schwierigkeiten" der 2. Therapiesitzung besprochen, sollten gerade vor dem Wiegen all die Ängste und Schwierigkeiten, die Teilnehmerinnen mit dieser Übung haben könnten, angesprochen werden. Die Gemeinsamkeit der Schwierigkeiten („es geht allen ähnlich") wird dabei besonders herausgestellt. Der Therapeut sollte auch darauf achten, daß die Patientinnen die Waage nicht sofort wieder verlassen. Das Wiegen sollte ganz bewußt geschehen. Mit folgender Intervention kann der Therapeut den Patientinnen dabei helfen:

Atmen Sie tief durch! Und noch einmal: Ein-... und Ausatmen... Überlegen Sie: Wie geht es Ihnen jetzt auf der Waage? Was ist so schwierig daran? Atmen Sie noch einmal tief durch und beobachten Sie, wie sich einzelne Muskelgruppen entspannen können...

Größere Schwierigkeiten sind zu erwarten, wenn die Gruppe bezüglich des Gewichts nicht homogen ist. Eher übergewichtige Patientinnen zeigen häufig besonders ausgeprägte Ängste, sich vor den anderen zu wiegen. Meist ist es nicht ratsam, jemand zum Mitmachen zu nötigen. „Time-out" hat sich hier als geeignete Methode erwiesen: Die Verweigerin verläßt während der Übung den Raum mit der Begründung, daß die anderen nicht gestört werden sollen. Durch diesen nicht-strafenden Ausschluß lassen sich ängstliche oder sehr fordernde Patientinnen meist doch zur Teilnahme bewegen. Dieses erste gemeinsame Wiegen kann eventuell mit einer Runde beendet werden, in der jede Teilnehmerin kurz sagt, wie es ihr jetzt nach dem gemeinsamen Wiegen geht.

Einzeltherapie: Das Wiegen sollte – trotz des fehlenden Gruppenvergleichs – unverändert in der Therapie durchgeführt werden. Es kann noch mit einer Zusatzvariante ergänzt werden: „Das falsche Gewicht" (nur mit geeichten medizi-

nischen oder modernen elektronischen Waagen möglich). Diese Übung dient dazu, der Patientin die Abhängigkeit ihres Wohlbefindens vom Meßwert der Waage zu demonstrieren. Der Therapeut hatte für diese Sitzung das Wiegen angekündigt und eine (geeichte) Waage mitgebracht. Vor der Sitzung verstellt er die Waage jedoch um 4 kg nach oben, so daß die Patientin 4 kg mehr auf der Waage feststellt als sonst. Die Reaktion der Patientin wird diskutiert. Anschließend entschuldigt sich der Therapeut, ihm sei bei der Neueinstellung der Waage ein Irrtum passiert. Er stellt die Waage wieder um 4 kg zurück (eventuell kann er auch eine zusätzliche Waage bereitstellen). Nochmals wird gewogen und diskutiert, wie der der Meßwert das Wohlbefinden der Patientin berührt hat. Die Übung kann mit der umgekehrten Einstellung – also einer vermeintlichen Gewichtsabnahme – zu einem späteren Zeitpunkt wiederholt werden.

3. Hausaufgabenbesprechung: Vorteile der Bulimie

Welche Funktionen die Bulimie einnehmen kann, ist im Kreismodell (Therapierational) bereits erklärt worden. Um die Teilnehmerinnen zur offenen Selbstreflexion zu motivieren und sie auf das Therapiekonzept noch intensiver vorzubereiten, wird jetzt zu Beginn der Therapie die Funktionalität genauer herausgearbeitet. Im allgemeinen können die Patientinnen sehr gut nachvollziehen, wo sie die Bulimie im Augenblick „brauchen“. Akzeptiert der Therapeut, daß hinter dem Nützlichkeitsaspekt der Bulimie wichtige Bedürfnisse stehen – einschließlich dem Wunsch, dem gängigen Schlankheitsideal zu entsprechen – stützt er die Teilnehmerinnen in ihrer Hoffnung, durch eine Veränderung in der Therapie keine Verschlechterung ihrer Lebenssituation zu riskieren.

Vorteile der Bulimie – gibt es die überhaupt? Schließlich sind Sie ja in die Therapie gekommen, um endlich mit der Bulimie aufzuhören. Die Bulimie empfinden Sie als pervers, teuer, quälend, körperlich belastend, schuld an vielen Schwierigkeiten und Ärger. Welche Vorteile soll Sie also haben? Gleichzeitig bemerken Sie aber, daß es gar nicht so einfach ist, damit aufzuhören. Wenn wir jetzt unser Lernmodell heranziehen, müssen wir annehmen, daß Sie einige gute (?) Gründe haben, die Sie hindern, aufzuhören. Diese Gründe können wir als Vorteile bezeichnen, die die Bulimie im Moment noch für Sie hat. Warum aber finden wir es wichtig, daß Sie sich diese Vorteile der Bulimie genau überlegen, sich besonders auf diese Vorteile konzentrieren? Das klingt ja fast widersinnig. Wenn Sie diese Vorteile erkennen und bewerten, gegebenenfalls akzeptieren, können Sie entscheiden, ob es sich um echte Vorteile handelt. Und wir können nach Wegen suchen, wie Sie diese Vorteile beibehalten – ohne Bulimie.

Ein Vorteil der Bulimie kann zum Beispiel sein, daß Sie sicher sind, mit Bulimie essen zu können ohne das Risiko einzugehen, dick zu werden. Weil Sie „essen soviel ich will“ herrlich finden, „Dicksein“ aber ganz entsetzlich, erbrechen Sie. Das Erbrechen beschwichtigt Ihre Angst zuzunehmen. Welche Vorteile hat die Bulimie für Sie persönlich?

Die Vorteile der Bulimie werden in der Gruppe gesammelt und an der Tafel angeschrieben. Vorteile der Bulimie, die oft genannt werden, sind:

- „viel essen und doch nicht zunehmen": Angstreduktion;
- „zustopfen": Flucht vor unangenehmen Gefühlen / Situationen;
- „abreagieren": Entspannungs- und Bewältigungsmöglichkeit;
- „krank sein": Vermeidung, Herausforderungen ablehnen, Fürsorge von anderen;
- „mir etwas Gutes tun": Trost, Wärme, Müdigkeit;
  usw.

4. Vorbereitung der Hausaufgabe / Diskussion: Beispiele individueller Therapieziele anhand von Erlernen-Verlernen-Listen

Im nächsten Schritt wird die Erlernen-Verlernen-Liste eingeführt. Ziel ist es, daß die Patientinnen detailliert erarbeiten, welches Verhalten sie verlernen und welches sie neu aufbauen müssen, um die Bulimie nicht mehr zu brauchen. Dabei soll auf die „Vorteile" der Bulimie Bezug genommen werden. Zum Beispiel könnten Lernziele entsprechend den oben genannten Beispielen sein:

- wissen, wieviel Essen für mich ausreichend ist, um ein normales Gewicht zu halten;
- Angst aushalten können;
- Hunger und Sättigung spüren;
- mich befriedigend beschäftigen, wenn ich allein bin;
- entspannen können;
- Zuwendung durch gemeinsame Unternehmungen gewinnen usw.

Sie wissen nun, welche Vorteile der Bulimie Sie daran hindern, mit der Bulimie aufzuhören. Überlegen Sie nun, was Sie verlernen müssen, um nicht mehr zu fressen und zu brechen und was Sie lernen möchten, um etwas anderes zu machen. Seien Sie dabei so konkret wie möglich: Stellen Sie sich genau vor, was Sie nicht mehr tun möchten und was Sie stattdessen tun möchten.

Es fällt den Patientinnen häufig schwer, sich das Zielverhalten, konkret vorzustellen. Die Ziele bleiben oft allgemein („glücklich werden"). Häufig beziehen sie sich nicht auf Verhalten („schlank bleiben") oder sie beziehen sich auf andere Menschen und nicht auf das eigene Verhalten im Kontakt mit diesen Menschen („meine Mutter soll mich nicht drängen"). Es sollte solange nachgefragt werden, bis die Patienin eine ganz konkrete, plastische Zielvorstellung hat (vgl. Beispiele). Es werden dann einige Erlernen-Verlernen-Beispiele erarbeitet. Die Patientinnen werden gebeten, zu Hause weitere Verhaltensweisen zu suchen, die sie verlernen und die sie neu lernen wollen. Der Therapeut teilt dazu die vorbereiteten Erlernen-Verlernen-Listen aus.

5. Übung 2: Positive Selbstdarstellung

Besonders der erste Teil der Therapie birgt die Gefahr, sehr theoretisch und trokken zu werden. Daher sollten Übungen auflockernd eingebaut sein. Um die Teilnehmerinnen für eigene Fähigkeiten, Ressourcen und Möglichkeiten zu sensibilisieren, wird die folgende Übung – „gute Eigenschaften sammeln" – vorgeschlagen. Die Übung am Ende einer Therapiesitzung durchgeführt, hinterläßt zudem bei den meisten Teilnehmerinnen angenehme Gefühle und fördert die Tendenz zur Selbstermutigung. Schließlich trägt sie auch zur Gruppenkohäsion bei. Auch diese Übung kann unverändert in die Einzeltherapie übernommen werden.

Zählen Sie nun bitte fünf Eigenschafen oder Fähigkeiten auf, die Sie an sich schätzen und auf die Sie stolz sind. Es gibt keinen Menschen, der nur schlechte Eigenschaften besitzt. Jeder kann an sich mindestens fünf gute Eigenschaften entdecken. Und es ist wichtig, daß Sie diese Eigenschaften kennen. Sie wollen ja neue Verhaltensweisen erlernen, um die Schwierigkeiten anders als mit Bulimie zu bewältigen. Neue Dinge lerne ich aber scheller, wenn ich sie aus Verhaltensweisen, die ich schon kann, entwickeln kann. Und wie Sie in der Broschüre Lernen lesen konnten, lernen wir am besten, wenn das neue Verhalten durch positive Konsequenzen belohnt wird. Sie können sich selbst verstärken, wenn Sie sich über gute Eigenschaften und Fähigkeiten freuen, wenn Sie stolz auf sich sind... Schildern Sie nun, wie es Ihnen damit gegangen ist, Positives über sich zu sagen. Wie war es für Sie, von anderen positive Eigenschaften zu hören?

Nachdem jede Teilnehmerin gesagt hat, wie sie sich in der Übung gefühlt hat, sollte der Therapeut folgendes noch einmal deutlich herausstellen:

Sie haben vielleicht vor der Übung gedacht: „Eigenlob stinkt". Sie haben jetzt aber erlebt, daß es gar nicht hochfahrend klingt, wenn jemand von sich und dem, was er tut, überzeugt ist und das auch sagen kann. Im Gegenteil: Es klingt glaubwürdig und löst bei einem selbst wie bei den Zuhörern ganz angenehme Gefühle aus. Wenn Sie nun zu Hause die Erlernen-Verlernen-Liste erarbeiten, denken Sie ruhig an diese guten Eigenschaften und Fähigkeiten an sich, die Sie weiter ausbauen können.

Einzeltherapie: Hier übernimmt der Therapeut den Aspekt des Modellernens, indem er ebenfalls fünf Eigenschaften nennt, auf die er stolz ist oder die er an sich schätzt. Gleichzeitig kann die Patientin aufgefordert werden, eine Freundin oder einen Freund nach dessen positiver Selbsteinschätzung zu fragen. Es können schließlich Gesprächssituationen im Alltag vereinbart werden, in denen die Patientin gute Eigenschaften von sich ins Gespräch einfließen läßt. Beispiel: „Ich bin richtig stolz, daß ich mich gestern aufgerafft habe, auch alleine ins Kino zu gehen. Jetzt kann ich von dem Film erzählen."

6. Hausaufgaben

– Erlernen-Verlernen-Liste ausfüllen (siehe oben).

– Der „Fragebogen Ernährungswissen" wird ausgeteilt; die Teilnehmerinnen werden gebeten, ihn zu Hause auszufüllen.

7. Blitzlicht

Wie in Sitzung 1.

Mögliche Schwierigkeiten

– Extreme Reaktionen auf der Waage: Wenn eine Teilnehmerin in der Übung eine starke Angstreaktion zeigt (Zittern, roter Kopf, Schweißausbruch etc.) ist es wichtig, mit einer Atemübung gezielt Entspannung zu erzielen, um zu verhindern, daß die Übung mit Versagens- und Angsterlebnissen abgeschlossen wird. Außerdem wird so ein entspannteres Wahrnehmen des Körpergewichts ermöglicht, das Grundlage einer Einstellungsänderung sein kann.
– Einer Patientin fallen keine positiven Eigenschaften ein: Es gibt natürlich viele Möglichkeiten, mit dieser Haltung umzugehen. Grundsätzlich sollte sie niemals akzeptiert werden, da dies einer indirekten Bestätigung der Befürchtungen der Patientin gleichkäme. Beispielsweise kann der Therapeut dabei bleiben, daß jeder Mensch bei sich gute Eigenschaften finden könne, der Therapeut der Patientin aber nicht die Mühe abnehmen möchte, danach zu suchen. Eine andere Möglichkeit ist, der Patientin die zeitliche und inhaltliche Bedeutung dieser Haltung zurückzumelden: „das bedeutet, daß Sie nur mausgrau und schlecht sind und niemals auf etwas bei sich stolz gewesen sind?"

4. Sitzung

Überblick

Ziele

- Wissensvermittlung zu Körperfunktionen und Nährstoffbedarf
- Wissensvermittlung zu gesunder Ernährung
- Einleitung der Umstellung des Eßverhaltens

Ablauf der Sitzung

1. Teilnehmervortrag	Zusammenfassung der letzten Sitzung
2. Hausaufgabenbesprechung	NUWI-Quiz („Fragebogen Ernährungs-wissen")
3. Information	Gesunde und schmackhafte Ernährung
4. Kleingruppen	Planung eines „strukturierten Eßtages"
5. Übung	Suchen einer individuellen Belohnung
6. Vertragsmanagement	Vertrag zum strukturierten Eßtag
7. Hausaufgaben	– strukturierten Eßtag durchführen
	– strukturierten Eßtag protokollieren
	– „Informationsbroschüre Ernährung" lesen
	– „verbotene" Nahrungsmittel sam-meln
8. Blitzlicht	

Vorbereitung und Materialien

Ausgewertete Eßprotokolle für jede Patientin mit Notizen zu günstigen und ungünstigen Aspekten, Formblätter und Verträge zum strukturierten Eßtag, Informationsbroschüre: Ernährung (s. Anhang 2), Lösungsblatt NUWI (s. Anhang 1)

Therapeutisches Vorgehen

1. Teilnehmervortrag: Zusammenfassung der letzten Sitzung

2. Hausaufgabenbesprechung: NUWI-Quiz
(Fragebogen Ernährungswissen)

Der Fragebogen zum Ernährungswissen (NUWI) wird in Form eines Quiz besprochen. Häufig verfügen Bulimiepatientinnen nur über ein einseitiges und unzureichendes Wissen über Ernährung und Nahrungsmittel. Ziel dieser Übung ist, die zum Teil unangemessenen oder falschen Vorstellungen über Lebensmittel und Energieverbrauch zu korrigieren und gegebenenfalls ergänzende Informationen zu vermitteln. Insgesamt werden etwa 15 − 20 Fragen ausgewählt, die die Teilnehmerinnen abwechselnd beantworten. Der Therapeut kann besonders darauf hinweisen, wenn im Quiz die sogenannten „verbotenen" Nahrungsmittel (z.B. fetthaltige Lebensmittel) angesprochen werden, die eventuell für die Ernährung sehr wertvoll sind oder auch nur den Genuß am Essen erhöhen. Am Ende der Sitzung wird die Auflösung des NUWI-Fragebogens verteilt mit dem Hinweis, daß in der nächsten Sitzung weitere Fragen zum Ernährungswissen besprochen werden. Das Quiz kann auch in der **Einzeltherapie** unverändert durchgeführt werden, oft können mehr Fragen besprochen werden.

3. Information: Gesunde und schmackhafte Ernährung

Ziel dieses edukativen Teils ist es, das für die Ernährungsumstellung notwendige Wissen über Körperfunktionen, Nährstoffbedarf und Nahrungsmittel bereitzustellen. In einer einleitenden Diskussion können die Vorstellungen der Patienten über „normale Ernährung" exploriert werden. Um keine neuen starren Regeln einzuführen, wird verdeutlicht, daß es die „normale Ernährung" nicht gibt. Jede Form der Ernährung hat für den Körper und das Wohlbefinden bestimmte Auswirkungen. Intermittierendes Fasten setzt den Grundumsatz herab, führt zu Mißempfindungen und Heißhungeranfällen. Regelmäßige, ausreichende und abwechslungsreiche Ernährung führt zur guten Funktion des Stoffwechsels, zu Wohlbefinden und stabilem Set-Point-Gewicht. Es folgt ein Informationsteil über angemessene und schmackhafte Ernährung. Viele Informationen dazu können der „Informationsbroschüre: Ernährung" entnommen werden. Die Informationen sollten möglichst nicht im durchgehenden Vortrag vermittelt werden, sondern im Diskussions- und Fragestil einfließen. Auf manche Punkte kann auch erst bei der Planung des „strukturierten Eßtags" Bezug genommen werden, z.B. bei der Rückmeldung über die individuellen Ernährungsgewohnheiten, wie sie aus den Ernährungstagebüchern ersichtlich wurden.

In der Therapie werden wir eine Form der Ernährung vorschlagen, die helfen soll, Ihren Stoffwechsel zu normalisieren, die Folgeerscheinungen der Bulimie zu beseitigen, Hunger- und Sättigungsgefühle wiederherzustellen und die natürliche Gewichtsregulation des Körpers wieder zu ermöglichen. Das geht am besten, wenn Sie sich regelmäßig ernähren. Regelmäßig heißt: Sie sollten jeden Tag drei

Hauptmahlzeiten zu sich nehmen, eine davon warm und zwei kleinere Zwischen-
mahlzeiten. Wichtig ist auch, sich ausreichend zu ernähren. Ausreichend heißt:
Ihrem täglichen Kalorienverbrauch angemessen. Im allgemeinen benötigen junge
Frauen Ihren Alters zwischen 1800 und 2600 kcal pro Tag, bei extremer körperli-
cher Aktivität können es bis zu 1000 kcal mehr sein. Die Ernährung soll ausgewo-
gen sein. Ausgewogen heißt: Sie muß alle nötigen Nährstoffe in der richtigen
Zusammensetzung enthalten. Mit einer abwechslungsreichen Ernährung ist dies
am besten zu erreichen.

Der Therapeut richtet an die Gruppe die Frage:

Wieviel Prozent von der Gesamtkalorienmenge, glauben Sie, sollte der Anteil von
Fett in der Ernährung sein? Wenn jemand beispielsweise täglich etwa 2500 kcal
zu sich nimmt, wieviel Kalorien sollte der Fettanteil der Nahrung enthalten?

Die meisten Patientinnen schätzen den Anteil des Makronährstoffs Fett am
Gesamtkalorienbedarf wesentlich niedriger ein, als es für eine ausgewogene
Ernährung empfehlenswert ist. Anschließend an diese Diskussion wird die von
der Dt. Gesellschaft für Ernährung empfohlene Makronährstoffverteilung vorgestellt, die im übrigen von fast allen Menschen bei spontaner Nahrungsaufnahme
mit nur geringfügigen Schwankungen automatisch eingehalten wird:
15 % Eiweiß, 30 % Fett, 55 % Kohlenhydrate (jeweils der Gesamtkalorienmenge).

Beispiel: Bei einer täglichen Kalorienaufnahme von 2500 kcal sieht die richtige
Makronährstoffverteilung etwa so aus: 375 kcal Eiweiß, 750 kcal Fett und 1375
kcal Kohlenhydrate. Diese Kalorienmenge kann schließlich – zu Demonstra-
tionszwecken – in Gramm umgerechnet werden: 1g KH = 4,5 kcal; 1g E = 4,5
kcal; 1g F = 9 kcal.

Deutliche Abweichungen von der empfohlenen Zusammensetzung, die über
einen längeren Zeitraum bestehen, können zu Störungen des Allgemeinbefindens
wie Schlaflosigkeit, Müdigkeit und Depressionen führen. Das wurde in der letzten Sitzung bei den Auswirkungen von Mangelernährung bereits genauer besprochen. In der heutigen Sitzung wird erläutert, für welche Körperfunktionen die
einzelnen Makronährstoffe wichtig sind und welche Folgen sich bei Unterversorgung zeigen. Die allermeisten Diäten haben neben einer geringen Energiezufuhr
auch eine einseitige Nährstoffgewichtung (Eierdiät, Kartoffeldiät, Spargel-Erd-
beer-Diät etc). Die Folge ist, daß dem Körper Makronährstoffe fehlen.

Der Therapeut gibt dazu folgende Informationen:

Fett ist für folgende Funktionen wichtig:
– Fett ist der wichtigste Energielieferant.
– Fett ist ein Geschmacksträger (Aromastoffe, die in Früch-
  ten und Kräutern enthalten sind, sind meistens fettlös-
  lich; vgl. Aromastoffe in Parfümölen).
– Einige Vitamine (A, D, E, K) sind fettlöslich, können vom
  Körper also nur aufgenommen werden, wenn gleichzeitig auch
  Fett in der Nahrung vorhanden ist.

– Die in pflanzlichen Ölen enthaltenen essentiellen Fettsäuren sind für den Körper lebensnotwendig (Zellaufbau).
– Ein Vermindern des Fettanteils der Nahrung unter 30 %
bringt keinerlei gesundheitliche Vorteile.

Die Folgen eines Fettmangels: Wenn also im Rahmen einer Diät nur sehr wenig Fett aufgenommen wird und dies längere Zeit anhält, ist zum einen mit einer Unterversorgung an wichtigen Vitaminen zu rechnen. Außerdem fehlen essentielle Fettsäuren, was den Zellaufbau stören kann, sichtbar beispielsweise an trockener, rissiger Haut. Das Essen wird schließlich auch nicht mehr besonders schmecken und es kann sich ein gesteigerter Appetit auf aromatische Nahrung entwickeln.

Kohlenhydrate sind der wichtigste „Brennstoff" für die schnelle Bereitstellung von Energie im Gehirn wie auch in der Muskulatur. Die Folgen eines Kohlenhydratmangels: Werden in der Nahrung zu wenig Kohlenhydrate zugeführt, wird der Körper gezwungen, Glucose aus Eiweiß herzustellen. In der Folge müssen sich Gehirn und Muskulatur auf Fett und Fettabbaustoffe als Energielieferanten umstellen. Beispielsweise beeinträchtigt bei Sportlern kohlenhydratarme Ernährung die Ausdauerleistung. Darüber hinaus wird im Gehirn die Produktion bestimmter Nervenüberträgerstoffe verringert, was sich negativ auf Stimmung, Wohlbefinden und Schlaf auswirken kann. Auch ein Heißhunger auf Süßigkeiten kann entstehen.

Die im **Eiweiß** enthaltenen Aminosäuren sind die wichtigsten Bausteine für alle Körperzellen. Die Folgen von Eiweißmangel: Eiweißmangel kann zu schweren Beeinträchtigungen fast aller körperlicher Funktionen führen. Wird Eiweiß im Überschuß zugeführt, wird es im Körper hauptsächlich als Brennstoff umgewandelt, was jedoch keinerlei gesundheitlichen Vorteile bietet.

In einer ausgewogenen Ernährung sollten auch ausreichend Ballaststoffe, Vitamine und Mineralstoffe enthalten sein. Dies gelingt am einfachsten bei einer abwechslungsreichen Ernährung. Dazu stellen die Therapeuten die 7 Lebensmittelgruppen vor, die in der „Informationsbroschüre: Ernährung" beschrieben sind.

Es ist außerdem wichtig, daß sich viel frische Lebensmittel wie Obst und Gemüse im täglichen Ernährungsplan finden. Aber es sollten auch Süßigkeiten, Teigwaren und fette Speisen enthalten sein, um einen Heißhunger auf diese Nahrungsmittel zu verhindern. An dieser Stelle können die Therapeuten einige Beispiele für ausgewogene Mahlzeiten vorstellen (siehe „Informationsbroschüre: Ernährung").

Es ist günstig, pro Tag mindestens eine warme Mahlzeit einzunehmen, weil dies eine sehr viel breitere Palette von Nahrungsmitteln ermöglicht. Die Mahlzeiten werden so ausgewogener. Viele Menschen berichten auch, daß sie sich nach einer warmen Mahlzeit besser gesättigt fühlen und das Gefühl der Sättigung länger anhält. Generell gilt: Mahlzeiten, die aus unterschiedlichen Nahrungsmitteln zusammengestellt sind, werden vom Körper langsamer aufgenommen und bieten so die beste Voraussetzung für eine gleichmäßige Energie- und Nährstoffversorgung. Die Sättigung hält länger an. Zur Vervollständigung dieser Informationen wird die „Informationsbroschüre: Ernährung" ausgeteilt. Sie soll bis zur nächsten Sitzung gelesen werden.

4. Planung eines strukturierten Eßtages

Die Hauptarbeit der heutigen Sitzung ist der Planung eines strukturierten Eßtages gewidmet. Der Therapeut sollte die Wichtigkeit dieser Aufgabe ganz deutlich unterstreichen und darauf hinweisen, welche Bedeutung strukturiertes Essen für die Reduktion der Heißhungeranfälle und im Hinblick auf die Normalisierung des Stoffwechsels (Hypometabolismus, Set-point) hat. Normal essen lernen ist eine Grundvoraussetzung bei der Behandlung der Bulimie. Wichtig für diesen Therapieschritt ist, daß der Therapeut die Ernährungsprotokólle der einzelnen Patientinnen genau durchgearbeitet hat, um ihnen Rückmeldung über ihr Basiseßverhalten geben zu können.

Die Erarbeitung eines strukturierten Eßtages geschieht am besten in Kleingruppen von 3-4 Patientinnen. Aufgrund des gemeinsam erarbeiteten Vorschlags soll sich jede Patientin einen eigenen Essensplan für einen Tag zusammenstellen, der für sie realistisch ist. Der Therapeut sollte dabei zunächst möglichst wenig eigene Vorschläge bringen, er kann aber beispielsweise anregen, auf „günstigen" Tagen aus den Ernährungsprotokollen aufzubauen. Wichtiger als eine ernährungsphysiologisch optimale Planung ist bei diesen ersten strukturierten Eßtagen, daß sie für die Patientinnen durchführbar sind. Der Therapeut achtet also besonders darauf, daß die Vorschläge der Patientinnen hinsichtlich Menge, Zusammensetzung und zeitlicher Abfolge auch realisierbar sind. Die geplanten Mahlzeiten müssen in den sonstigen Tagesplan (z.B. Arbeitsbedingungen) passen. In der Gruppe wird ein exemplarischer Tag vorgestellt und gemeinsam diskutiert.

In der **Einzeltherapie** sollte die Patientin zunächst einen eigenen, für sie realistischen Vorschlag machen, der anschließend mit dem Therapeuten durchgesprochen wird.

Tabelle 2 zeigt ein kommentiertes Beispiel für die erstmalige Planung eines strukturierten Eßtages durch Patientinnen.

5. Übung: Suchen einer individuellen Belohnung

Im nächsten Schritt sucht sich jede Teilnehmerin eine individuelle Belohnung, mit der sie sich selbst verstärken kann, wenn es ihr gelungen ist, ein Tag lang wie geplant, strukturiert zu essen. Die meisten Patienten scheuen das Selbstlob und die Selbstverstärkung. Sie halten diese Technik der Selbstkontrolle für moralisch verwerflich und sozial sanktioniert. Der Therapeut sollte deswegen nicht versäumen, den Sinn von Belohnungen genau und umfassend darzustellen. Das kann folgendermaßen geschehen:

Wir haben gehört, daß eines der wichtigsten Lernprinzipien das Lernen durch Konsequenzen ist: Verhalten festigt sich am besten, wenn es durch positive Konsequenzen verstärkt wird. Wir haben weiter beobachten können, daß auch die

Tabelle 2. Beispiel für die erste Planung eines „strukturierten Eßtages" mit Kommentar

Uhrzeit Ort	Art und Menge der Nahrungsmittel und Getränke	
Zu Hause, 7.15	2 Vollkornsemmeln mit Frischkäse 1 Tasse Kaffee m. Milch 1 kleines Stück Puffreis mit Schokolade	Kommentar:
Zu Hause, vorbereitet 9.30	3 Eßlöffel Reis gekocht mit 1/2 Banane 2 Eßlöffel Joghurt Weizenkleie	Günstig: – zeitliche Struktur – Süßigkeiten enthalten – Zusammensetzung: aus- reichender Kohlenhydrat- gehalt
Zu Hause, 11.30	1 Roggensemmel 1 Hirsepflänzchen mit Tofu 1 Vanillejoghurt 1/2 Waffel 1 Tasse Kaffee	– eine warme Mahlzeit da- bei Ungünstig: – vegetarisch (?)
Zu Hause, 15.30	1 Stück Apfelkuchen 1 Tasse Kaffee mit Milch	– keine ganzen Portionen: 1/2 Banane, 1/2 Waffel – es fehlen Getränke außer Kaffee (?)
Zu Hause, 18.30	1 Teller Gemüsesuppe mit Reis Ca. 8 Salzstangen	– 8 Salzstangen (?)

Bulimie – sowohl das Essen als auch das Erbrechen – eine ganze Reihe positiver Konsequenzen hat. In der letzten Sitzung haben wir diese Vorteile der Bulimie gesammelt: Das Essen schmeckt, stillt momentan den Hunger, auch den emotionalen Hunger, lenkt von unangenehmen Gefühlen oder Gedanken ab usw. Das Erbrechen hilft gegen die Angst dick zu werden, hinterläßt ein Gefühl der „Reinigung" und wird von angenehmer Erschöpfung gefolgt. Sie lassen die vielen langfristig unangenehmen negativen Folgen im Moment des Tuns unbedeutend erscheinen. Wenn Sie lernen wollen, ohne Bulimie zu leben, fallen diese positiven Konsequenzen erst einmal weg. Positive Effekte des neuen Verhaltens zeigen sich möglicherweise nicht sofort. Das liegt vor allem daran, daß Sie gerade anfangs die neuen Verhaltensweisen noch nicht so gut beherrschen, beziehungsweise langfristig noch keine durchgreifenden Änderungen erzielt haben. Um sich das Lernen zu erleichten, müssen Sie also selbst ganz gezielt positive Konsequenzen setzen. Sie sollten diese positiven Konsequenzen dann setzen, wenn Sie etwas so geändert haben, wie Sie es wollten. Viele Menschen setzen diese Methode unbewußt ein, wenn sie sich zum Beispiel für einen erfolgreichen Arbeitstag selbst loben und sich einen Kinobesuch gönnen. Hier in der Therapie werden wir diese Methode ganz bewußt anwenden.

Die Patientinnen werden nun aufgefordert, sich eine Belohnung zu überlegen und der Gruppe vorzustellen. Bei der Auswahl der Belohnung sollten sich die Therapeuten anfangs nicht mit dem „gedachten" Lob zufrieden geben. Das gedachte Lob ist schwer zu überprüfen. Es folgt – wenn die Teilnehmerin die Selbstbelohnung noch nicht gelernt hat – nicht sofort auf die zu belohnenden Verhaltensweisen. Außerdem ist der subjektive Wert des gedachten Lobs nicht bekannt, nur zu leicht kann es durch ein „ja – aber" relativiert werden. Zu Beginn der Therapie ist die Verstärkung also etwas Materielles oder eine angeneh-me Beschäftigung. Die Teilnehmerin sucht sich möglichst etwas aus, das sie selbst realisieren kann. Sie wird dadurch von Fremdverstärkung und dem „good will" anderer unabhängig. Häufige Einwände können die Therapeuten mit folgenden Argumenten entkräften:

- „Es zu schaffen, ist Belohnung genug".
  Der Therapeut kann beispielsweise auf folgende zwei Gründe hinweisen: (1) Belohnung soll deutlich markieren, daß die Patientin selbst etwas getan hat, was sie vor sich gut findet. (2) Die Belohnung soll dabei helfen, mit der Ände-rung auch positive Gefühle zu verknüpfen. Das ist ganz besonders dann not-wendig, wenn mit der Änderung auch Ängste verbunden sind.
- „Ich gönne mir auch so alles".
  Die Patientin sollte daran denken, daß sie im Sinne ihres Zieles effektiver sein wird und es die Durchführung der einzelnen Schritte erleichtern wird, wenn sie die Belohnung wirklich den Handlungen folgen läßt. Sonst belohnt sie sich vielleicht für ein Verhalten, das sie gar nicht zeigen wollte. „Frustkäufe" nach depressivem Grübeln und Vermeidung sozialer Kontakte wären hierfür ein Beispiel. Außerdem kann sie sich dann auch bei unangenehmen Aufgaben auf etwas freuen.
- „Ich weiß nicht, womit ich mich belohnen soll".
  Der Patientin kann deutlich gemacht werden, daß es ihr offensichtlich schwer fällt, sich selbst um ihr Wohlergehen zu kümmern und sich selbst keine Freu-de machen kann. Sie behandelt sich damit möglicherweise schlechter als ande-re Menschen. Es kann auf die letzte Übung hingewiesen werden, bei der es für die Patientin vielleicht angenehm war, eigene positive Eigenschaften anzu-sprechen. Schwierigkeiten in diesem Bereich können auch als Hinweis darauf gedeutet werden, daß die Patientin Selbstbelohnung als Möglichkeit zur Erlangung von Zufriedenheit gar nicht kennt. Jetzt hat sie die Gelegenheit es auszuprobieren.
- „Ich möchte mich mit Essen belohnen".
  Der Therapeut weist darauf hin, daß die Vorteile der Bulimie ja schon heraus-gearbeitet wurden. Die Patientin nimmt an der Therapie aber teil, um die Buli-mie nicht mehr als Belohnung in belastenden Situationen einsetzen zu müssen. Daher sollte der Therapeut immer auf einer alternativen Belohnung bestehen.

6. Vertragsmanagement: Vertrag zum strukturierten Eßtag

Für die Veränderung des Eßverhaltens hat sich ein Vertragsmanagement beson-ders bewährt. Die Ausformulierung eines Vertrages ermöglicht, besonders kom-plexe Verhaltensweisen in konkrete Schritte zu untergliedern und eindeutige, nachvollziehbare Kriterien für einen Erfolg festzulegen. Erfolge können im

Nachhinein nicht geschmälert werden. In einem Vertrag über „strukturierte Eßtage" legt die Teilnehmerin fest, welche Veränderungen ihres Eßverhaltens sie durchführen möchte. Die Vorgaben auf dem Vertragsformular reichen von „strukturiert essen" (drei Haupt- und zwei Zwischenmahlzeiten etc.) bis zur Reduktion von Abführmitteln. Die Teilnehmerin schlägt ein eigenes Änderungstempo vor, das in der Gruppe / Kleingruppen diskutiert und bestätigt wird. Sie legt fest, womit sie sich bei Gelingen belohnt und wozu sie sich verpflichtet, falls das Unterfangen fehlschlägt. In späteren Sitzungen wird der Therapeut bei der Besprechung der Hausaufgaben diesem Punkt kaum Beachtung schenken. Um den Wert des Vertrages und die Ernsthaftigkeit des Vorhabens zu dokumentieren, ist aber auch die Festlegung negativer Konsequenzen nützlich. Die Verträge können den Teilnehmerinnen wie folgt erklärt werden:

Die schriftlichen Verträge sind dazu da, daß Sie sich Ihres Vorhabens genau erinnern, das Erreichte nicht im Nachhinein schmälern und sich in Ihrem Vorsatz auch ernst nehmen können. Wir möchten Sie nun zum Schluß noch bitten, festzulegen, was Sie tun werden, wenn Sie es nicht geschafft haben den Eßtag so durchzuführen, wie Sie es sich vorgenommen haben. Am besten Sie nehmen sich etwas vor, das Ihnen schwerfällt, Sie also schon immer einmal versuchen wollten, z.B. jemanden daran erinnern, daß er Ihnen Geld schuldet. Oder Sie können sich auch verpflichten, zehn Mark in unsere Gemeinschaftskasse oder an eine gemeinnützige Vereinigung zu zahlen. Die Verpflichtung hat den Sinn, daß sich sich selbst genau Rechenschaft ablegen können, wie ernsthaft und wichtig Ihnen der Vertrag ist, bzw. wie wichtig es Ihnen ist, wieder richtig essen zu lernen.

Die Therapieverträge werden ausgeteilt, ausgefüllt und unterschrieben.

7. Hausaufgaben

- Der strukturierte Eßtag wird wie geplant durchgeführt.
- Für den strukturierten Eßtag wird ein Ernährungstagebuch geführt.
- Die „Informationsbroschüre: Ernährung" soll bis zur nächsten Sitzung durchgelesen werden.
- Verbotene Nahrungsmittel sammeln. Die „verbotenen" Nahrungsmittel, die normalerweise gemieden, in Eßanfällen aber oft in großen Mengen verzehrt werden, soll jede Patientin aufschreiben, um sie ab der nächsten Sitzung schrittweise in die strukturierten Essenspläne aufnehmen zu können.

8. Blitzlicht

Mögliche Schwierigkeiten

- Patientinnen haben generell Angst vor einer Essensumstellung:
  Die Angst vor einer Essensumstellung ist ein Kernpunkt der Therapiemotivation der Patienten. Es ist genau zu eruieren, welche Vorstellungen und Ängste die Patienten haben, wenn sie an die Umstellung ihrer Ernährung denken. Im

einzelnen werden folgende Probleme häufig genannt:

- Es besteht die Angst, unkontrollierbar zuzunehmen: Hier kann eine kognitive Strategie zur Umstrukturierung irrationaler Ideen eingesetzt werden. Diese Angst beruht auf unbegründeten, voreiligen Schlußfolgerungen und unzureichenden Beweisen – die Patientinnen haben eine Ernährungsumstellung bis jetzt ja noch nicht versucht. Zunächst macht der Therapeut klar, daß das Therapieziel nicht in „Übergewicht" besteht und das Programm nicht so angelegt ist, Übergewicht zu erzeugen. Die in Heißhungeranfällen verzehrten Kalorien, die trotz Erbrechen zumindest teilweise vom Körper aufgenommen wurden, können aufgerechnet werden gegen eine strukturierte Tagesration. Die regelmäßige Ernährung reduziert darüber hinaus auch Heißhungergefühle und vermindert so das Anfallsrisiko. Schließlich kann man mit den Patientinnen eine Experimentalzeit vereinbaren. Sie sollen eine angemessene Zeitspanne angeben (3-4 Monate), in der sie die Ernährungsumstellung ausprobieren und beobachten, was mit ihrem Körper passiert und wie sich diese Veränderung auf ihr Leben auswirkt. Wenn sie nach dieser Zeit immer noch glauben, mit Bulimie besser zurecht zu kommen, können sie wieder Fasten, Eßanfälle und Brechen abwechseln.

- Warme oder ungewohnte Nahrung könnten Übelkeit, Blähungen oder Magenbeschwerden bereiten: Bei vielen Patientinnen werden tatsächlich solche Symptome auftreten. Die Ursache dafür ist die erworbene Magen-Darm-Trägheit. Darauf sollte man die Patientinnen vorbereiten. Gleichzeitig können milde Mittel gegen Blähungen oder einfache Hilfen wie eine Wärmeflasche und das Öffnen zu enger Kleidung empfohlen werden. Es ist ganz wichtig, den Patientinnen zu sagen, daß diese Symptome nichts Ungewöhnliches sind: *„Ihr Magen und Ihr Darm sind jetzt daran gewöhnt, die aufgenommene Nahrung gleich wieder loszuwerden. Es wird vielleicht ein oder zwei Wochen bei normaler Ernährung dauern, bis sich Magen und Darm wieder umgestellt haben. Es ist außerdem nicht ungewöhnlich, daß Sie nach einer Mahlzeit ein Völlegefühl verspüren. Der Magen ist ein Speichermuskel, der sich dehnt, um die aufgenommene Nahrung zu speichern, bis sie verdaut ist. Daher ist bei den meisten Menschen der Bauch nach dem Essen etwas dicker als vorher. Dieses Völlegefühl ist ganz natürlich, es vergeht nach etwa einer halben Stunde und Sie werden es aushalten können."* Solche Mißempfindungen sind ein guter Übungsanlaß zu lernen, unangenehme Empfindungen auch auszuhalten.

- Das Argument Zeitmangel: Zunächst kann exploriert werden, ob die neue Art der Ernährung tatsächlich mehr Zeit benötigt als die alte. Die Patientin sollte sich überlegen, wieviel Zeit sie bisher für Eßanfälle oder Diätversuche gebraucht hat. Sicher ist allerdings, daß es Zeit kosten wird, einzukaufen, zu kochen, zu essen und aufzuräumen. Und in der Phase der Umstellung wird dazu mehr Zeit nötig sein als später, wenn diese Art der Ernährung Routine geworden ist. Ein Vergleich bietet sich hier an, beispielsweise mit dem Erlernen eines Instruments oder des Autofahrens. Wichtig ist es, die Ernährung angemessen in den Tagesablauf einzuplanen. Gelingt dies nicht, kann einfach die Planung schlecht sein. Manchmal mag es darüber hinaus nötig sein, den ganzen Tagesablauf neu zu überdenken. Ergeben sich aus der Ernährungsumstrukturierung grundsätzliche Überlegungen zur Lebensführung, sollten diese in konkrete Therapieziele übersetzt werden, die dann im zweiten Teil der Therapie behandelt werden.

- Das Argument Aufwand oder „für mich allein koche ich nicht": Hier können die Therapeuten nachfragen, warum sich die Patientin schlechter als andere behandelt. Es kann auch dargestellt werden, daß es genauso wichtig und befriedigend wie die tägliche Körperpflege sein kann, sich selbst Nahrung zuzubereiten, sprich für sich zu kochen. Mit der Patientin sollten auch die Möglichkeiten für soziales Essen besprochen werden. Außerdem kann das Argument auch ein Hinweis dafür sein, daß die Patientin grundsätzlich mit dem Alleineleben nicht zufrieden ist.

– Es gibt Widerstand gegen Ernährungsplanung: Verschiedentlich entgegnen Patientinnen, sie seien sowieso den ganzen Tag mit Essen beschäftigt und dächten an nichts anderes. Wenn sie jetzt zu planen anfingen, würden sie die Beschäftigung noch intensivieren. Verschiedene Beispiele können die neue und andere Qualität dieser Planung im Unterschied zur bulimischen oder anorektischen Beschäftigung mit Essen verdeutlichen. Der Therapeut kann beispielsweise die Patientinnen auffordern, den Rest des Tages nicht mehr an die Zahl 5 zu denken. Der Erfolg wird sein, daß die Patientin ständig an die Zahl 5 denkt. Ganz genauso ist es mit dem Essen. Die Patientin versucht verzweifelt, nicht daran zu denken – und denkt ständig daran, da sie sich überprüfen und kontrollieren muß. Ein weiteres Beispiel kann deutlich machen, wie eine abgeschlossene Planung und Ausführung Zeit für andere Gedanken schafft. Wenn jemand eine Aufgabe vor sich hat, beispielsweise einen schwierigen Brief zu schreiben, wird er den ganzen Tag durch verschiedene Hinweisreize immer wieder an diese unerledigte Arbeit erinnert. Vielleicht kann er nachts nicht schlafen, weil er immer daran denkt: „Ich muß das noch erledigen". Wenn jedoch ein konkreter Plan mit genauen Zeit-, Orts- und Tätigkeitsangaben besteht, können die einzelnen Schritte erledigt werden, ohne daß die Aufgabe wie ein drohender Schatten die ganze Aufmerksamkeit und alle Gedanken in Beschlag nimmt.

– Verträge – wozu? Gelegentlich fragen Teilnehmer, wozu sie Verträge unterzeichnen sollen. Es sollte nochmal erklärt werden, daß die Verträge Vereinbarungen sind, in denen die Teilnehmer selbst explizit das Verhaltensziel festlegen, und was sie sich dafür zugestehen. Die Teilnehmer können dann hinterher nicht die Ansprüche, die sie an sich selbst gestellt haben, willkürlich verschieben ohne sich diese Tatsache klar zu machen. Mit den Verträgen haben sie ein Mittel, sich selbst und ihre Versprechen sich selbst gegenüber wirklich ernst zu nehmen. Man kann den Teilnehmern auch sagen, daß das Aufschreiben anfangs das Vorgehen besser markieren kann; später sei es dann nicht mehr nötig.

5. Sitzung

Überblick

Ziele

- Verdeutlichung der funktionalen Bedeutung von Dick- und Schlanksein
- Förderung des strukturierten Essens

Ablauf der Sitzung

1. Teilnehmervortrag — Zusammenfassung der letzten Sitzung
2. Übung 1 — Wiegen
3. Übung 2 — Die „Dick-Dünn-Übung"
   - Entspannungsinduktion
   - Phantasiereise: starke Gewichtszunahme
   - Phantasiereise: starke Gewichtsabnahme
   - Vergegenwärtigen der emotionalen, sozialen und verhaltensmäßigen Konsequenzen der Gewichtsänderung
   - Reflexion der Erfahrungen
4. Hausaufgabenbesprechung 1 — strukturierter Eßtag
   - Positive Erfahrungen mit strukturiertem Essen
   - Belohnungen
5. Hausaufgabenbesprechung 2 — „Verbotene" Nahrungsmittel
6. Vertragsmanagement — Planung strukturierter Eßtage
7. Hausaufgaben
   - Durchführen des strukturierten Eßtags
   - Protokollieren des strukturierten Eßtags
8. Blitzlicht

Vorbereitung und Materialien

Waage, Gewichtsdokumentation, Unterlagen zum Basiseßverhalten der einzelnen Teilnehmerinnen, Formblatt „Mein strukturierter Eßtag" (s. Anhang 3), Formblatt „Vereinbarung über einen strukturierten Eßtag" (s. Anhang 3)

Therapeutisches Vorgehen

1. Teilnehmervortrag: Zusammenfassung der letzten Sitzung

2. Übung 1: Wiegen

Wenn es keine größeren Schwierigkeiten mit dem Wiegen mehr gibt, sollte es möglichst rasch durchgeführt werden und das Gewicht der einzelnen Teilnehmerinnen in die Gewichtstabelle eingetragen werden. Dem Wiegen sollte von den Therapeuten nicht zuviel Wichtigkeit beigemessen werden, es wird als routinemäßiger Bestandteil der Therapiesitzungen dargestellt. In späteren Sitzungen kann dann die Gewichtsentwicklung zur Kontrolle bekannt gegeben werden (vgl. Sitzung 12).

3. Übung 2: Die „Dick-Dünn-Übung"

Die Dick-Dünn-Übung nach Orbach (1984, Antidiätbuch) kann den Patientinnen helfen, zu verstehen, wie sie sich über ihren Körper ausdrücken und welche emotionalen Inhalte sie mit den verschieden Körperformen verbinden. Sie ermöglicht ein besseres Verständnis für die funktionale Bedeutung von Dick- oder Schlanksein in sozialen Kontexten. Außerdem ist sie Bestandteil der kognitiven Umstrukturierung, indem irrationale Gedanken exploriert und zu Ende gedacht werden. Schließlich stellt sie eine Reizkonfrontationsübung in der Vorstellung dar, bei der sich die Patienten in entspanntem Zustand den ängstigenden Vorstellungen nähern.

Instruktion:
Setzen Sie sich so bequem hin wie möglich – suchen Sie die bequemste Haltung, die Sie finden können. Wenn Sie möchten, können Sie die Augen schließen und auf den Atem achten. Lassen Sie Ihren Atem ruhig und gleichmäßig fließen. Ein-... und ausatmen... ein-... und ausatmen... Achten Sie darauf, wieweit Sie sich entspannen.

Stellen Sie sich jetzt vor, wie Sie auf eine Party gehen. Es kann eine große oder eine kleine Party sein, eine, auf der Sie schon einmal waren oder eine, die Sie jetzt erfunden haben. Stellen Sie sich vor, wie Sie hinkommen... Welche Leute sind auf der Party, wie gehen die Leute auf Sie zu, wie gehen Sie auf die Leute zu? Was haben Sie angezogen? Haben Sie sich geschminkt?... Gibt es Musik auf der Party? Gibt es etwas zu essen? Zu trinken? Wie riecht es? Wie verhalten Sie sich auf der Party? Reden Sie mit jemandem, was nehmen Sie von den Menschen und der Umgebung wahr?

Stellen sie sich nun vor, wie Sie mit jedem Atemzug zunehmen! Noch ein Kilogramm, und noch ein Kilogramm, und noch ein Kilogramm, bis Sie richtig fett sind. Jetzt sind Sie also sehr, sehr dick. Richten Sie Ihre Aufmerksamkeit wieder auf die Party: Wie fühlen Sie sich jetzt? Hat sich Ihre Kleidung verändert? Wie begegnen Sie nun anderen Menschen – wie begegnen andere Menschen Ihnen? Sprechen Sie? Tanzen Sie? Gibt es etwas zu essen? Nehmen Sie davon?

Überlegen Sie alle positiven Seiten, die das Dicksein für Sie hat! Welche Vorteile haben Sie davon? Stellen Sie sich alle Nachteile vor, die das Dicksein für Sie hat. Was sind eher negative Seiten des Dickseins für Sie? Was kann Ihr Dicksein zu den anderen Menschen auf der Party sagen?

Stellen Sie sich nun vor, wie Sie mit jedem Atemzug dünner werden! Das Fett schmilzt an Ihnen richtig ab. Sie werden immer schlanker und schlanker, jetzt sind Sie schon ganz dünn. Wenden Sie sich wieder der Party zu. Es ist immer noch die gleiche Party. Wie fühlen Sie sich jetzt? Wie begegnen Sie jetzt den anderen Menschen, wie begegnen die anderen Menschen Ihnen? Was haben Sie an? Was tun Sie? Essen Sie etwas? Trinken Sie etwas? Tanzen Sie? Reden Sie?

Welche negativen Seiten hat das Dünnsein für Sie? Welches sind die Nachteile des Dünnseins für Sie? Welches sind die Vorteile? Sammeln Sie in Ihrem Gedächtnis alle Vor- und Nachteile des Dünnseins. Was kann das Dünnsein den anderen Menschen sagen?

Sie bemerken nun, wie Sie wieder zunehmen und Ihr jetziges Gewicht und Ihre jetzige Figur wieder erreichen. Vergleichen Sie nochmal in Gedanken die beiden Körperzustände auf der Party: Wie Sie sich fühlten, als Sie dick waren. Wie Sie sich fühlten, als Sie dünn waren. Wie sich im Vergleich jetzt dazu fühlen.

Kommen Sie dann allmählich wieder zurück. Ballen Sie beide Hände zur Faust, atmen Sie tief durch und machen Sie die Augen auf.

Es werden folgende Fragen besprochen:

- *Beschreiben Sie Ihre Gefühle, Gedanken und Ihr Tun in beiden Zuständen – als Sie dick und als Sie dünn waren.*
- *Was sagt das Dicksein den anderen Menschen?*
- *Was sagt das Dünnsein den anderen Menschen?*
- *Welche Vorteile hat das Dicksein für Sie?*
  Welche Nachteile hat das Dicksein für Sie?
- *Welche Vorteile hat das Dünnsein für Sie?*
  Welche Nachteile hat das Dünnsein für Sie?

Es gibt immer Patientinnen, die sich der Vorstellung so weit stellen konnten, daß sie Vor- und Nachteile des Dickseins oder den Mitteilungswert des Körpers äußern können. Wenn Patientinnen dazu noch nicht in der Lage sind, also z.B. „Dicksein nur entsetzlich" finden und „Dünnsein gut", kann man dies zu diesem Zeitpunkt der Therapie auf sich beruhen lassen. Es kann die Aufforderung folgen, die Übung gelegentlich zu wiederholen. Zur kognitiven Umstrukturierung der Einstellungen zu „dick sein" und „endlos zunehmen" wird das Thema wieder aufgegriffen und dann systematisch bearbeitet.

4. Hausaufgabenbesprechung: strukturierter Eßtag

Jede Teilnehmerin schildert kurz, wie es ihr bei der Durchführung der strukturierten Eßtage ergangen ist. Die Therapeuten sollten darauf achten, daß sie immer zuerst eine konkrete positive Rückmeldung geben. Wenn eine Teilnehmerin klagt, sie habe überhaupt nicht strukturiert essen können, sollte nach gelungenen Teilaspekten gefragt werden, die fast immer vorhanden sind. Zum Beispiel hat die Patientin wenigstens eine Mahlzeit wie geplant durchgeführt, oder sie hat die zeitliche Mahlzeitenstruktur des Tages eingehalten oder sich erstmals an eine warme Mahlzeit getraut. Die Patientinnen können sich häufig über kleine Teilerfolge nicht freuen, weil sie unrealistische Ansprüche an sich selbst haben und im Anfangsstadium der Therapie noch sehr in einer negativen Selbsteinschätzung verwoben sind. Daher ist es wichtig, die gelungenen Schritte zu verstärken. In der Gruppentherapie sollten alle Teilnehmerinnen zum Lob motiviert werden. Hat eine Teilnehmerin tatsächlich nichts verändert oder auch nur versucht – was sehr selten vorkommt – wird exploriert, woran es gelegen hat. Möglicherweise war das Ziel falsch gesteckt oder es sind Einwände gegen Planung und Umstrukturierung noch nicht hinreichend geklärt. Bei der neuen Planung sollte dann ganz besonders auf ein realistisches Ziel geachtet werden.

Die Therapeuten sollten vor allem nachfragen, ob die Patientinnen sich bei Erreichen des gesteckten Ziels wie vereinbart belohnt haben. Gegebenenfalls bestehen sie auf Einhaltung der im Vertrag festgelegten Selbstverstärkung.

5. Hausaufgabenbesprechung 2: „verbotene" Nahrungsmittel

Ziel dieser Übung ist es, sogenannte „verbotene" Nahrungsmittel zu identifizieren, um sie dann im Rahmen des Ernährungsmanagements ganz bewußt schrittweise in die Ernährungspläne aufzunehmen. Bestimmte Nahrungsmittel werden außerhalb der Eßanfälle von fast allen Patientinnen gemieden, weil sie als „Dickmacher" gelten (Kuchen, Schokolade und andere Süßigkeiten, Kartoffeln, Reis, Nudeln). Manche Patientinnen essen kein Fleisch, nicht, weil sie Vegetarierinnen sind, sondern weil sie denken, daß Fleisch zuviel Fett enthalte. Zu den verbotenen Nahrungsmitteln gehören häufig auch Früchte wie Avokados, Oliven oder Bananen. Die „verbotenen" Nahrungsmittel, die jede Patientin sich zu Hause aufgeschrieben hat, werden gesammelt, die Therapeuten schreiben sie an die Tafel. Es folgt eine Diskussion darüber, warum diese Nahrungsmittel „verboten" sind und welche Vorstellungen über die Wirkung oder Schädlichkeit dieser Lebensmittel bestehen, z.B. wie sie „dick machen" können. Bereits hier kann deutlich gemacht werden, daß die Gewichtszunahme Folge einer Nahrungsaufnahme ist, die langfristig über den tatsächlichen Energieverbrauch hinausgeht.

6. Vertragsmanagement: Planung strukturierter Eßtage

In Kleingruppen (**Einzeltherapie**: gemeinsame Planung von Patientin und Therapeut) wird wieder ein strukturierter Eßtag für jede Patientin erarbeitet. Der heutige Essensplan sollte über den vorhergehenden schon etwas hinausgehen. Je nach Basiseßverhalten kann entweder ein größerer Zeitraum geplant werden oder die einzelnen Nahrungsmittelmengen werden erweitert. Schrittweise werden „verbotene" Nahrungsmittel in die Pläne aufgenommen. Wieder ist es sinnvoll, wenn der Therapeut den Teilnehmerinnen Rückmeldung über ihr Basiseßverhalten, das sie in den Ernährungsprotokollen gezeigt haben, geben. Anschließend (bei Gruppentherapie in der Großgruppe) nennt wieder jede Teilnehmerin eine Belohnung für die erfolgreiche Durchführung des strukturierten Essens. Alle Teilnehmerinnen füllen einen Therapievertrag aus.

7. Hausaufgaben

– Durchführung des strukturierten Eßtages wie erarbeitet.
– Ernährungsprotokoll für den strukturierten Eßtag führen.

8. Blitzlicht

Mögliche Schwierigkeiten

– Eine Patientin hält bei der Planung an minimalen Mengen bzw. einseitiger Ernährung (z.B. nur Obst und Gemüse) fest: Der Therapeut sollte nochmals sehr genau die Hinderungsgründe für eine Verhaltensänderung explorieren. Äußert die Patientin starke Angstgefühle vor einer Gewichtszunahme, so kann auf den „Experimentalcharakter" der Umstellung des Eßverhaltens hingewiesen werden. Außerdem besteht die Sicherheit, eine starke Gewichtszunahme durch das wöchentliche Wiegen kontrollieren zu können. Wird Angst vor Beschwerden wie Völlegefühl oder Blähungen geäußert, gilt, was im Abschnitt „Mögliche Schwierigkeiten" der letzten Sitzung ausgeführt wurde.
– Automatisches Erbrechen: Bei manchen Patientinnen ist das Erbrechen so reflexhaft eingeübt, daß es ihnen schwerfällt, vor allem warme Nahrung zu behalten. Zunächst sollten Einwände exploriert werden, die ein Aushalten des Brechreizes betreffen. Die Patientin kann dann ermutigt werden, bei Nahrungsmitteln, bei denen der Brechreiz gering ist, diesen auszuhalten und dabei zu beobachten, wie er sich verändert. Der Therapeut kann die Patientin auch direkt nach Ausnahmen fragen – wann schon einmal Nahrung im Magen geblieben ist. Sie wird zusätzlich angeregt, den genannten Vorgang genau zu beobachten – u.U. auch in der Sitzung selbst. Es können verschiedene Nahrungsmittel angeboten werden und die Erklärungen für den in der Sitzung mit Sicherheit verminderten oder fehlenden Brechreiz diskutiert werden.

6. Sitzung

Überblick

Ziele

- Förderung des strukturierten Essens
- Erweiterung der Variationsbreite der Nahrungsmittel
- Sensibilisierung für Hunger- und Sättigungssignale
- Korrektur irrationaler Einstellungen zu Nahrungsmitteln

Ablauf der Sitzung

1. Teilnehmervortrag	Zusammenfassung der letzten Sitzung
2. Hausaufgabenbesprechung/ Vertragsmanagement	strukturierte Eßtage
3. Exploration	Wahrnehmung von Hunger und Sättigung
4. Übung	Der provokative Satz „Fett ist gesund" – Sammeln von Zustimmungsratings – Sammeln von Pro- und Contra-Argumenten – Reflexion von Fehleinschätzungen
5. Vertragsmanagement	Planen strukturierter Eßtage / Verträge
6. Hausaufgaben	– Durchführen der strukturierten Eßtage – Protokollieren der strukturierten Eßtage – Sammeln der Signale für Hunger und Sättigung
7. Blitzlicht	

Vorbereitung und Materialien

Tafel, Klebepunkte, Rückmeldung über Eßverhalten, Formblätter und Verträge zum strukturierten Eßtag

Therapeutisches Vorgehen

1. Teilnehmervortrag: Zusammenfassung der letzten Sitzung

2. Hausaufgabenbesprechung: strukturierte Eßtage

Jede Teilnehmerin schildert kurz den Ablauf ihrer strukturierten Eßtage. Neben dem grundsätzlichen Prinzip der positiven Rückmeldung stellt der Therapeut besonders heraus, wenn vorher „Verbotenes" in den Ernährungsplan aufgenommen wurde. Der Therapeut fragt in dieser Sitzung explizit nach, ob die Teilnehmerinnen an den Tagen, an denen sie strukturiert gegessen haben, Hunger, Sättigung oder Mißempfindungen verspürt haben. Manchmal leiden Patientinnen unter relativ starken Blähungen. Hier sollte so vorgegangen werden wie im Abschnitt „Mögliche Schwierigkeiten" bei Sitzung 3 beschrieben.

3. Exploration / Hausaufgabenvorbereitung: Wahrnehmung von Hunger und Sättigung

Aus der Frage nach Hunger und Sättigung wird die Hausaufgabe für die nächste Sitzung entwickelt: Welche Signale gibt es für Hunger, welche für Sättigung? In den allermeisten Fällen können die Signale für Hunger und Sättigung zu diesem Zeitpunkt noch nicht sicher benannt und erlebt werden. Allerdings haben während strukturierter Eßtage viele Patientinnen weniger „Freßdruck" empfunden – waren also gesättigt. Die Unsicherheit in der Hungerwahrnehmung ist ein wichtiger Grund, die strukturierten Eßtage weiter durchzuführen: Im Moment muß die angemessene Ernährung weitgehend kognitiv geplant werden, weil sie sich noch nicht automatisch aus den Körpersignalen ergibt.

- Signale für Hunger können sein: Magenknurren, Magendruck, Leeregefühl im Magen, Übelkeit, Denken an Essen, Träumen von Essen, Appetit, Speichelfluß („das Wasser läuft im Mund zusammen"), Kopfschmerzen, Zittern, Schweißausbruch.
- Signale für Sättigung können sein: Appetitverlust, Völlegefühl, Wärmegefühl im Magen, Geschwindigkeitsreduktion beim Essen (längeres Kauen, kleinere Bissen, geringere Bissenfrequenz).

Häufig können Patientinnen Sättigung weniger gut wahrnehmen und beschreiben als Hunger. Resorptive Sättigung setzt meistens erst ca. 20 min. nach Beginn der Nahrungsaufnahme ein.

4. Übung: Der provokative Satz „Fett ist gesund."

Viele eßgestörte Patientinnen haben verzerrte Einstellungen zu bestimmten Lebensmitteln, manche Nahrungsmittel sind sehr stark angstbesetzt. Die folgende Übung dient dazu, diese Vorstellungen zu hinterfragen und Informationen bereitzustellen, die diese Einstellungen relativieren und so die Ängste verringern können. Eine Visualisierungsmethode ist geeignet, die Einstellungsänderung spielerisch in Gang zu setzen. Wir schlagen folgenden provokativen Satz vor: Fett ist gesund. Die Therapeuten schreiben diesen Satz an die Tafel und fordern die Teilnehmer auf, ihre Zustimmung oder Ablehnung des Satzes durch Klebepunkte auf der entsprechendem Skala zu markieren.

FETT IST GESUND

\+ +   +   −   --

Argumente für und gegen den Satz werden gesammelt und an der Tafel unter den jeweiligen Skalenpunkten angeschrieben. Man beginnt mit der Seite, die die meisten Punkte erhalten hat und wechselt dann zum gegenüberliegenden Skalenplatz. Einige Beispiele für die positiven Eigenschaften von Fett: Manche Aromastoffe kommmen erst durch Fett zur Geltung (Salat schmeckt nur mit Öl), manche Vitamine sind nur fettlöslich (Vitamin A), Fett enthält die lebenswichtigen Fettsäuren, kein anderer Makronährstoff liefert so viel Energie, Fett ist besonders in Notzeiten wichtig usw.

Als negative Argumente werden häufig genannt: Fett macht dick, fettes Essen ist an Arterienverkalkung schuld (Cholesterin), Fett enthält oft giftige Rückstände usw. In diesem Abschnitt können vielfältige Ernährungshinweise gegeben werden.

In der **Einzeltherapie** provoziert der Therapeut znächst ebenfalls mit dem Satz „Fett ist gesund", den er auf ein Blatt Papier schreibt. Die Patientin gibt Ihre Einschätzung über die Richtigkeit des Satzes und sucht anschließend − im Dialog mit dem Therapeuten die Argumente.

5. Vertragsmanagement: Planen strukturierter Eßtage

Die Erarbeitung neuer Ernährungspläne geschieht wieder in Kleingruppen (**Einzeltherapie:** individuell), in denen der Therapeut individuelle Rückmeldungen zum Eßverhalten gibt. Es ist sinnvoll, die Kleingruppen im Hinblick auf das Änderungstempo der einzelnen Teilnehmerinnen zusammenzustellen. Dadurch können Versagens- und Mißerfolgserlebnisse vermieden werden. Die Gruppenmitglieder sollten motiviert werden, sich gegenseitig dabei zu helfen, die Eßtage durchzuhalten. Eine Möglichkeit ist beispielsweise, daß eine Teilnehmerin die andere mittags anruft und nachfragt, ob es mit dem Mittagessen geklappt hat. Schwierigkeiten können so untereinander besprochen werden, man kann sich gegenseitig unterstützen. Jede Teilnehmerin soll sich mindestens zwei strukturierte Eßtage vornehmen, in denen auch bislang verbotene Nahrungsmittel enthalten sind. Im Plenum kann eventuell kurz das Beispiel einer Teilnehmerin exemplarisch diskutiert werden. Wie üblich werden Belohnungen vereinbart und die Verträge ausgefüllt.

6. Hausaufgaben

− Die strukturierten Eßtage werden wie besprochen durchgeführt.
− Für die strukturierten Eßtage wird ein Ernährungsprotokoll geführt.
− Die Patientinnen werden gebeten, bis zur nächsten Sitzung aufzuschreiben, welche Signale für Hunger und welche für Sättigung sprechen.

7. Blitzlicht

7. Sitzung

Überblick

Ziele

- Förderung des strukturierten Essens
- Signale für Hunger und Sättigung erkennen und von anderen Gefühlen differenzieren lernen

Ablauf der Sitzung

1. Teilnehmervortrag	Zusammenfassung der letzten Sitzung
2. Übung	Wiegen
3. Hausaufgabenbesprechung/ Vertragsmanagement	strukturierte Eßtage
4. Diskussion	Signale für Hunger und Sättigung
5. Vertragsmanagement	Planen von mindestens drei strukturierten Eßtagen für die folgende Woche
6. Hausaufgaben	– Durchführen von drei strukturierten Eßtagen
	– Protokollieren der drei strukturierten Eßtage
	– Erstellen von Austauschlisten für Haupt- und Zwischenmahlzeiten
	– Sammeln von Belastungssituationen, die Bulimie auslösen
	– Führen eines Stimmungstagebuches
7. Blitzlicht	

Vorbereitung und Materialen

Waage, Gewichtsdokumentation, Rückmeldung über Eßverhalten, Formblätter und Verträge zum strukturierten Eßtag, Befindlichkeitstagebücher (s. Anhang 1).

Therapeutisches Vorgehen

1. Teilnehmervortrag: Zusammenfassung der letzten Sitzung

2. Übung: Wiegen

Das Gewicht der einzelnen Teilnehmerinnen wird in der Gewichtstabelle notiert.

3. Hausaufgabenbesprechung / Vertragsmanagement: strukturierte Eßtage

Wie am Beginn jeder Ernährungsmanagementsitzung wird im Plenum kurz besprochen, wie die Teilnehmerinnen mit ihren strukturierten Eßtagen zurechtgekommen sind. In der letzten Sitzung hat der Therapeut empfohlen, daß die Patientinnen sich gegenseitig bei der Durchführung ihrer Ernährungspläne unterstützen sollten. Wie und ob diese gegenseitige Hilfe gelungen ist, sollte kurz angeschnitten werden. Explizit ist auch nachzufragen, welche „verbotenen" Nahrungsmittel bereits in die strukturierten Eßtage aufgenommen wurden.

4. Diskussion: Signale für Hunger und Sättigung

Thema der heutigen Sitzung ist die Wahrnehmung von Hunger und Sättigung. Die Hausaufgabe der letzten Sitzung hatte gelautet, alle möglichen Signale für Hunger und Sättigung zu sammeln und aufzuschreiben. Diese unterschiedlichen Indikatoren werden an die Tafel angeschrieben und gleichzeitig geordnet nach „Körpersignalen" und „Gedanken". Es läßt sich leicht feststellen, daß eßgestörte Patientinnen Hunger- und Sättigungsgefühle vor allem an Gedanken festmachen. Einige Beispiele, die sehr häufig genannt werden, sind:

Hunger: Jetzt habe ich schon ein paar Stunden nichts gegessen; jetzt sollte ich mir wirklich etwas gönnen; das sieht so lecker aus...

Sättigung: Die anderen hören auch auf zu essen; ich habe jetzt schon so und so viel gegessen, ich kann gar nicht hungrig sein; wenn ich noch mehr esse, werde ich zu dick...

Bei jedem dieser Vorschläge läßt der Therapeut diskutieren: Hat das wirklich etwas mit Hunger oder Sättigung zu tun, oder ist es nur die Vorstellung davon? Häufig berichten Patientinnen, daß unspezifische Körperempfindungen wie angespannte Erregung, aber auch Gefühle wie Traurigkeit, gereizte Unruhe, Frustrations- und Leeregefühle Essen auslösen. Gelegentlich werden solche Signale im Nachhinein als Hungersignale interpretiert: „Da muß ich ja wohl Hunger gehabt haben" oder „In solchen Situationen brauche ich etwas zu Essen". Es wird gemeinsam herausgearbeitet und diskutiert, welche der genannten Signale wirklich Hunger oder Sättigung anzeigen und welche vielmehr Antizipationen und Vorstellungen sind. Dabei ist es auch wichtig, kognitive Programme zu benennen, die dazu geführt haben, daß Patientinnen Hunger- und Sättigungsgefühle nicht mehr zulassen konnten und sie darüber verlernt haben. Solche Programme können z.B. sein: „Ich darf nie Hunger haben, weil ich sonst dick werde", „Ich muß meinen Körper beherrschen, also auch Hungergefühle", „Ich kann es nicht aushalten, satt und voll zu sein". Um näher an die körperlichen Signale heranzukommen, hilft die Frage, welche Nahrungsmittel besonders satt machen. Außerdem kann der Therapeut nachfragen, ob sie an den Tagen, an denen sie strukturiert essen, schon manchmal Hunger und Sättigung spüren können. Insgesamt wird aber für die meisten Patientinnen gelten, daß Körpergefühle Hunger und Sättigung noch nicht ausreichend signalisieren, um das Eßverhalten zu regulieren.

Der Therapeut interpretiert das so:
Es dauert einige Zeit, bis diese natürlichen Signale des Körpers, die Hunger und das Gefühl von Sattsein anzeigen, wieder spürbar sind. Dies geschieht nur nach einer längeren Periode, in der Sie strukturiert essen. Und das bedeutet, daß wir weiter Essenspläne ausarbeiten werden, bis Sie schließlich die ganze Woche über strukturiert essen und der Körper sich daran gewöhnen kann. Nach einiger Zeit werden dann die Körpersignale wieder ein normales Eßverhalten regulieren und Sie brauchen die feste Ernährungsstruktur nicht mehr.

Daneben gibt es noch andere Mechanismen, die möglicherweise zum Verlernen von Hunger- und Sättigungsempfinden geführt haben. Künstlich gesüßte Speisen können z.B. den Körper über den tatsächlichen Energiegehalt täuschen; Erbrechen kann dazu führen, daß der Magendehnung als einem Sättigungssignal keine resorptive Sättigung folgte und die Magendehnung dadurch sogar als Hungersignal konditioniert wurde. Das strukturierte Essen wird hier helfen, Sättigungsempfindungen wieder mit bestimmten Empfindungs- und Geschmacksqualitäten zu verbinden. Zum Beispiel werden süß schmeckende Speisen im allgemeinen dem Körper einen hohen Energiegehalt anzeigen und bereits präresorptive Sättigungsempfindungen bewirken können.

5. Vertragsmanagement: Planen von mindestens 3 strukturierten Eßtagen

In Kleingruppen (**Einzeltherapie**: individuell) werden wieder neue Ernährungspläne erarbeitet, die nun drei Tage umfassen sollen. Es ist noch einmal Gelegenheit, den Patientinnen umfassende Rückmeldung über ihr Eßverhalten zu geben. Die Strategie, sich gegenseitig zu helfen, kann überprüft werden.
    Die Therapeuten teilen mit, daß der Abschnitt des Ernährungsmanagements in der nächsten Sitzung vorerst abgeschlossen wird − wenn auch immer wieder Gelegenheit sein wird, Probleme und Erfolge mit dem strukturierten Essen in der Gruppe zu besprechen. Die Therapiesitzungen werden ab dem nächsten Mal nur noch einmal die Woche stattfinden und die weitere Ernährungsplanung, die allmählich auf die ganze Woche ausgedehnt wird, liegt nun weitgehend in den Händen der Patientinnen. Die Patientinnen werden angeregt, sich Alternativmahlzeiten und Austauschmöglichkeiten für die einzelnen Mahlzeiten zurechtzulegen: Zwischenmahlzeiten können z.B. sein: 1 Joghurt, 1 Stück Obst, 1 Stück Kuchen,

1 belegtes Brot, eine Handvoll Erdnüsse, 1 Schokoriegel etc. Anschließend wird zum nächsten Therapieabschnitt übergeleitet:

Sie haben sich jetzt mindestens drei Tage vorgenommen, an denen Sie strukturiert essen. Wir wollen jetzt den Blick darauf lenken: Was passiert an den anderen Tagen, an denen Sie immer noch Bulimieanfälle haben? Was ist schuld daran, daß Sie an manchen Tagen, trotz des strukturierten Essens fressen und erbrechen? Es scheint andere Schwierigkeiten zu geben, die, auch wenn Sie normal essen, Eßanfälle verursachen. Thema des nächsten Therapieabschnitts wird deswegen sein, zu lernen, mit Schwierigkeiten anders umzugehen als mit Bulimie. Dazu möchten wir, daß Sie folgende Hausaufgabe vorbereiten: Jede von Ihnen soll in der nächsten Woche all die Belastungssituationen aufschreiben, bei denen oder nach denen es zu Bulimie gekommen ist.

6. Hausaufgaben

- Es werden mindestens 3 strukturierte Eßtage wie besprochen durchgeführt.
- Für diese 3 Tage wird ein Ernährungsprotokoll geführt.
- Es werden Austauschlisten für Haupt- und Zwischenmahlzeiten erstellt.
- Die Patientinnen werden gebeten, in der folgenden Woche Belastungssituationen zu sammeln, in denen es zu Bulimieattacken gekommen ist. Jede Patientin soll mindestens 5 Situationen aufschreiben, die sie als belastend erlebt hat.
- Jede Patientin soll in der kommenden Woche ein „Stimmungstagebuch" führen.

7. Blitzlicht

Mögliche Schwierigkeiten

- Eine Patientin schafft höchstens einen strukturierten Eßtag: In der Einzeltherapie kann leicht überprüft werden, ob noch mehr Zeit zur Planung und Ausführung strukturierten Essens benötigt wird oder ob es sich um ein grundsätzliches Motivationsproblem handelt. Zunächst kann der Therapeut der Patientin rückmelden, daß sich auf der Ebene des Eßverhaltens nichts bewegt und nochmals die Hindernisse einer Veränderung herausarbeiten: Beispielsweise können die Vorteile der Bulimie immer noch so attraktiv sein, daß es ohne weitere Fähigkeiten unsinnig wäre, etwas daran zu verändern. Oder es können große Ängste vor einer Veränderung bestehen, die bislang noch ungenügend angesprochen wurden. In der Gruppentherapie wird in diesem Abschnitt oft nicht die Zeit für eine intensive individuelle Problemanalyse bleiben. Hier kann zunächst abgewartet werden, ob sich die Intervention der folgenden Sitzungen bewähren, die eine andere Herangehensweise bieten.

8. Sitzung

Überblick

Ziele

- Rechtzeitiges Erkennen von Hinweisen auf Belastungssituationen
- Wissen über Bewältigungsstrategien
- Erlernen der Entspannung

Ablauf der Sitzung

1. Teilnehmervortrag	Zusammenfassung der letzten Sitzung
2. Übung 1	Wiegen
3. Hausaufgabenbesprechung	strukturierte Eßtage
4. Information 1	Therapieabschnitt „Streßmanagement"
5. Übung 2	Auslösung einer Belastungssituation
	– Phantasieren eines Vortrags vor der Gruppe / Induktion einer Belastung
	– Wahrnehmung der körperlichen, gedanklichen und emotionalen Belastungsreaktionen
6. Exploration	Erkennungsmerkmale belastender Situationen
7. Information 2	Kurzfristige und langfristige Bewältigungsstrategien
8. Übung 3	Progressive Muskelrelaxation nach Jacobson: Kurzentspannung
9. Hausaufgben	– Üben der Entspannung
	– strukturiert essen
	– Detailliertes Beschreiben der Belastungssituationen
10. Blitzlicht	

Vorbereitung und Materialien

Waage, Gewichtabelle, Rückmeldung über Eßverhalten, Informationsbroschüre: Entspannung (s. Anhang 2).

Therapeutisches Vorgehen

1. Teilnehmervortrag: Zusammenfassung der letzten Sitzung

2. Übung: Wiegen

Das Gewicht der einzelnen Teilnehmerinnen wird in der Gewichtstabelle notiert.

3. Hausaufgabenbesprechung: strukturierte Eßtage

In Kleingruppen (**Einzeltherapie:** individuell) wird noch einmal – vorerst abschließend – die strukturierte Ernährungsplanung besprochen. Wieder hat der Therapeut die Möglichkeit, den einzelnen Mitgliedern eine kurze aber detaillierte Rückmeldung über ihre Essenspläne zu geben. Es sollte darauf hingewiesen werden, wenn Pläne zu einseitig sind, z.B. zu wenig Kohlenhydrate, zu wenig „verbotene" Nahrungsmittel enthalten oder zu wenig Abwechslung in den Nahrungsmitteln bieten. Der Therapeut macht Vorschläge, wie die Pläne vielseitiger gestaltet werden können, z.B. durch Fragen nach früherer Ernährung, in der Familie, bei Freunden etc. Daran kann sich auch die Portionsgröße der einzelnen Mahlzeiten orientieren.

4. Information 1: Therapieabschnitt „Streßmanagement"

Schwerpunkt der nächsten Therapiesitzungen wird das Erlernen und Einüben geeigneter Bewältigungsstrategien für Belastungssituationen sein. Der Abschnitt „Streßmanagement" kann mit folgenden Worten eingeführt werden:

In der letzten Sitzung haben wir bereits darauf hingewiesen, daß Eßanfälle bei vielen von Ihnen mit belastenden Situationen oder Ereignissen zusammenhängen. Belastend sind vor allem Situationen, die in uns Gefühle der Ohnmacht, der Niedergeschlagenheit, der Hilflosigkeit, der Angst oder auch der Wut hervorrufen. In den nächsten Sitzungen können Sie Techniken erlernen und einüben, die Ihnen helfen werden, Belastungssituationen besser als mit Eßanfällen zu bewältigen. Um jedoch mit Streß und kritischen Situationen anders umgehen zu können, ist es wichtig, daß Sie solche Situationen möglichst frühzeitig erkennen.

5. Übung 2: Auslösung einer Belastungssituation

Die folgende Übung schärft die Wahrnehmungsfähigkeit, eine Belastung frühzeitig zu erkennen. Die wichtigsten Merkmale belastender Situationen sollen erarbeitet werden.

Der Therapeut gibt folgende Instruktion:

Setzen Sie sich in eine bequeme Haltung und schließen Sie die Augen. Atmen Sie ruhig und tief durch. Nach etwa fünf Minuten werde ich eine von Ihnen auffor-

dern, in den Kreis zu treten und den anderen fünf Minuten – sehr persönlich und
präzise – den Ablauf eines Heißhungeranfalls mit Erbrechen zu schildern. Stel-
len Sie sich vor, Sie wären die Aufgeforderte! Die nächsten Minuten haben Sie
Zeit, sich darauf vorzubereiten. Was werden Sie sagen? Wie werden sich die
anderen Gruppenteilnehmer verhalten? Wird der Gruppenleiter zufrieden sein?
Wird er peinliche Fragen stellen? Werden Sie sprechen können, ohne zu stottern?
Stellen sie sich die Situation genau vor und versuchen Sie sich genau darauf vor-
zubereiten. Achten Sie währenddessen auch genau darauf, wie die Situation für Sie
ist. Welche Gedanken gehen Ihnen durch den Kopft? Was für Körpergefühle
haben Sie? Wenn sie sich alles genau vorgestellt haben, öffnen Sie nun die Augen.
   Ich werde niemanden auffordern, diesen Vortrag zu halten... Wie geht es
Ihnen mit dieser Ankündigung? Sind Sie erleichtert? Sind Sie enttäuscht? Welche
Gedanken gehen Ihnen jetzt durch den Kopf – welche waren es vorher? Welche
körperlichen Empfindungen haben Sie vorher wahrgenommen? Was spüren Sie
jetzt? Manche von Ihnen haben möglicherweise die Aufforderung oder die
Übung als Belastung erlebt. Wir wollen jetzt gemeinsam all die Merkmale sam-
meln, an denen Sie erkennen können, ob die Übung eine Belastung für Sie war.

Alternativ können – wenn die Darstellung von Heißhungeranfällen kein Problem ist – die Patientinnen aufgefordert werden, sich „einen Vortrag über Kritikpunkte am Therapeuten", „einen Vortrag über das erste sexuelle Erlebnis"
oder ähnliches auszudenken.

6. Exploration: Erkennungsmerkmale belastender Situationen

Gemeinsam werden nun die Signale (Gedanken, Körperempfindungen, Situa-
tionsmerkmale) gesammelt, die die Teilnehmerinnen bei sich feststellen konnten.
Davon ausgehend werden mögliche Signale für belastende Situationen generell
zusammengestellt und an die Tafel geschrieben. Die Therapeuten erklären, warum es so wichtig ist, Streßfaktoren rechtzeitig wahrzunehmen:

Wir werden in dieser und den nächsten Sitzungen Fähigkeiten aufbauen, ler-
nen und üben, mit denen Sie Belastungen erfolgreich bewältigen können – ohne
Bulimie. Dies hat aber nur einen Sinn, wenn Sie die Belastung auch wirklich
rechtzeitig erkennen. Merkmale, die Streß anzeigen, müssen Signalcharakter für
Sie erhalten, so als würde ein Gong ertönen oder ein Stopsignal aufleuchten: Hier
fängt es an brenzlich zu werden – ich muß etwas anderes tun. Häufig sind es ja
immer wieder ganz ähnliche Situationen, die Sie als belastend erleben. Wir wer-
den uns jetzt die Situationen anschauen, die Sie zu Hause gesammelt haben (siehe
„Hausaufgaben" Sitzung 7).

Im Plenum werden die belastenden Situationen gesammelt, mit denen die
Teilnehmerinnen in den letzten Tagen konfrontiert waren und die eventuell einen
Bulimieanfall provoziert haben (siehe Tagebücher). Der Therapeut schreibt die
Situationen an der Tafel an. Die Patientinnen werden aufgefordert, sich zu verge-
genwärtigen und genau zu beobachten, welche Gedanken und welche körperli-
chen Empfindungen die Situation begleiten. Es ist sehr wichtig, genau zu erarbei-

ten, welche Situationen für die jeweiligen Teilnehmerinnen belastend sind. Denn häufig scheitern kurzfristige Lösungsversuche, weil die Patientinnen die Belastung erst erkennen, wenn sie bereits eine automatisierte Handlung ausgelöst hat oder wenn sie bereits vorbei ist. Für alternative Verhaltensweisen ist es dann zu spät.

7. Information 2: Kurzfristige und langfristige Bewältigungsstrategien

Die Möglichkeit einer kurzfristigen oder einer langfristigen Bewältigung von Belastungen wird kurz vorgestellt:

Um mit Belastungen besser umgehen zu können gibt es grundsätzlich zwei Möglichkeiten: die kurzfristigen und die langfristigen Bewältigungsstrategien. Mit langfristigen Bewältigungsstrategien kann ich dafür sorgen, daß eine bestimmte Belastungssituation gar nicht mehr oder zumindest nicht mehr so häufig auftritt. Damit werden wir uns zu einem späteren Zeitpunkt noch beschäftigen. Die andere Möglichkeit sind kurzfristige Bewältigungsstrategien, die helfen, eine belastende Situation – wenn sie bereits eingetreten ist – erträglicher zu gestalten. Eine kurzfristige Bewältigungsstrategie werden Sie heute noch kennenlernen: die Entspannung.

Der Therapeut sollte zuerst fragen, ob eine der Patientinnen schon eine Streßsituation erlebt habe, in der sie einen starken Freßdruck verspürte, die sie aber erfolgreich anders bewältigen konnte. Dies ist zu diesem Zeitpunkt schon häufig der Fall. Die jeweilige Teilnehmerin wird dafür sehr verstärkt und aufgefordert, die Situation und ihre Bewältigung ganz genau zu schildern. Wie hat sie gemerkt, daß die Situation belastend wurde, was hat sie getan, welche Copingstrategie angewandt.

An dieser Stelle können die Möglichkeiten für kurzfristige Bewältigungsstrategien kurz erklärt werden: Entspannung, innere und äußere Abenkung, Selbstermutigung und Gedankenstop. Um den Patientinnen einen Überblick über die zur Verfügung stehenden Strategien zu geben, zeichnet der Therapeut das folgende Schema an die Tafel an:

Kurzfristige Bewältigungsstrategien	Langfristige Bewältigungsstrategien
– Entspannung	– Entspannung
– Selbstermutigung	– Einstellungsänderung
– Innere und äußere Ablenkung	– Gesprächsfertigkeiten und Selbstsicherheit
	– Systematisches Planen und Problemlösen

8. Übung 3: Progressive Muskelrelaxation nach Jacobson (Kurzentspannung)

Die Entspannung kann mit folgenden Worten eingeführt werden:
Bei den Vorteilen der Bulimie wurde von Ihnen auch „abschalten", „zustopfen", „Entspannung" genannt. Mit den Entspannungsübungen können Sie eine zusätzliche Methode erlernen, wie Sie sich besonders wirkungsvoll entspannen können. Die Entspannung hat aber noch weitere Vorteile. Entspannung ist das Gegenteil von Anspannung, Belastung und Panik. Wenn ich entspannt bin, kann ich in Ruhe nachdenken, wie eine Belastung realistisch einzuschätzen ist. Ich kann Kraft sammeln, um die Belastungssituation in Ruhe zu bewältigen. Und ich kann nach dem üblichen Tagesstreß abschalten, mich ausruhen und neue Energie tanken. Entspannung aber will gelernt sein! Das kann am Anfang auch mühsam sein. Wenn Sie aber jeden Tag wenigstens zehn Minuten üben, werden sie recht schnell Fortschritte machen. Wir werden von heute ab jede Sitzung mit einer Entspannungsübung beschließen und möchten Sie bitten, auch jeden Tag zuhause weiter zu üben. Dafür werden wir Ihnen nach der Übung eine Anleitungsbroschüre austeilen.

Der Therapeut liest die Entspannungsinstruktion (siehe Anhang 2) mit leiser und ruhiger Stimme und gleichmäßigem Tonfall vor. Er achtet darauf, daß alle Teilnehmerinnen die Instruktion befolgen.

9. Hausaufgaben

– Die Patientinnen werden gebeten, die heute eingeführte Entspannungstechnik zu Hause jeden Tag zu üben.
– Die Patientinnen werden aufgefordert, möglichst viele strukturierte Eßtage durchzuführen, ohne daß Verträge gemacht werden.
– Die Patientinnen sollen die belastenden Situationen, die zu einem Freßanfall führen, ganz detailliert aufschreiben: Welche Gedanken und Gefühle haben sie in der Situation, welche Gedanken und Gefühle haben sie nachher?

10. Blitzlicht

Mögliche Schwierigkeiten

– Teilnehmerinnen können nicht entspannen oder erleben Entspannung als unangenehm: Wichtig ist hier eine Kurzexploration der Gründe für das „nicht entspannen können" und möglicher Ängste vor der Entspannung. Die Therapeuten können der Teilnehmerin den Vorschlag machen, zu Hause zu üben und sich dabei genau zu beobachten. Verschiedene Hinweise sind in der „Informationsbroschüre: Entspannung" gegeben.

9. Sitzung

Überblick

Ziele

- Verhaltensanalyse von Eßanfällen mit Hilfe des SORK-Schemas
- Förderung der Bewältigungsstrategie „Entspannung"

Ablauf der Sitzung

1. Teilnehmervortrag	Zusammenfassung der letzten Sitzung
2. Übung 1	Wiegen
3. Hausaufgabenbesprechung 1	Entspannungsübungen
4. Hausaufgabenbesprechung 2/ Modellentwicklung	SORK-Schema zur Beschreibung belastender Situationen
5. Übung 2	Atemtechniken
	– Atembeobachtung
	– Entspannung durch tiefe Bauchatmung
6. Hausaufgaben	– Belastungssituationen sammeln
	– Entspannung üben, gezielt einsetzen und protokollieren
	– Strukturiert essen
7. Blitzlicht	

Vorbereitung und Materialien

Waage, Gewichtsdokumentation, ausgewertete Befindlichkeitstagebücher (s. Anhang 1): Zusammenhänge zwischen Eßattacken und Stimmungs- / Befindlichkeitsveränderungen für einzelne Teilnehmerinnen notieren.

Therapeutisches Vorgehen

1. Teilnehmervortrag: Zusammenfassung der letzten Sitzung

2. Übung 1: Wiegen

Das Gewicht der einzelnen Teilnehmerinnen wird in der Gewichtstabelle notiert.

3. Hausaufgabenbesprechung 1: Entspannungsübungen

Die Erfolge und Schwierigkeiten, die die Teilnehmerinnen zu Hause mit den Entspannungsübungen hatten, werden besprochen. Manchmal klagen Teilnehmerinnen, sie hätten nicht regelmäßig üben können, weil sie keine Zeit dazu gefunden hätten. Der Therapeut empfiehlt dann, die Entspannung in Zukunft von vornherein in den Tagesablauf einzuplanen, anstatt darauf zu warten, daß sich irgendwann mal Zeit dazu ergebe. Am besten ist es, wenn man jeden Tag den gleichen Zeitraum für die Entspannung reserviert, in der Mittagspause zum Beispiel oder abends vor dem Einschlafen. Außerdem ist es darüber hinaus sinnvoll, die Entspannung gleich gezielt in einer belastenden Situation einzusetzen (siehe „Hausaufgabe").

4. Hausaufgabenbesprechung 2 und Modellentwicklung: SORK-Schema zur Beschreibung belastender Situationen

Um Bewältigungsstrategien wie Entspannung anwenden zu können, ist es wichtig eine Belastungssituation frühzeitig zu erkennen. Die Patientinnen sollten deswegen zu Hause Situationen, die sie als belastend erlebt haben, detailliert protokollieren. Dies wird im folgenden besprochen. Aus den Beispielen für Situationen, die zu einem Eßanfall geführt haben werden zwei ausgewählt und anhand des SORK- Schemas analysiert.

Ein einfaches und sehr praktisches Schema, Verhalten und Lernen zu beschreiben ist das SORK-Schema. Damit wir unser Verhalten in bestimmten Situationen systematisch und sehr detailliert ansehen können, spalten wir die Situation in folgende Abschnitte auf:

1. *Das Verhalten tritt in einer bestimmten Situation unter bestimmten auslösenden Bedingungen auf. Für diese auslösenden Bedingungen (Situation) steht der Buchstabe „S".*
2. *Die Situation ist durch bestimmte Bedingungen auf der Ebene des Organismus begleitet. Dazu gehören Körperempfindungen, Gedanken und Gefühle: Dies subsumieren wir in unserem Schema unter „O".*
3. *Die Reaktion (das problematische Verhalten, z.B. ein Eßanfall) läuft in einer bestimmten Form ab: „R" für Reaktion.*
4. *Auf die Reaktion folgt eine Konsequenz. Dies kann eine Veränderung der eigenen Empfindungen und des eigenen Erlebens sein (Ärger, Freude, Ent-*

spannung, Blähungen oder auch ein schlechtes Gewissen), eine Veränderung der Umweltbedingungen oder auch die Reaktion eines anderen Menschen. Der Buchstabe „K" steht für die Konsequenz.

Die Konsequenz kann positiv oder negativ sein. Nach einem Freßanfall, der in einer Belastungssituation aufgetreten ist, ist beispielsweise eine positive Konsequenz, daß Sie die Belastung nicht mehr wahrnehmen. Eine negative Konsequenz wäre das Völlegefühl und der Ärger über den dicken Bauch. Die Konsequenz erfolgt entweder sofort (das Gefühl der Befriedigung nach einem Freßanfall) oder verzögert (schwerwiegende Stoffwechselveränderungen nach einer längeren Periode bulimischen Verhaltens). Die kurzfristigen Konsequenzen sind für unser Verhalten wichtiger. Einen starken Raucher kümmert es beim Griff zur Zigarette wenig, daß er vielleicht in 30 Jahren an Lungenkrebs stirbt.
Wenn wir jetzt Verhaltensalternativen zur Bulimie erlernen, müssen wir versuchen, langfristig positive Konsequenzen dieses neuen Verhaltens im Augenblick attraktiver zu machen, näher heranzuholen. Sonst halten die kurzfristig positiven Konsequenzen die Bulimie weiter aufrecht. Dies zusammen ergibt also das Schema:

S O R K

Sie konnten dies und weiteres zum Thema Lernen ja in der Informationsbroschüre: Lernen lesen, die Sie in der 1. Therapiesitzung bekommen haben. Ich empfehle Ihnen jedoch, die Broschüre auf dem Hintergrund der heutigen Sitzung noch einmal zur Hand zu nehmen. Mit diesem Schema wollen wir uns nun die Beispiele, die Sie zu Hause aufgeschrieben haben, ansehen und analysieren.

Das Beispiel einer Patientin wird an die Tafel angeschrieben. Eine Situation, die recht häufig genannt wird ist:

S	O	R	K
Wacht mitten in der Nacht auf	Innere Unruhe, fühlt sich einsam	Geht zum Kühlschrank, stopft sich voll	Fühlt sich erschöpft, kann schlafen +

In der Gruppe wird diskutiert, wie man in dieser Situation (nächtliches Aufwachen) anders als mit Essen reagieren könnte. Eine langfristige Bewältigungsstrategie wäre beispielsweise, am Abend zuvor genügend zu essen, damit man nachts nicht vor Hunger aufwacht. Kurzfristige Strategien sind Lesen, im Bett Entspannungsübungen machen, ja die Patientin könnte sogar etwas essen und kognitive Selbstermutigung ausprobieren, das Essen zu behalten. Die Verhaltensalternativen werden unter folgende Begriffe subsummiert: Entspannung, Selbstermutigung, innere und äußere Ablenkung.

Ein anderes häufiges Beispiel:

S	O	R	K
Wartet auf den Bus, der erst in 20 min. kommt, hat nichts zu tun	Langeweile, Gefühl der Leere, Unruhe, „ich kann es nicht aushalten"	Geht zum Bäcker, kauft Unmengen Gebäck und verschlingt es in kurzer Zeit	Ist beschäftigt, fühlt sich ausgefüllt + Fühlt sich zu dick, Selbstvorwürfe −

S	O	R	K
Fühlt sich zu dick, Selbstvorwürfe	Völlegefühl, Übelkeit	Erbrechen im Bahnhofsklo	Erleichterung, nicht zuzunehmen +

Überblick: Wo setzen die einzelnen Bewältigungsstrategien ein?

S	O	R	K
Planen (z.B. Einkauf)	Selbstermutigung (Gefühle aushalten) Einstellungsänderung	Ablenkung (z.B. Zeitung lesen) Entspannung	Sich für das Alternativverhalten belohnen

Alternative Verhaltensweisen, die wieder den einzelnen Bewältigungsstrategien zugeordnet werden, sind: Kurzentspannung, sich etwas zu Lesen kaufen, sich die Leute genau anschauen, den nächsten Urlaub planen, überlegen, was man heute abend essen will und gezielt einkaufen.

5. Übung 2: Atemtechniken

Wieder wird die Sitzung mit Entspannungsübungen beendet. Diesmal ist die Atmung an der Reihe:

Unsere heutige Entspannungsübung werden wir der Atmung widmen, Entspannung über Atmung also. Sicher haben Sie alle schon mal erlebt: Wenn Sie im Streß sind, irgendwie angespannt, atmen Sie schneller und flacher als sonst. Das ist ganz normal; der Körper stellt Energien bereit, um fliehen zu können oder aber zum Angriff überzugehen. Stammesgeschichtlich ist die Reaktion sehr alt, heute jedoch ist sie in vielen Situationen nicht mehr angebracht. Wenn Sie sich über Ihren Chef ärgern, können Sie weder aus dem Büro rennen, noch ihm eine Ohrfeige geben. Deswegen verselbständigt sich oft dieses hektische flache Atmen. Wer häufig Belastungen ausgesetzt ist, die Situation aber nicht ändern kann, verlernt darüber, wie man richtig atmet.

Ob Sie richtig atmen, können Sie gleich mal ausprobieren: Stellen Sie sich gerade hin und legen die rechte Hand auf den oberen Brustbereich, die linke Hand auf den unteren Brustkorb, da wo der Bauch beginnt. Atmen Sie jetzt ganz normal einige Atemzüge und achten sie darauf, welche Hand sich beim Einatmen bewegt... Wenn sich die Hand, die auf dem Zwerchfell liegt, zuerst und deutlicher hebt, atmen Sie richtig. Wenn sich nur die Hand auf dem oberen Brustkorb bewegt, atmen Sie sehr flach und füllen nur die Lungenspitzen mit Sauerstoff. Ihr Körper ist nicht optimal mit Sauerstoff versorgt. Die Atemübungen sind dann für Sie besonders wichtig. Wir haben gerade gehört, Streß wirkt sich in schellem, flachen Atmen aus. Umgekehrt: Ruhiges, tiefes Atmen bewirkt Entspannung. Dieses Wissen können wir uns zunutze machen, indem wir in Streßsituationen ganz gezielt Atemübungen machen. Eine ruhige Atmung löst die Anspannung und die Angstgefühle. Wir können die Anspannung einfach wegatmen.

Und nun zu der Atemübung: Sie können Sie im Liegen, Stehen oder Sitzen machen. Wichtig ist nur, daß Ihre Wirbelsäule gerade und der Brustkorb offen ist, die Schultern dürfen nicht nach vorne fallen. Atmen Sie tief, 2 – 3 Sekunden durch die Nase ein. Mit der Hand auf dem Bauch können Sie kontrollieren, ob sie wirklich zuerst das Zwerchfell mit Sauerstoff füllen und dann erst den Brustkorb, beziehungsweise die Lungenspitzen. Halten Sie kurz inne und atmen Sie alle Luft durch den Mund wieder aus. Kurze Pause... Und wieder ein... und ausatmen... Achten Sie darauf, daß Sie länger ausatmen als einatmen. Konzentrieren Sie sich nur auf Ihre Atmung. Wenn Ihnen das schwerfällt und Ihre Gedanken schon wieder ganz woanders sind, zählen Sie einfach bei jedem Atemzug mit.

Üben Sie die Atemübungen zu Hause und versuchen Sie mit der Zeit durch die Nase auszuatmen. Gleichzeitig dehnen Sie die Ausatmung immer mehr aus, bis sie deutlich länger als die Einatmung ist: Einatmen eins ..., anhalten..., ausatmen zwei..., drei..., vier..., fünf..., kurze Pause..., und wieder ein-... und ausatmen..., ein- und ausatmen

6. Hausaufgaben

- Die Patientinnen sollen wieder Belastungssituationen sammeln.
- Die Entspannungsübungen sollen weiter geübt werden und in mindestens zwei Belastungssituationen eingesetzt werden.
- Es wird weiter strukturiert gegessen. Eventuell kann der Therapeut kurz nachfragen, was die einzelnen Teilnehmerinnen sich diesmal vorgenommen haben.

7. Blitzlicht

10. Sitzung

Überblick

Ziele

- Fördern des strukturierten Essens
- Fördern und Verstärken der Bewältigungsstrategie „Entspannung"
- Wissen und Fertigkeit der kurzfristigen Bewältigungsstrategie „Selbstermutigung"

Ablauf der Sitzung

1. Teilnehmervortrag	Zusammenfassung der letzten Sitzung
2. Übung 1	Wiegen
3. Hausaufgabenbesprechung 1	Strukturierte Eßtage
4. Information	Methodik der Wochenplanung
5. Hausaufgabenbesprechung 2	Einsetzen der Entspannungstechnik in Belastungssituationen
6. Übung 2 (Partnerübung)	Die „Versagerübung"
	– Erster Teil: negative Selbstverbalisation bei Anklagen und Vorwürfen
	– Zweiter Teil: positive Selbstverbalisation bei Anklagen und Vorwürfen
	– Reflexion des Kontrasterlebnisses
7. Hausaufgabenbesprechung 3/ Modellanwendung	SORK-Schemata für beispielhafte Belastungssituationen
8. Übung 3	Progressive Muskelrelaxation nach Jacobson: Kurzentspannung
9. Hausaufgaben	– Entspannung üben
	– Ernährungspläne erstellen, durchführen und protokollieren
	– „Selbstermutigung" einsetzen
10. Blitzlicht	

Vorbereitung und Materialien

Waage, Gewichtsdokumentation, Rückmeldung über Eßverhalten der einzelnen Teilnehmerinnen aufgrund der abgegebenen Eßprotokolle, Formblätter (s. Anhang 3): Mein Wochenplanung zur Ernährung, Übung kurzfristiger Bewältigungsstrategien

Therapeutisches Vorgehen

1. Teilnehmervortrag: Zusammenfassung der letzten Sitzung

2. Übung 1: Wiegen

Das Gewicht der einzelnen Teilnehmerinnen wird in die Gewichtstabelle eingetragen.

3. Hausaufgabenbesprechung 1: Strukturierte Eßtage

In dieser Sitzung geben die Therapeuten wieder die Möglichkeit, über Erfolge und Schwierigkeiten mit den strukturierten Eßtagen zu sprechen. Bei Schwierigkeiten ist es günstig, individuelle Rückmeldung über das Eßverhalten zu geben und Änderungs- und Erweiterungsvorschläge zu machen.

4. Information: Methodik der Wochenplanung

Die Teilnehmerinnen werden darauf hingewiesen, daß sie die strukturierte Ernährung zu Hause weniger detailliert, sondern eher grundsätzlich planen können.
– Planung der Rahmenbedingungen: Die Patientinnen können zum Beispiel die Essenszeiten für Arbeitstage und Wochenenden festlegen und die Orte der Essenseinnahme überlegen (Kantine, zuhause, bei Eltern, Freunden).
– Inhaltliche Planung: Dazu können sich die Patientinnen – falls nicht schon geschehen – konkrete Austauschlisten für einzelne Mahlzeiten anlegen.

Der Therapeut stellt als Beispiel eine Austauschliste für eine Zwischenmahlzeit vor:

1 kleines belegtes Brot
1 kleines Päckchen Gummibärchen
1 Schokoriegel
1 Fruchtquark
1 Banane
1 Hefegebäck
4 Mandarinen
1 Breze
1 Apfel usw.

Der Therapeut teilt das Formblatt „Mein Wochenplan zur Ernährung" aus, in welchem die Patientinnen Ort und Zeit der Mahlzeiten einer Woche planen und eintragen können. Weiterhin sollen als Hausaufgabe Austauschlisten für die einzelnen Mahlzeitenkategorien (Frühstück, Mittagessen, Abendessen) erstellt werden.
    Tabelle 3 zeigt ein Beispiel für einen Wochenplan.

Tabelle 3. Beispiel für einen Wochenplan

	Montag	Dienstag	Mittwoch	Donnerstag	Freitag	Samstag	Sonntag	Bemerkungen
7.00								Einkaufen: – Mineralwasser – Butter!!
8.00	Zu Hause: Brot, Butter Wurst, Saft	↑	↑	↑				– Brot
9.00							– Sekt	
10.00	Kantine	↑	↑	↑	Betriebsausflug: Brotzeit unterwegs (Landjäger), Tomaten, Saft)	Zu Hause Kaffee, Wurst, Semmeln, Obst Käse	↑	– chines. Gemüse – Landjäger – Obst
11.00								
12.00								
13.00								
14.00							Ausflug: Essen unterwegs	Termine:
15.00								
16.00	Büro: Snack: Kaffee, Kuchen	↑	↑	↑	Biergarten: Brotzeit	Britta: Kaffee Kuchen	Baden: Obst Kekse	– Micha wg. Betriebsausflug Bescheid sagen, – Tisch im Landgasthof reservier. – Britta Termin bestätigen
17.00								
18.00	Büro: kaltes Abendbrot, Kaffee	Biergarten: Brotzeit, Bier	zuhause: belegte Semmel					
19.00								
20.00			Landgasthof: Essen gehen	In der Stadt: Bratwurst		Zu Hause: kochen (evtl.: Kneipe: Imbiß	Zu Hause: Bohnensuppe (chinesisch) Irish-Coffee Pralinen	
21.00		Eis						
22.00				Zu Hause: Obst oder Tomaten mit Mozzarella				
23.00	Zu Hause: Obst							
24.00								

5. Hausaufgabenbesprechung 2: Einsetzen der Entspannungstechnik in Belastungssituationen

Der nächste Punkt ist der Transfer der kurzfristigen Bewältigungsstrategien in Belastungssituationen. Wieder soll vor allem Beachtung finden, was der Patientin gelungen ist und entsprechend gewürdigt werden. Um die Schritte für die Verhaltensänderung nochmals genau zu vergegenwärtigen, wird die Patientin aufgefordert, sehr detailliert zu schildern, wie sie die Belastung erkannt hat, welche Gedanken ihr dabei durch den Kopf gingen und was sie dabei in ihrem Körper spürte. Wie hat sie sich entspannt? Wenn eine Teilnehmerin einen Bewältigungsversuch unternommen hat, damit aber nicht zufrieden ist, wird zunächst herausgearbeitet, was dennoch gelungen ist (Erkennen der Situation, Gefühle wahrnehmen usw.). Erst am Ende der Sitzung, zur Vorbereitung der nächsten Hausaufgabe können Bedingungen diskutiert werden, unter denen ein Gelingen wahrscheinlicher ist.

6. Übung 2 (Partnerübung): Die „Versagerübung"

Die Technik „Selbstermutigung" wird im Sinne einer kurzfristigen Strategie zum Gedankenerkennen und Gedankenstop eingesetzt. Sie soll helfen, selbstabwertende Kognitionen zu unterbrechen und sie durch selbstermutigende zu ersetzen. Sie bereitet die langfristigen Strategien zur kognitiven Umstrukturierung vor. Den Teilnehmern wird erklärt, daß es sich um ein verbreitetes Selbstgespräch in Streßsituationen handelt, das in der folgenden Übung verdeutlicht wird:

Um Ihnen zu verdeutlichen, wie ein solches Selbstgespräch bei Ihnen im Kopf ablaufen kann und welche Auswirkungen – im guten wie im schlechten – es auf Ihre Gefühle hat, werden wir eine Übung machen: Setzen Sie sich bitte jeweils zu zweit gegenüber. Stellen Sie sich vor, Sie haben im Büro eine teure Stehlampe umgeworfen. Ihr Chef kommt und beschimpft Sie grob: er tut so, als sei dieser Fehler ein Beweis dafür, daß Sie ein absoluter Versager sind – ganz so, wie Sie es in Streßsituationen zu sich selbst sagen würden. Z.B. sagt er: Sie machen immer alles falsch! Sie sind völlig unfähig! Eine Teilnehmerin spielt die Rolle des Anklägers, die andere verteidigt sich.

Während des ersten Übungsteils – etwa 3 Minuten – gibt die Angegriffene dem Angreifer in allen Punkten recht. Sie antwortet beispielsweise in gedrücktem Tonfall und ohne Blickkontakt zu ihrer Partnerin aufzunehmen: „Ja, Sie haben recht, ich habe einen unverzeihlichen Fehler gemacht, ich bin ein Versager". ...

Im zweiten Teil – etwa 6 Minuten – ändert die Angegriffene ihre Reaktion. Während der Angreifer sie nach wie vor beschimpft, antwortet sie mit Ermutigung und relativierenden Äußerungen. Sie kann z.B. sagen: „Ein Fehler ist noch kein Weltuntergang. Ich kann daraus lernen und überlegen, wie ich den Fehler wieder gut machen kann. Ein so schlimmer Fehler, wie Sie sagen, war es außerdem nicht. Nein, ich bin kein Versager. Ich weiß, etc." ...

Beide Übungsteile werden dann noch einmal mit vertauschten Rollen durchgespielt. In der **Einzeltherapie** übernimmt der Therapeut die Rolle des Mitspielers, sowohl als Ankläger als auch in der Verteidigung. In der folgenden Diskussion werden folgende Fragen bearbeitet:

– *Welche Gefühle hatten Sie, als Sie angegriffen wurden und den Vorwürfen zustimmten?*
– *Welche Gefühle hatten Sie, als Sie Ihre Partnerin angriffen? Können Sie sich an Menschen in Ihrem Leben erinnern, die ähnlich zu Ihnen gesprochen haben?*
– *Welche Gefühle hatte Sie, als Sie dem Angreifer widersprachen und sich selbst ermutigten?*
– *Wie veränderte sich Ihre Macht, als Sie mit Ihren Angriffen nicht mehr so richtig durchkamen und Ihre Partnerin widerspach?*
– *Was heißt dies alles für Selbstgespräche „im Kopf"?*

In der Besprechung der Übung sollte besonders das Kontrasterlebnis, das durch negative und positive Selbstinstruktion hervorgerufen wird, unterstrichen werden. Dadurch wird deutlich, daß eine positive Stellungnahme zu sich selbst die Voraussetzung für eine erfolgreiche Bewältigung akuter Streßsituationen ist.

7. Hausaufgabenbesprechung 3 / Modellanwendung: SORK-Schemata für beispielhafte Belastungssituationen

Wieder werden zwei von den Teilnehmerinnen genannte Belastungssituationen analysiert und im SORK-Schema an der Tafel dargestellt (näheres dazu siehe letzte Sitzung). Darauf sollte jedoch nicht mehr allzu viel Zeit verwendet werden. Besonders günstig ist es, wenn eine Teilnehmerin eine Streßsituation bereits mit einer Selbstermutigung bewältigt hat. Daran kann dann deutlich gezeigt werden, wie sich die Organismusvariable (O) durch die Selbstermutigung verändert.

8. Übung 3: Progressive Muskelrelaxation nach Jacobson (Kurzentspannung)

Wenn noch genügend Zeit geblieben ist, wird die Sitzung mit einer Entspannungsübung beendet: Tiefe Muskelentspannung der Beine (siehe „Informationsbroschüre: Entspannung", Anhang 2).

9. Hausaufgaben

– Die Entspannungsübungen werden weiterhin jeden Tag zu Hause geübt.
– Es werden eine Wochenplanung und Austauschlisten erstellt.
– Es wird möglichst die ganze Woche über strukturiert gegessen.
– Die Patientinnen sollen versuchen in mindestens zwei Belastungssituationen die Selbstermutigung anzuwenden und dies schriftlich zu dokumentieren.

10. Blitzlicht

Mögliche Schwierigkeiten

– Die Selbstermutigungsätze werden als „künstlich" abgelehnt: Es kommt gelegentlich vor, daß Teilnehmerinnen gegen die Selbstermutigung und andere
Bewältigungsstrategien einwenden, sie seien zu „künstlich". Sie seien nicht
„echt", weil sie ihnen spontan nie eingefallen wären. Das schlechte Gefühl sei
real und daher die Selbstermutigung nicht „wahr". Sie könnten deshalb auch
nicht dahinterstehen. Nach solchen Einwänden kann ein Beispiel über einen
anderen Lernvorgang (z.B. autofahren oder geigespielen) erläutern, daß neu
zu erlernende Handlungen anfangs immer etwas holprig und nicht stimmig
anmuten. Die Teilnehmerinnen können zudem aufgefordert werden, die
Kognitionen zu einer erfolgreich bewältigten Situation zu schildern. Es stellt
sich dann oft heraus, daß viele solche Strategien tatsächlich gelegentlich schon
anwenden. Bei Einwänden über die Manipulation von Gefühlen, sollte auf die
„Versagerübung" verwiesen und die Erfahrungen daraus nochmals zusammengefaßt werden. Darüber hinaus soll nochmals klar gemacht werden, daß
diese Bewältigungsstrategie nur eine kurzfristige Lösung sein kann, sich von
einer Streßsituation nicht ganz „fertigmachen" zu lassen. Etwas Vergleichba-
res ist die Verwendung von „Ohropax" gegen den Lärm des Baggers vor der
Tür – der Bagger ist damit natürlich nicht abgeschafft. Diese kurzfristigen
Lösungen sollen bessere Bedingungen schaffen, langfristige Lösungen überhaupt suchen zu können.

11. Sitzung

Überblick

Ziele

– Erlernen der kurzfristigen Bewältigungsstrategien „innere und äußere Ablenkung"

Ablauf der Sitzung

1. Teilnehmervortrag	Zusammenfassung der letzten Sitzung
2. Übung 1	Wiegen
3. Hausaufgabenbesprechung	Einsetzen der Selbstermutigung in Belastungssituationen
4. Information und Strategieentwicklung	– Erklären der Bewältigungsstrategie – Sammeln von Ablenkungsmöglichkeiten – Bewerten hinsichtlich der Durchführbarkeit
5. Übung 2	Phantasiereise – Entspannungsinduktion – Gedankliche Vorstellung einer schönen und beruhigenden Situation – Reflexion der Übungserfahrungen
6. Hausaufgaben	– Einsetzen von Bewältigungsstrategien in Belastungssituationen – Erstellen einer Notfalladressenliste – Erweitern der strukturierten Eßtage
7. Blitzlicht	

Vorbereitung und Material

Waage, Gewichtsdokumentation, Vorlage für Phantasiereise, Formblatt: Übung kurzfristiger Bewältigung von Belastungssituationen (s. Anhang 3)

Therapeutisches Vorgehen

1. Teilnehmervortrag: Zusammenfassung der letzten Sitzung

2. Übung 1: Wiegen

Das Gewicht der einzelnen Teilnehmerinnen wird in die Gewichtstabelle eingetragen.

3. Hausaufgabenbesprechung: Einsetzen der Selbstermutigung in Belastungssituationen

In dieser Sitzung nimmt sich der Therapeut ausführlich Zeit, um die Erfolge und die Schwierigkeiten mit dem Einsetzen von Entspannung und Selbstermutigung in Belastungssituationen zu diskutieren. Erfolge, auch Teilerfolge sollten in der Gruppe verstärkt werden. Scheinbare Mißerfolge werden genau nach erfolgreichen Teilschritten untersucht. In der Gruppe können dann Bedingungen erarbeitet werden, die ein Gelingen der Bewältigung in der Zukunft wahrscheinlicher machen. Häufige Schwierigkeiten sind, die belastende Situation zu spät erkannt und/oder durch katastrophierende Gedanken und Vorstellungen die Belastung verstärkt zu haben. Hier werden die Merkmale von Belastungssituationen wiederholt und im Rahmen der Selbstermutigung entkatastrophierende Gedanken gesucht. Die Bewältigungsbeispiele der Patientinnen werden besonders daraufhin untersucht, ob sie schon Ansätze innerer oder äußerer Ablenkung enthalten. Mit Hinweis auf solche Möglichkeiten wird die neue Bewältigungsstrategie eingeführt und erarbeitet.

Einige Belastungssituationen lassen sich leichter ertragen, wenn Sie sich ablenken. Diese Methode haben Sie ja, wie wir gerade gehört haben, selbst schon in einigen Fällen angewandt. Wenn Sie beispielsweise bei der Arbeit von Ihrem Chef beobachtet werden, besteht die Gefahr, daß Sie sich verspannen aus Angst einen Fehler zu machen. Vielleicht machen Sie diesen Fehler dann tatsächlich. Eine Möglichkeit in dieser Situation wäre sich abzulenken und dabei entspannt zu bleiben.

4. Information und Strategieentwicklung: Innere und äußere Ablenkung

Es werden Beispielsituationen gesammelt, in denen Ablenkung eine geeignete Bewältigungsstrategie sein könnte. Einige Beispiele, die häufig genannt werden: unglücklich unterbrochener Streit mit einer nahen Bezugsperson (Partner, Eltern, Freunde); stehen im fahrenden Aufzug mit vielen Menschen; warten beim Zahnarzt, in der Schlange, vor der Prüfung etc.; den Zug, Bus etc. verpaßt haben; vom Vorgesetzten beobachtet werden; auf einer Party die falsche Garderobe anhaben; im Verkehr im Stau stehen; grübeln; Schmerzen, Blähungen, Wunsch zu erbrechen; 1 kg zugenommen haben.

Die Situationen, die wir jetzt gesammelt haben, können sehr belastend sein. Was kann die Ablenkung in einer solchen Situation bewirken? Ablenkung hilft Ihnen, die Katastrophengedanken zu vergessen. Mit Katastrophengedanken steigern Sie sich weiter in die Belastung hinein, ohne daß Sie zur Lösung des Problems etwas beitragen. Ablenkung schafft Ihnen Luft und Ruhe, zu einem geeigneten Zeitpunkt das Problem distanzierter und mit neuer Energie anzugehen. Dabei gibt es grundsätzlich zwei Möglichkeiten: Die innere und die äußere Ablenkung. Mit der „äußeren Ablenkung" sind Aktivitäten und Tätigkeiten gemeint, die uns die Belastung vorübergehend vergessen lassen. Unter „innerer Ablenkung" verstehen wir die aktive Unterbrechung quälender Gedanken und eine geistige Beschäftigung mit einem Thema, das mit der Belastung nichts zu tun hat. Wir wollen zuerst Möglichkeiten der äußeren Ablenkung in den von Ihnen genannten Situationsbeispielen sammeln. Äußere Ablenkung ist immer dann gut, wenn es die Möglichkeit gibt, die Situation zu verlassen oder etwas anderes zu tun. Es ist wichtig, daß Sie die Dinge, mit denen Sie sich ablenken, auch gerne tun. Wem spazierengehen beispielsweise langweilig ist, sollte lieber zum Schwimmen gehen oder radfahren.

Beispiele für äußere Ablenkung:

– Streit mit Partner:	ins Kino gehen;
– geplatzte Verabredung:	Sport treiben;
– Blähungen:	sich bewegen;
– Warten auf Bus:	lesen;
– Wunsch zu erbrechen:	ebenfalls lesen (Lustiges oder Amüsantes, Zeitung), telefonieren, Verabredungen nach dem Essen eingehen;
– Gedanken kreisen um Essen:	zur Kosmetik gehen oder selbstmachen, zum Friseur gehen;
– Langeweile-Essen:	ins Cafe gehen, Freunde treffen;
– „zuviel gegessen":	telefonieren, ins Kino gehen;
– grübeln:	Freunde anrufen, Musik hören.

Der Aufbau eines sozialen Netzes mit Freunden, an die man sich im Notfall wenden kann, ist ein besonders wichtiger Bestandteil der äußeren Ablenkung. Es sollte angeregt werden, daß die Teilnehmerinnen sich in Belastungssituationen gegenseitig anrufen können. Außerdem sollte jede Patientin bis zur nächsten Sitzung eine Adressenliste mit Telefonnummern erstellen, mit all den Leuten, die sie in einer solchen Situation anrufen kann (siehe „Hausaufgaben").

In der **Einzeltherapie** kann es vorkommen, daß die Patientin nur sehr wenig Freunde oder Kontaktpersonen benennen kann. Zu diesem Zeitpunkt können nur bestehende Kontakte intensiviert werden – neue Beziehungen können erst in späteren Übungen aufgebaut werden.

Eine besonders schwierige Situation ist nächtliches Aufwachen. Dafür können besondere Möglichkeiten gesammelt werden. Wenn es in der Situation wichtig ist, daß die Patientin mit einer anderen Person spricht, sie um die späte Uhrzeit aber niemanden mehr stören kann, gibt es die Möglichkeit, die Telefonseelsorge anzurufen. Die Nummer der Telefonseelsorge sollte in die Adressenliste aufgenommen werden. Gerade nachts kann die Strategie auch umgekehrt werden, indem sich die Patientin dem Problem zuwendet und schriftlich nach Argumenten sucht, die „selbstermutigend" sind. Nächtliches Aufwachen ist im übrigen auch häufig mit Hunger verbunden – auch wenn die Patientin diesen üblicherweise nicht als solchen erkennt. Durch einen niedrigen Blutzuckerspiegel kann das autonome Nervensystem aktiviert werden, so daß es zu innerer Unruhe, Herzklopfen etc. kommt. Die Patientin kann erwägen, eine Mahlzeit zu planen und zu essen ohne anschließend zu brechen. Im nächsten Schritt werden die Möglichkeiten innerer Ablenkung in den von den Patientinnen genannten Problemsituationen gesammelt. Innere Ablenkung heißt, daß die Gedanken bewußt auf ein anderes Thema gelenkt werden, ineffektives Gedankenkreisen kann so unterbrochen werden. Die Patientin kann die innere Ablenkung mit einem „Gedankenstop" einleiten: „Stop – ich grüble schon wieder. Grübeln nutzt jetzt nicht, Panikmachen bringt mich nicht weiter, die Situation ist im Moment nicht zu ändern…"

Beispiele für innere Ablenkung:

– Beobachtet werden:	an den nächsten Urlaub denken, den nächsten Urlaub planen;
– beim Essen:	an einen schönen Film oder ein Buch denken;
– bei der Arbeit:	das Wochenende planen;
– bei unangemessener Kritik:	an frühere Erfolge denken;
– etwas „Verbotenes" gegessen haben:	den Abend planen;
– warten:	an einen netten Freund denken;
– in der U-Bahn:	an eine nette soziale Begebenheit denken;
– grübeln:	an ein schönes Naturerlebnis denken, eine Phantasiereise machen.

Bei sehr drängenden Gedanken funktioniert die innere Ablenkung oft nicht. Wie beim nächtlichen Aufwachen ist es dann sinnvoll, die Gedanken aktiv herzuholen (auf das Problem fokussieren) und angedachte Vorstellungen zu Ende zu denken. Möglicherweise kann das Problem dann im Sinne von phantasierten Lösungen planend angegangen werden.

5. Übung 2: Phantasiereise

Um die entspannende Wirkung der inneren Ablenkung, speziell des „an etwas Schönes denken" zu verdeutlichen wird heute als abschließende Entspannungsübung eine Phantasiereise gemacht. Beispiele: sonnige Frühlingswiese mit Quelle; lächelndes Gesicht eines lieben Menschen (vgl. Stevens, 1975).

6. Hausaufgaben

- Die Patientinnen sollen in mindestens vier Belastungssituationen gezielt Bewältigungsstrategien einsetzen. Sie können in jeder Situation selbst entscheiden, welche Strategie den größten Erfolg verspricht und diese anwenden. Die erfolgreiche Bewältigung soll schriftlich dokumentiert werden.
- Es wird eine Adressenliste mit Telefonnummern für Notfälle erstellt.
- Es wird weiter strukturiert gegessen, wobei die Ernährungspläne wieder erweitert werden sollen (mehr verbotene Nahrungsmittel, mehr Tage etc).
- Die Entspannung wird weiter geübt.
- Die Patientinnen werden gebeten, zur nächsten Sitzung die Erlernen-Verlernen-Listen mitzubringen.
- Die Teilnehmerinnen werden gebeten, zur nächsten Sitzung eine Decke mitzubringen.

7. Blitzlicht

Mögliche Schwierigkeiten

- Die Ablenkungsmöglichkeiten werden als künstlich erlebt: Zum Umgang mit dieser Schwierigkeit siehe die Ausführungen zu „Mögliche Schwierigkeiten" in der letzten Sitzung.
- Die Ablenkung funktioniert nicht: Es wurde bereits darauf hingewiesen, daß es nicht immer günstig ist, sich von nötigenden Belastungen abzulenken. Das gilt vor allem für Grübeln und Katastrophengedanken, die aber nicht zu Ende phantasiert werden. Beispielweise werden Ängste oder Alltagssorgen gerade beim Einschlafen oft besonders stark. Dann kann es sinnvoll sein, sich den Gedanken besonders zuzuwenden. Nützlich ist hier auch das Führen eines Tagebuches oder das erwähnte Gespräch mit einer Telefonberatungsstelle.
- Die Belastung wird erst erkannt, wenn sie bereits vorbei ist: Für alle kurzfristigen Bewältigungsstrategien gilt, daß sie nur erfolgreich angewandt werden können, wenn die Belastung frühzeitig auch als solche erkannt wird. Haben Patientinnen damit Schwierigkeiten, können verschiedene Techniken eingesetzt werden, die Signale für Belastungssituationen – z.B. Muskelspannung – besser wahrnehmen zu lernen: Anhand geplanter Signale (Klebepunkte auf Kühlschrank, Füllfederhalter etc.) kann z.B. der Spannungszustand der Muskeln überprüft werden. Damit wird die Aufmerksamkeit gezielt auf interne Belastungssignale gerichtet. Möglich ist auch eine erneute Zusammenstellung der externen, situationalen Hinweise und eine Vorschau, zu welchen Zeitpunkten Streßsituationen auftreten können. Die Patientin kann sich so darauf einrichten. Beispiel: „Heute werde ich mit der unangenehmen Kollegin arbeiten müssen. Wenn sie mich kritisiert, höre ich gar nicht zu und vertiefe mich in meine Arbeit."

12. Sitzung

Überblick

Ziele

- Bestandsaufnahme des Eßverhaltens und Übersicht über die Methoden des Ernährungsmanagements
- Vergleich der Therapieziele mit konkreten Veränderungen / Zwischenbilanz
- Verbesserung der Körperwahrnehmung

Ablauf der Sitzung

1. Teilnehmervortrag	Zusammenfassung der letzten Sitzung .
2. Übung 1	Wiegen
3. Rückmeldung und Diskussion	Gewichtsentwicklung anhand der Protokolle
4. Diskussion	Bestandsaufnahme: Strukturiertes Essen
5. Diskussion	Erfahrungen mit Entspannung
6. Hausaufgabenbesprechung	Einsetzen von kurzfristigen Bewältigungsstrategien in Belastungssituationen
7. Diskussion	Feedback über bereits erreichte Veränderungen / Reanalyse der Therapieziele
8. Übung 2 (Partnerübung)	Massage
	– Entspannungsinduktion
	– Partnermassage unter genauer Wahrnehmung der körperlichen Empfindungen
	– Differenzierung zwischen konkreten Körperempfindungen und Gedanken und Bewertungen
9. Hausaufgaben	– Ernährungsplanung und Entspannungsübung weiter durchführen
	– Protokollieren konkreter Belastungssituationen, die langfristig anders bewältigt werden sollen
10. Blitzlicht	

Vorbereitung und Material

Waage, Gewichtsdokumentation, Decken für die Massageübung, Aufzeichnungen über die Therapieziele der einzelnen Patientinnen, Gewichtstabelle, Formblätter zur Übung von Bewältigungsstrategien, ausgefüllte Erlernen-Verlernen-Listen (s. Anhang 3), soweit diese beim Therapeuten verblieben sind

Therapeutisches Vorgehen

1. Teilnehmervortrag: Zusammenfassung der letzten Sitzung

2. Übung 1: Wiegen

Das Gewicht der einzelnen Teilnehmerinnen wird in die Gewichtstabelle eingetragen.

3. Rückmeldung und Diskussion: Gewichtsentwicklung anhand der Tabelle

In dieser Sitzung geben die Therapeuten eine detaillierte Rückmeldung über die Gewichtsentwicklung der einzelnen Patientinnen. Das Gewicht ist ja jede Woche notiert worden. Dabei wird auf langfristige Zunahme, aber auch auf wöchentliche Schwankungen des Gewichts um einen stabilen Set-point herum hingewiesen. Befürchtungen bezüglich einer starken Gewichtszunahme relativieren sich dann häufig. Die Gewichtsrückmeldung ist auch eine Evaluation der strukturierten Eßtage hinsichtlich des Gewichts. Wenn eine bei Therapiebeginn normalgewichtige Patientin deutlich zugenommen hat (mehr als 5 kg), ißt sie vermutlich zuviel. Das mag ein Zeichen für eine ambivalente Einstellung zum Therapieerfolg sein, kann aber auch in einer falschen Abschätzung der Portionen oder ungünstigen abendlichen Essenszeiten begründet sein. Hat eine anfänglich deutlich untergewichtige Patientin stark zugenommen, bedeutet dies meistens, daß sie ihr Untergewicht langfristig nur mit einer strengen Reduktionsdiät halten kann. Sie muß sich dann entscheiden, ob ihr das Untergewicht diesen Aufwand wert ist und dabei bedenken, daß eine Kalorienreduktion immer das Risiko der Bulimie birgt.

4. Diskussion: Bestandsaufnahme des strukturierten Essens

In dieser Sitzung soll Zwischenbilanz über den bisherigen Therapieverlauf gezogen werden. Die einzelnen Therapieschritte werden im Sinne einer Bestandsaufnahme nochmal zusammengefaßt, erfolgreiche Veränderungen werden dokumentiert (z.B. an der Tafel). Die Zwischenbilanz ist wichtig, um Erfolge für die Patientinnen wahrnehmbar aufzuzeigen und um die gelernten Strategien verfügbar zu halten. Der Therapeut erhält Rückmeldung über den Therapieverlauf und kann die weiteren Maßnahmen an den Bedarf anpassen. In der nächsten Sitzung (13. Sitzung) wird eine neue Zielanalyse für die Verminderung der langfristigen

Belastungen erstellt, bei der die Ergebnisse der Verlaufsdiagnostik berücksichtigt werden.

Die Bestandsaufnahme der bisherigen Therapie beginnt mit dem Ernährungsmanagement. Es sollte nochmal Gelegenheit sein, etwas ausführlicher auf die Ernährungsplanung einzugehen. Die Therapeuten fragen in der Gruppe jede Patientin, ob sie die strukturierten Eßtage weiter beibehalten hat, wie viele Tage sie nun strukturiert ißt und welche Erfahrungen sie damit macht. Bei jeder Teilnehmerin sollte klar werden, wie sich ihr Eßverhalten in der Zeit der Therapie verändert hat. Erfolge sollten wieder besonders herausgestellt und verstärkt werden. Möglicherweise gibt es hier erhebliche Unterschiede zwischen den einzelnen Teilnehmerinnen. Da im folgenden Therapieabschnitt der Schwerpunkt auf der Erarbeitung von Strategien zur langfristigen Problembewältigung liegen wird, kann keine detaillierte Planung der strukturierten Eßtage in den Gruppensitzungen mehr erfolgen, auch wenn dies für einzelne Patientinnen durchaus noch nützlich sein könnte.

In der **Einzeltherapie** kann hier eine Zusatzsitzung bereitgestellt werden. In Gruppentherapien gibt es die Möglichkeit, eine weitergehende Ernährungsplanung an die Gruppe zu delegieren. Teilnehmerinnen, die mit der Ernährungsplanung schon gut zurechtkommen, können andere Gruppenmitglieder bei der Erarbeitung und Durchführung der strukturierten Eßtage unterstützen. Die Therapeuten können diese Möglichkeit der Selbsthilfe in der heutigen Sitzung ansprechen. Wenn Interesse besteht, sollte festgelegt werden, welche Patientinnen zusammenarbeiten (je nach Sympathie, Nähe des Wohnorts, Zeitplanung) und wie die Zusammenarbeit aussehen soll. Der Therapieschwerpunkt Ernährungsmanagement sollte jetzt abgeschlossen werden; zu einem späteren Zeitpunkt werden jedoch Teile daraus wiederholt werden. Das strukturierte Essen läuft ohne Detailplanung und ohne Verträge automatisch weiter.

5. Diskussion: Erfahrungen mit den Entspannungsübungen

Die Therapeuten gehen kurz auf die Entspannungsübungen ein, die zu Hause täglich geübt werden sollen. Auch hier gibt es erfahrungsgemäß große Unterschiede, ob und wie intensiv die Patientinnen üben und ob sich bei den einzelnen Teilnehmerinnen durch die Entspannung eine positive Veränderung im Sinne ihrer Therapieziele ergeben hat. Einwänden von Gruppenmitgliedern zum Sinn der Entspannung kann mit gängigen Gesprächstechniken begegnet werden. Unbefriedigende Erfolge können darauf zurückzuführen sein, daß zuwenig geübt wird. Um die Entspannung wirkungsvoll anzuwenden, ist es nötig, sie intensiv zu üben – dasselbe gilt auch für alle anderen Techniken zum Abbau von Belastung und Streß. Jeder kann und wird nur so viel von der Therapie profitieren, wie er auch bereit ist, zu investieren.

6. Hausaufgabenbesprechung: Einsetzen von kurzfristigen Bewältigungsstrategien in Belastungssituationen

Hausaufgabe der letzten Sitzung war es, die neu gelernten Strategien in mindestens vier Streßsituationen anzuwenden und das Ergebnis zu protokollieren. Besonders herauszustreichen sind Situationen, in denen eine Bewältigungsstrategie anstelle eines Eßanfalls „eingesetzt" wurde. An dieser Stelle wiederholen die Therapeuten kurz das Vorgehen bei der kurzfristigen Bewältigung von Belastungssituationen:

1. Erkennen der Belastung durch Zuwendung auf unangenehme Gefühle, Empfindungen, Gedanken;
2. kurzfristige Bewältigung durch:
   a) Entspannung bei gleichzeitiger Zuwendung auf die Belastung,
   b) nach ausreichender Beschäftigung mit der Belastung innere oder äußere Ablenkung,
   c) irrationale und übertriebene Gedanken relativieren, neue Perspektive und Selbstermutigung.

Tabelle 4. Beispiele kurzfristiger Bewältigung

Belastung (Ort, Zeit, Gedanken, Gefühle)	Ich habe die Belastung bewältigt, indem ich...	Das hatte zur Folge (z.B. für Essen, Erbrechen)
Beim morgendlichen Semmelkauf, der Kuchen beim Bäcker hat mich angemacht: ich könnte mit etwas gönnen	Ich habe mit die Möglichkeite eingeräumt, 1 Stück Kuchen statt einer Semmel in meinem Plan aufzunehmen	Ich habe den Kuchen gar nicht mehr gebraucht, ich wollte Semmeln essen
Verpaßte S-Bahn: 40 Min. Wartezeit mit Essen überbrücken, Ärger	Bewußtmachen des Situationsauslösers, Alternative: Buchhandlung am Hauptbahnhof durchstöbert und mir einen Krimi gekauft	Zufrieden, nicht sinnlos gegessen, stolz
In der Klinik bekomme ich eine große Schachtel sehr guter Pralinen geschenkt: Versuchung, alle auf einmal zu essen und zu kotzen	Genehmige mit 5 Stück und vertröste mich auf die Zwischenmahlzeit, wo ich mir ein Stück Kuchen gönnen wollte; ermutige mich und lenke mich ab	Freue mich auf die Zwischenmahlzeit, Genieße die Pralinen, bin stolz auf mich

Ein Beispiel von Bewältigungsinhalten einer Patientin zeigt die Tabelle 4.

Vielleicht kommt zu diesem Zeitpunkt schon von Seite der Patientinnen zur Sprache, daß die Belastungssituationen trotz kurzfristiger Bewältigung immer wieder entstehen. Das heißt, daß zwar im Moment mit einer Situation besser umzugehen ist, sich aber nichts grundsätzlich ändert. Die Therapeuten weisen auf den nächsten Therapieschritt hin, nämlich die langfristige Verminderung von Belastungen, die in den nächsten Sitzungen das zentrale Thema sein wird.

7. Diskussion: Feedback über bereits erreichte Veränderungen / Reanalyse der Therapieziele

Die Therapeuten fordern jede Patientin auf, ihre Erfolge im Streßmanagement zusammenzufassen und die Ergebnisse mit ihren ursprünglichen Therapiezielen (siehe „Erlernen-Verlernen-Listen") zu vergleichen. Ausgehend von der Feststellung, daß mit Entspannung, Selbstermutigung, innerer und äußerer Ablenkung noch keine grundsätzliche Veränderung der Lebensbedingungen erzielt werden kann, stellen die Therapeuten an jede Patientin die Frage:

Welche Belastungen müssen Sie langfristig in den Griff bekommen, um das Auftreten von Bulimieanfällen unwahrscheinlich zu machen? Bitte überlegen Sie sich bis zur nächsten Sitzung fünf Belastungsbereiche, die sie langfristig anders bewältigen wollen, z.B. den Umgang mit der Chefin, Konflikt mit den Eltern oder auch die Schwierigkeit, Fehler bei sich selbst zu akzeptieren.

8. Übung 2 (Partnerübung): Massage

Die Sitzung wird mit einer Massageübung beendet. Sie kann einerseits als Erweiterung der Entspannungsübungen angesehen werden, dient aber auch der Vorbereitung des nächsten Therapieschritts, der Einstellungsänderung. Bei vielen eßgestörten Patientinnen ist das Körpergefühl mehr von irrationalen Einstellungen („unangenehm, weil fett und schwabbelig") bestimmt, als von tatsächlichen Sinnesempfindungen und Wahrnehmungen. In der Massageübung sollen die Teilnehmerinnen im Zustand der Entspannung darauf achten, was sie spüren und erleben und diese Empfindungen von auftretenden Gedanken trennen. Die Patientinnen wurden in der letzten Sitzung gebeten, Decken mitzubringen. Diese werden nun auf dem Boden ausgelegt. Die Instruktion zur Partnerübung lautet:

Jede von Ihnen sucht sich jetzt eine Partnerin, mit der sie die Massageübung zusammen durchführt. Wer will zuerst massiert werden? Diejenige legt sich bitte auf die Decke auf den Bauch. Die Beine sind leicht gespreizt und nach außen gedreht. Die großen Zehen berühren sich, die Fersen kippen auseinander. Legen Sie die Handflächen vor sich aufeinander, so als wollten Sie ein Kissen machen. Darauf legen Sie den Kopf sanft auf der Seite ab. Die Ellenbogen liegen weit auseinander am Boden, die Achselhöhlen berühren fast den Boden. Machen Sie es sich ganz bequem. Strecken Sie den Körper und entspannen Sie alle Muskeln. Atmen Sie ruhig und gleichmäßig und spüren Sie wie Sie mit jedem Ausatmen tiefer in den Boden sinken...

Legen Sie nun Ihre Arme flach nach hinten auf den Boden, die Handrücken berühren den Boden, die Beine fallen locker nach außen. Wir beginnen jetzt mit der Massage. Achten Sie darauf, welche Körperempfindungen Sie haben, während Sie massiert werden. Lassen Sie die Gedanken kommen und gehen. Sie sind ganz unwichtig. Es zählt nur, was Sie wirklich spüren. Was tut Ihnen besonders gut? Wie fühlen sich die einzelnen Körperteile, die gerade massiert werden, an? Was ist weniger angenehm? Geben Sie darüber Ihrer Partnerin Rückmeldung. Sie bleiben während der Übung ganz entspannt, atmen ruhig und gleichmäßig.

Die anderen fangen nun an, die am Boden Liegende zu massieren. Wir beginnen mit dem Rücken: breit angelegte Streichbewegungen über den ganzen Rücken, langsam und intensiv. Massieren Sie dann bestimmte Zonen: Schultern, Nacken, oberen und unteren Rücken, an der Wirbelsäule entlang, dann das Gesäß und die Rückseiten der Beine, Ober- und Unterschenkel... Sprechen Sie sich mit Ihrer Partnerin ab, was ihr am angenehmsten ist, Streichbewegungen, leichtes Kneten oder Klopfen oder kreisende Bewegungen. Stimmen Sie sich aufeinander ab... Wechseln Sie nun bitte... ..

Die Übung kann (bei fehlenden Decken) auch im Stehen durchgeführt werden. Die Patientin stellt sich dabei mit leicht gespreizten Beinen hin, krümmt den Rücken nach vorne und läßt Kopf und Arme nach unten hängen. Die Partnerin streicht über den Rücken und klopft mit den Handkanten Gesäß und Beine ab.

Anschließend sollten noch 5-10 min. Zeit sein, in der Gruppe über die Erfahrungen mit der Massageübung zu reden. Was haben die Teilnehmerinnen gespürt, wie hat sich der Körper angefühlt, was war angenehm, was unangenehm? Dabei wird das, was körperlich erlebbar war, von Gedanken und Bewertungen differenziert.

In der **Einzeltherapie** kann die Patientin zur Selbstmassage und Körperübungen angeregt werden wie z. B. Feldenkreis-Übungen.

9. Hausaufgaben

- Die Ernährungsplanung und Entspannung sollten wie besprochen weiter durchgeführt werden.
- Die Patientinnen werden gebeten, sich zu Hause 5 konkrete Belastungssituationen aufzuschreiben, die sie langfristig anders bewältigen wollen.

10. Blitzlicht

Mögliche Schwierigkeiten

- Eine Teilnehmerin hat während des Ernährungsmanagements deutlich an Gewicht zugenommen (mehr als 4 Kilogramm): Bei der Exploration ist es wichtig, das Ausgangsgewicht zu berücksichtigen. War es besonders niedrig, dann ist die jetzige Zunahme lediglich als Normalisierung zu betrachten und keine weitere Gewichtssteigerung mehr zu erwarten. Ist dies nicht der Fall, kann der Therapeut nochmals auf die Hypometabolismustheorie und auf eine möglicherweise besonders langsame Umstellung des Stoffwechsels verweisen. Eventuell sollte auch die Möglichkeit eines höheren Set-point-Gewichtes angesprochen werden und die Gedanken und Gefühle dazu bearbeitet werden.
- Eine Teilnehmerin erlebt die Massage als sehr belastend: Hier ist Gelegenheit, Entspannung und Selbstermutigung als Bewältigungsstrategien zu üben.

13. Sitzung

Überblick

Ziele

- Wissen über Möglichkeiten langfristiger Bewältigungsstrategien
- Anwendung der Entspannung als langfristige Strategie

Ablauf der Sitzung

1. Teilnehmervortrag — Zusammenfassung der letzten Sitzung
2. Übung 1 — Wiegen
3. Hausaufgabenbesprechung — Sammeln der Konflikte, die langfristig bewältigt werden müssen
4. Information und Überblick — Langfristige Bewältigungsstrategien
5. Übung 2 — Phantasiereise: Belastungssituation bei gleichzeitiger Entspannung
   - Entspannungsinduktion
   - Vorstellen einer belastenden Situation
   - Reflexion der Erfahrungen
6. Hausaufgaben — Mitbringen von Materialien für eine Collage zum Thema Frauenrolle, Gewicht und Essen
7. Blitzlicht

Vorbereitung und Materialien

Waage, Gewichtsdokumentation

Therapeutisches Vorgehen

1. Teilnehmervortrag: Zusammenfassung der letzten Sitzung

2. Wiegen

Das Gewicht der einzelnen Teilnehmerinnen wird in die Gewichtstabelle eingetragen.

3. Hausaufgabenbesprechung: Sammeln der Konflikte, die langfristig anders bewältigt werden müssen

Die Therapeuten führen den nächsten Therapieschritt ein, nämlich das Erlernen langfristiger Bewältigungsstrategien für Belastungen:

Was heißt das eigentlich, Belastungen langfristig bewältigen? Es heißt nichts anderes, als dafür zu sorgen, daß die Belastungen in dieser Form gar nicht mehr auftreten. Dafür kommen verschiedene Techniken in Frage. Eine Form könnte sein, die belastende Situation einfach zu vermeiden. Diese Möglichkeit haben Sie vielleicht schon ausprobiert. Belastende Situationen zu meiden kann manchmal ganz erfolgreich sein. Vielleicht haben Sie aber gleichzeitig die Erfahrung gemacht, daß damit das Risiko für ein erneutes Auftreten der Belastung nicht geringer wird. Und vielleicht haben Sie die Erfahrung gemacht, daß Sie sich vor den belastenden Situationen um so mehr ängstigen, je öfter Sie diese vermieden haben. Das kommt daher, daß Sie keine Gelegenheit mehr hatten, die Situation neu zu überprüfen und zu lernen damit umzugehen.

Langfristig besser, als die Belastungen zu vermeiden, ist es daher, nach Möglichkeiten zu suchen, sie gar nicht erst entstehen zu lassen. Mit Hilfe bestimmter Bewältigungstechniken können Sie erreichen, daß die Ursachen von Belastungssituationen abgebaut werden, bzw. daß häufig auftretende, unvermeidbare Belastungen in ihrer Wirkung erheblich abgeschwächt werden. Im Unterschied zu den kurzfristigen Bewältigungsstrategien, die fast ausschließlich auf eine Veränderung unseres eigenen Verhaltens zielen, richten sich die langfristigen Bewältigungsstrategien sowohl auf eigenes Verhalten als auch auf eine Veränderung der Umweltbedingungen. Um eine langfristige Bewältigungsstrategie gezielt einsetzen zu können, muß ich zunächst wissen, was ich eigentlich als Belastung erlebe und wie es zu dieser Belastung kommt. Sie hatten ja die Hausaufgabe, die Konflikte und Probleme aufzuschreiben, die immer wieder zu belastenden Situationen führen. Wir wollen diese jetzt sammeln.

Im Plenum stellen die Gruppenmitglieder die Belastungen vor, die sie langfristig bewältigen wollen.

Im nächsten Schritt wollen wir nun überlegen, wie es zu den genannten Belastungen kommt, warum Sie solche Situationen überhaupt als Belastung erleben. So unterschiedlich die einzelnen Situationen auch sind, im wesentlichen lassen sich die Ursachen für das Entstehen einer Belastung in den folgenden vier Punkten finden, die ich jetzt an der Tafel anschreibe:

1. *Belastungen, die durch Gefühle, körperliche Mißempfindungen, durch Aufregung und Verkrampfung entstehen (Beispiel: Hunger-, Völlegefühl).*
2. *Belastungen, die dadurch entstehen, daß Sie an bestimmten Vorurteilen festhalten, sich bestimmten strengen Regeln unterwerfen, sich selbst, die Zukunft und Ihre Umwelt sehr negativ bewerten (Beispiel: Kalorienlimit).*
3. *Belastungen, die dadurch entstehen, daß Sie mit anderen Menschen nicht so reden können, wie Sie möchten. Sie können Ihre Wünsche nicht äußern, fühlen sich nicht verstanden und können sich nicht durchsetzen oder nein sagen (Beispiel: Angst vor Zurückweisung).*
4. *Belastungen, die dadurch entstehen, daß Sie vor einem großen Chaos stehen, nicht mehr weiter wissen und das Ziel aus den Augen verloren haben. Sie können sich nicht für einen Weg entscheiden (Beispiel: Prüfungsvorbereitung).*

Bitte überprüfen Sie, wie Sie Ihre persönlichen Belastungen diesen vier Ursachenkategorien zuordnen können. Fallen Ihnen noch weitere Ursachen ein?

4. Information und Überblick: Langfristige Bewältigungsstrategien

Zuerst wird in der Gruppe rundgefragt, welche Möglichkeiten zur Bewältigung den Teilnehmerinnen selbst einfallen. Im folgenden werden dann zu den einzelnen Belastungsgruppen Bewältigungsstrategien vorgestellt, die es ermöglichen eine Belastung langfristig zu vermindern, bzw. sie gar nicht mehr auftreten zu lassen. Dazu zeichnet der Therapeut das folgende Schema an die Tafel an:

Langfristige Bewältigungsstrategien für Belastungssituationen

Körperliche Entspannung	Einstellungsänderung	Gesprächsfertigkeiten und Selbstsicherheit	Systematisches Planen und Problemlösen

Mit folgenden Worten werden diese Bewältigungsstrategien mit den Belastungsursachen in Beziehung gesetzt:

Zu den angeführten Ursachen der Belastungen wollen wir folgende Techniken der Bewältigung vorstellen und üben:
- **Körperliche Entspannung:** *Techniken der Entspannung für die kurzfristige Bewältigung von Problemen, die durch Aufregung und Verkrampfung entstehen, kennen Sie ja schon. Die körperliche Entspannung hat jedoch auch langfristige Folgen: Wenn Sie zu Hause regelmäßig die Entspannung üben, werden Sie sicher festgestellt haben, daß Sie Verspannungen am Körper schneller wahrnehmen, häufiger entspannen, die Atmung öfter überprüfen und wenn nötig beruhigen. Sie werden insgesamt ruhiger und starten in Streßsituation von einem niedrigeren Aufregungsniveau. Sie können daher viel länger einen klaren Kopf behalten und die Dinge ruhig und gelassen angehen.*

- **Einstellungsänderung:** *Mit der Technik der Einstellungsänderung wollen wir bewußt und gezielt unangemessene oder falsche Ansichten, Vorurteile, Erwartungen oder starre Regeln durch neue, angemessene ersetzen.*
- **Gesprächsfertigkeiten, Selbstsicherheit:** *Hier· werden Sie Techniken der Vorbereitung und Führung von Konfliktgesprächen lernen. Und Sie werden lernen, eigene Wünsche durchzusetzen.*
- **Systematisches Planen und Problemlösen:** *Hier werden Sie Techniken kennenlernen, wie Sie einzelne Schritte und Maßnahmen zur vorbeugenden Bewältigung vorhersehbarer Belastungen planen und durchführen.*

Die Techniken zur Einstellungsänderung, zu Kommunikation und Selbstsicherheit und zum Planen und Problemlösen werden wir in den nächsten Sitzungen besprechen. Heute wollen wir uns noch einmal der Entspannung zuwenden: Entspannung ist nämlich gleichzeitig eine gute Methode, um sich mit Themen auseinanderzusetzen, die Sie ängstigen und Ihnen Sorgen machen. Wir haben das bereits besprochen: Man kann nicht gleichzeitig Angst haben oder sich ärgern und entspannt sein. Oder andersherum: Angst, Ärger und Anspannung sind Geschwister, die immer zusammen auftreten und sich gegenseitig unterstützen. Sie können sich, wenn Sie die Entspannung gut beherrschen, schrittweise mit den ängstigenden Themen konfrontieren, ohne in Panik und Schrecken zu geraten. Sie beginnen sozusagen in kleinen Dosen eine Meditation über die schwierigen Punkte in ihrem Leben. Dazu wollen wir jetzt eine Übung machen.

5. Übung 2: Phantasiereise / Vorstellen einer Belastungssituation bei gleichzeitiger Entspannung

In der Übung geht es um die Belastung, mit einem Überangebot an Speisen konfrontiert zu sein, bei der die Patientinnen bezüglich der Auswahlmöglichkeiten und eigenen Grenzen unsicher werden und zudem Ängste vor Gewichtszunahme entwickeln. Alternativ können auch andere Belastungssituationen ausgewählt werden.

Setzen Sie sich so bequem wie möglich hin, atmen Sie ruhig durch... Sie können die Augen schließen, wenn Sie möchten. Sie können darauf achten, wie es sich anfühlt, wenn Ihre Füße den Boden berühren.

Und nun stellen Sie sich vor, Sie sind auf einer Party bei Leuten, die Sie eigentlich gar nicht gut kennen. Vor Ihnen ist ein riesiges kaltes Büffet aufgebaut mit lauter leckeren Sachen: verschiedene Salate, Schinken, Lachs, ein großer aufgeschnittener Braten, gefüllte Auberginen, ein Käsebrett mit herrlich aussehenden Käsesorten, Oliven, Nüsse, verschiedenste Brotsorten und erst der Nachtisch! Mousse au chocolat, tiramisu, eine große Torte, Petit fours. Stellen Sie sich das kalte Buffet in Ihrer Phantasie ganz genau vor...

Bleiben Sie dabei ganz entspannt. Atmen Sie ruhig und gleichmäßig, ganz leicht. Gehen Sie kurz Ihre einzelnen Körperteile durch. Wenn Sie irgendwo eine Anspannung spüren, spannen Sie die entsprechende Muskelgruppe kurz an und entspannen wieder...

Wenden Sie sich wieder dem kalten Büffet zu: Schauen Sie sich zu, wie sie Ihren Teller füllen, hiervon und davon und noch ein wenig Käse... Beobachten Sie Ihre Gedanken. Denken Sie an eine Gewichtszunahme...? Atmen Sie wieder ruhig durch und konzentrieren Sie sich einen Moment auf Ihren Atem...

Sie essen jetzt. Es schmeckt toll... Sie denken kurz daran, was die Waage morgen wohl anzeigen wird. Sie essen weiter. Der Gürtel spannt etwas, sie fühlen sich richtig satt, wohlig satt... Sie überlegen jetzt, ob Sie sich nicht doch noch etwas holen sollten. Die Gelegenheit ist gerade so günstig... Gleichzeitig denken Sie an die Kalorien...

Spüren Sie jetzt ganz in Ihre Füße hinein, wie sie mit beiden Fußflächen fest auf der Erde stehen..., die Zehen..., die Fersen..., Innen- und Außenkanten der Füße... Genießen Sie die Energie, die Sie daraus schöpfen können, daß Sie so fest, so stabil auf der Erde stehen. Kommen Sie jetzt mit Ihren Gedanken in den Bauch. Empfinden Sie wie angenehm satt und zufrieden sich das anfühlt. Entspannen Sie sich weiter...

Kommen Sie nun allmählich aus der Phantasie zurück. Ballen Sie die Hände zu Fäusten. Lassen Sie sie locker und öffnen die Augen.

In der anschließenden Diskussion berichten die Teilnehmerinnen über ihre Erfahrungen mit der Phantasieübung. Besonderes Augenmerk wird dabei auf den angstlösenden Charakter der Entspannung in einer Belastungssituation gelegt. Für die meisten ist ein Überangebot an Nahrung, wie es in einem kalten Buffet angeboten wird, eine solche Belastung. Die Entspannung läßt jedoch keine Anspannung aufkommen, verhindert „jetzt ist es auch schon egal"-Gefühle. Es kommt nicht zum Eßanfall. Der Therapeut weist noch einmal darauf hin, daß Entspannung und Angst, bzw. Anspannung nicht gleichzeitig auftreten können. Auch für die langfristige Bewältigung von Problemen kann Entspannung eine wichtige Strategie sein.

6. Hausaufgaben

– Zur nächsten Sitzung sollen Materialen für eine Collage zum Thema Rolle der Frau, Figur, Körper, Essen mitgebracht werden, also Zeitschriften (Werbung!), Filzstifte, Schere, Klebstoffe etc.

7. Blitzlicht

14. Sitzung

Überblick

Ziele

- Erkennen soziokultureller Faktoren für die Bildung von Einstellungen zu Gewicht, Figur und Frauenrolle
- Relativierung bislang nicht hinterfragter Einstellungen

Ablauf der Sitzung

1. Teilnehmervortrag	Zusammenfassung der letzten Sitzung
2. Übung 1	Wiegen
3. Übung 2: Collage	Darstellen der eigenen und der gesellschaftlichen Einstellungen, Regeln, Vorurteile zu Figur, Körper, Essen und Frauenrolle
4. Information und Diskussion	Identifikation irrationaler Einstellungen / Einführung der Selbstbeobachtung
5. Hausaufgaben	– Badewannenübung (Streicheln des eigenen Körpers in der Badewanne und Wahrnehmen der Körpergefühle und -empfindungen) – Sammeln von Belastungssituationen, die etwas mit Regeln und Einstellungen zu tun haben
6. Blitzlicht	

Vorbereitung und Materialien

Waage, Gewichtsdokumentation, Rolle Packpapier, Material für die Collage (Schere, Klebstoff, dicke Filzstifte, Zeitschriften)

Therapeutisches Vorgehen

1. Teilnehmervortrag: Zusammenfassung der letzten Sitzung

2. Übung 1: Wiegen

Das Gewicht der einzelnen Teilnehmerinnen wird in die Gewichtstabelle eingetragen.

3. Übung 2: Collage

Der Großteil der heutigen Sitzung wird für die Collage verwendet, die alle Teilnehmerinnen zusammen erstellen. Auf einem Tisch wird ein großes Stück Packpapier ausgerollt, Zeitschriften, Werbung, Klebstoff, Scheren, Filzstifte haben die Teilnehmerinnen selbst mitgebracht.

   Die Instruktion für die Collage lautet:
Sie sollen heute alle zusammen eine Collage basteln, die darstellt, welche Regeln, Vorurteile, und Einstellungen für Frauen in unserer Gesellschaft existieren. In den Zeitschriften und Zeitungen, die Sie mitgebracht haben, besonders in den Werbeanzeigen, finden Sie dazu ja reiches Material. Und außerdem – das ist wichtig – sollen Sie in diesem Bild auch zeigen, welche Erwartungen und Einstellungen Sie selbst dazu haben. Was sind Ihre Erwartungen an sich selbst, welche Einstellungen haben Sie bezüglich Ihrer Rolle, Ihrer Figur, Ihres Aussehens. Welche Rolle spielt für Sie das Essen?
   Achten Sie auch darauf, welche Gefühle und Empfindungen Sie haben, wenn Sie sich diese Regeln und Einstellungen vergegenwärtigen. Stellen Sie auch diese in der Collage dar. Und reden Sie bitte mit den anderen darüber. Diskutieren Sie! Wie entstehen diese Regeln? Warum unterwerfe ich mich diesen Regeln? Welche Erfahrungen habe ich damit gemacht? All dies kann durch die Arbeit an der Collage sehr deutlich und im wahrsten Sinne des Wortes anschaulich werden.

   Der Therapeut faßt Erkenntnisse und Gedanken immer wieder zusammen. In der **Einzeltherapie** gestaltet die Patientin die Collage alleine; diese kann auch zu Hause vorbereitet und in der Therapie besprochen werden.

4. Information und Diskussion: Identifizierung irrationaler Einstellungen / Einführung der Selbstbeobachtung

In der Anschlußdiskussion fragt der Therapeut nach den Einstellungen zu Körper, Figur, Gewicht und Essen, die in der Collage deutlich geworden sind. Besonders wichtig sind auch die Einstellungen zu Leistung und die Regeln für Anerkennung. Welche Überzeugungen haben die Patientinnen dazu, was notwendig ist, um geliebt und geachtet zu werden und um sich wohlzufühlen? Der Therapeut formuliert diese meist sehr allgemein gehaltenen Einstellungen in individuelle

Gedanken und Selbstgespräche um – wie sie auch in der konkreten Situation auftreten. Dadurch kann deutlich werden, daß zwischen einer Belastungssituation und den resultierenden Gefühlen und Handlungen bestimmte Einstellungen in Form von Gedanken und Selbstgesprächen liegen. Der Therapeut erläutert, daß diese Einstellungen unser Handeln und unser Fühlen bestimmen und verweist auf die nächste Sitzung, in der diese Zusammenhänge genauer untersucht werden. Er erklärt am Beispiel „Körpervorstellung heute und früher", daß diese Regeln nicht „natürlich" sind, sondern von Menschen gemacht. In der Gruppe werden die Konsequenzen zu diesen Regeln zusammengestellt und es wird erarbeitet, daß diese Einstellungen überprüft werden können, wenn sie – wie enge Figurvorstellungen – zur Belastung werden.

Schließlich werden Anweisungen gegeben, wie solche übergreifenden Regeln und Einstellungen entdeckt und überprüft werden können: Eigene Regeln und Einstellungen können durch die Analyse von automatischen Gedanken und Selbstgesprächen identifiziert werden. Diese Selbstgespräche sind oft sehr rudimentär, unwillkürlich und automatisch, grammatikalisch unvollständig, sie kommen nur selten als Sprache zu Bewußtsein. Für die Hausaufgabe – Herausfinden häufiger Regeln in bestimmten Belastungssituationen – ist es daher nötig, sich diesen inneren Gesprächen zuzuwenden und genau zu beobachten, welche Gedanken auftauchen, sie in möglichst vielen Situationen zu Ende zu denken und sich zu fragen, welche Bedeutung die jeweilige Situation hat. Die Patientinnen können so lernen, den automatischen, unwillkürlichen Charakter der Selbstgespräche zu durchbrechen.

Einige Beispiele für Selbstgespräche, in denen Regeln sichtbar werden:

Selbstaussage	Einstellung
In diesem engen Pullover sehe ich fett aus – so kann ich nicht ins Seminar gehen.	Nur wenn ich dem gesellschaftlichen Schlankheitsideal entspreche werde ich akzeptiert.
Diese Prüfung muß ich schaffen, sonst bin ich ein totaler Versager.	Andere Menschen akzeptieren mich nur, wenn ich niemals Fehler mache.

5. Hausaufgaben

– Die Patientinnen sollen bis zum nächsten Mal überlegen und sammeln, welche belastenden Situationen etwas mit Einstellungen und Regeln zu tun haben.
– Die „Badewannenübung": Jede Teilnehmerin läßt sich zu Hause ein warmes Bad mit einem angenehmen Duftbadezusatz einlaufen. In der Wanne soll dann der eigene Körper gestreichelt werden. Anschließend wird der ganze Körper eingecremt. Die Gefühle und Empfindungen sollen dabei genau registriert und anschließend notiert werden.

6. Blitzlicht

15. Sitzung

Überblick

Ziele

- Identifikation der Irrationalität von Einstellungen zu Figur und Gewicht
- Selbständiges Anwenden des ABC-Analyse-Schemas

Ablauf der Sitzung

1. Teilnehmervortrag	Zusammenfassung der letzten Sitzung
2. Übung 1	Wiegen
3. Hausaufgabenbesprechung	Erfahrungen mit der „Badewannen-übung"
4. Information und Modell-entwicklung	Einführen des ABC-Schemas nach Ellis
5. Übung 2 (Dreiergruppen)	Rollenspiel zum ABC-Schema
	– Bildung von Dreiergruppen und Übernahme der Rollen A (Situation), B (Bewertung) und C (Konsequenzen) durch je eine Teilnehmerin
	– Durchspielen von Anwendungsbeispielen
	– Rollenwechsel
	– Reflexion des Zusammenhangs zwischen Bewertung und Emotionen
6. Hausaufgaben	– Sammeln der Konsequenzen folgender Einstellungen: „Nur schlank bin ich wertvoll und werde geliebt"; „Ich muß perfekt sein"; „Ich muß von allen geliebt werden".
7. Blitzlicht	

Vorbereitung und Materialien

Waage, Gewichtsdokumention, Informationsbroschüre: 10 kognitive Fallen (s. Anhang 2)

Therapeutisches Vorgehen

1. Teilnehmervortrag: Zusammenfassung der letzten Sitzung

2. Übung 1: Wiegen

Das Gewicht der einzelnen Teilnehmerinnen wird in die Gewichtstabelle eingetragen.

3. Hausaufgabenbesprechung: Erfahrungen mit der „Badewannenübung"

Die „Badewannenübung" ist für viele eßgestörte Patientinnen eine sehr schwierige Übung, die aber Aufschluß über die der Störung zugrunde liegenden irrationalen Einstellungen geben kann. Es ist deswegen wichtig, Wahrnehmungen, Gedanken und Gefühle bei dieser Übung ausführlich zu besprechen und eventuelle Schwierigkeiten genau zu explorieren. Folgende Fragen stehen im Vordergrund:

- *Wie ist es Ihnen mit der Badewannenübung gegangen?*
- *Was war Ihnen daran angenehm?*
- *Gab es irgendwelche Schwierigkeiten? Bei welchen Körperteilen gab es Schwierigkeiten? Was genau war daran schwierig?*

Häufig wird das Berühren und Streicheln des Bauches, der Hüften und der Oberschenkel von den Patientinnen als besonders schwierig und unangenehm geschildert. Sie geben an, in der Badewanne hätten sie sich als besonders dick und schwammig empfunden. Der Therapeut läßt sich die haptischen Qualitäten genau und konkret schildern und regt u.U. positive Umformulierungen an: für schwammig beispielsweise weich und flexibel, für fett gepolstert und rund. Häufig trauen sich die Patientinnen nicht, richtig hinzufassen, sie schrecken davor zurück. Sie können sich auf das Experiment, sich selbst zu streicheln, nur schwer oder gar nicht einlassen, weil sie ihren Körper ablehnen. Sie sagen: „Ich mag mich nicht, ich bin zu dick" und überprüfen dies nicht mehr. In der Gruppe wird dies besprochen, was es bedeutet „zu dick" zu sein: „Im Vergleich mit wem bist du zu dick, im Vergleich mit einer Freundin, einer Schauspielerin, einem Fotomodell? Wer hat das gesagt, daß du zu dick bist?" „Hast du das selbst gespürt in der Badewanne? Wie hast du das überprüft, ob du zu dick bist?" „Wozu bist du zu dick: zu dick für eine Kleidergröße, für ein Kleidungsstück, das dir zu eng geworden ist?" Der Therapeut macht deutlich, daß solche unüberprüfte Aussagen wie „Ich bin zu dick." sehr viel mit Regeln und Einstellungen zu tun haben und hilft den Teilnehmerinnen an diesem konkreten Beispiel durch Kenntlichmachen der Selbstverbalisationen die Regeln und Einstellungen herauszuschälen.

4. Information und Modellentwicklung: Einführen des ABC-Schemas nach Ellis

Um die Zusammenhänge zwischen irrationalen Einstellungen und der Bulimie zusammenzufassen und zu systematisieren wird das ABC-Schema nach Ellis (Ellis u. Grieger, 1979) eingeführt:

Die Bulimie beruht unter anderem auf einer Reihe von Vorurteilen zu Körper, Gewicht und Essen. Solche Vorurteile sind „irrationale" Gedanken, weil sie vernünftigerweise nicht begründbar sind. Sie können uns in vielerlei Hinsicht das Leben schwer machen durch die Konsequenzen, die sie für unser Verhalten und unsere Gefühle haben. Dies kann uns das folgende Schema deutlich machen:

Das ABC-Schema

A	B	C
Auslöser (Wahrnehmung)	Bewertung – allgemeine Bewertung – Ursachenbewertung – Änderungsbewertung	Konsequenz

Es ist wichtig hervorzuheben, daß nicht der Auslöser oder die Situation selbst die Gefühle wie auch die anschließenden Handlungen hervorrufen, sondern vielmehr die bewertenden Gedanken und Selbstgespräche.

Beispiel:

A	B	C
Arbeitslosigkeit		Depression

So nehmen wir häufig die Wirkung von Ereignissen wahr. Tatsächlich aber haben wir im wesentlichen auf unsere Bewertung der Situation reagiert.

A	B	C
Arbeitslosigkeit	B+ „endlich habe ich mehr Freizeit" B- „ohne Arbeit bin ich nichts wert"	Hoffnung, Freude Depression Selbstabwertung

Die Realität wird von uns nicht vollständig erfaßt, sondern immer in Ausschnitten wahrgenommen. Und was wir wahrnehmen bewerten wir immer auch, ob wir uns dessen nun bewußt sind oder nicht. Diese oft unbewußte Bewertung bestimmt aber ganz entscheidend, welche Konsequenzen für unsere Gefühle und unser Handeln diese Wahrnehmung hat. Dies bedeutet, daß eine wertfreie Wahrnehmung nicht möglich ist. Wir wollen uns dies einmal an einigen Beispielen verdeutlichen. Nehmen wir als erstes die Badewannenübung:

A	B	C
Mein Körper im Wasser, evtl. durch die Wasserspiege-lung etwas ver-zerrt	Ich bin zu dick Ich habe zu viel gegessen Ich sollte abnehmen	– Schuldgefühle wegen zuviel essen – Anspannung – Diät – Bulimie

Der Therapeut faßt zusammen:

Sie liegen in der Badewanne und sehen an Ihrem Körper herunter, der durch die Wasserspiegelung eventuell etwas verzerrt ist (A). Sie bewerten diese Wahrneh-mung: „Ich bin viel zu dick, einfach fett. Das ist fürchterlich." (B). „Die letzten Tage habe ich viel zu viel gegessen." (Ursachenbewertung). „Ich muß unbedingt abnehmen." (Änderungsbewertung). Die Konsequenz ist: Sie bekommen Schuld-gefühle, sind ärgerlich und angespannt. Sie nehmen sich vor, möglichst wenig zu essen und bekommen vielleicht einen Heißhungeranfall.

Im Anschluß daran wird ein zweites Beispiel erarbeitet, in dem die auslösende Situation ähnlich, die Bewertung und damit auch die Konsequenz aber entgegen-gesetzt ist. Auch wenn die Bewertung in diesem Beispiel von den Patientinnen kaum akzeptiert wird, ist das Beispiel dennoch geeignet, die Konsequenz von unterschiedlichen Bewertungen zu verdeutlichen. Der Therapeut kann explizit darauf hinweisen, daß es Leute gibt, die „Molligsein" schön finden. Es geht hier nicht darum, den Patientinnen „Dicksein" als schön zu verkaufen. Dies verdeut-licht jedoch die Abhängigkeit der Konsequenzen von den bewertenden Einstel-lungen:

A	B	C
Die Waage zeigt 70 kg bei einer Größe von 163 cm	ich finde es schön, ein bißchen runder zu sein, das ist gemütlich und ich habe Reserven. Viele Männer mögen Frauen, an denen etwas dran ist. Das kommt daher, daß es mir immer so gut schmeckt. Ich könnte zwar weniger essen, aber ich möchte so bleiben wie ich bin.	Zufriedenheit Eßverhalten wird nicht verändert

Der Therapeut faßt zusammen:
Eine Frau steigt auf die Waage und stellt fest, daß sie ein bestimmtes Gewicht hat (auslösendes Ereignis). Sie vergleicht dieses Gewicht mit den Gewichtsmaßen anderer Menschen und stellt fest, daß ihr Gewicht über dem Durchschnittswert liegt (Wahrnehmung). Sie findet „Dicksein" schön (z.B. weniger Falten) und ist der Meinung, daß dicke Menschen gemütlich und die Energiereserven sehr nütz-

lich sind (Bewertung). Sie ist mit ihrem Gewicht zufrieden und fühlt sich wohl damit (Gefühlskonsequenz). Sie hat nicht den Wunsch, dünner zu werden. Sie verändert ihr Verhalten nicht, von dem sie annimmt, daß es für das Gewicht verantwortlich ist (Handlungskonsequenz). Diese Person wird sich nicht hilflos unbeeinflußbaren Gewichtsschwankungn ausgesetzt fühlen.

Es sollten noch einige Beispiele, in denen irrationale Bewertungen negative Konsequenzen provozieren, besprochen werden:

– *Was geschieht, wenn ein Schüler, der gerade eine Prüfung schreibt, nur daran denkt, daß er durchfallen könnte ?*
– *Was passiert, wenn Sie einem Mitarbeiter etwas erklären und dabei denken: „Der ist so blöde, jeder andere hätte das längst begriffen. Ich verschwende nur meine Zeit".*

Der Therapeut erklärt dann zusammenfassend, was unter irrationalen Einstellungen zu verstehen ist:

1. *Die Bewertungen erfolgen automatisch, sind damit nicht mehr bewußt und überprüfbar. Sie werden unflexibel allen Situationen unterlegt.*
2. *Die Bewertungen sind ausschließlich und allgemeingültig, so daß sie nicht mehr mit der Realität in Einklang gebracht werden können. Oder sie sind so starr (Alles-oder-nichts-Denken) oder übergeneralisiert (wenn einmal – dann immer etc.), daß keine flexible Handlungsanpassung folgen kann.*
3. *Die Ursachenbewertungen sind so, daß überhaupt kein eigener Einfluß möglich ist und deswegen keine Handlungskonsequenz folgen kann.*
Wir haben Ihnen ein Info-Blatt mitgebracht, auf dem Sie die wichtigsten Typen irrationaler Einstellungen finden. Wir können die einzelnen Punkte kurz durchgehen... Lesen Sie das Blatt bitte zu Hause gründlich durch und überprüfen Sie, ob Ihnen einige Gedankenmuster bekannt vorkommen.

Der Therapeut faßt nochmals zusammen, welche ungünstigen Konsequenzen irrationale Einstellungen haben. Er stellt dar, daß es ein erster Schritt der Änderung ist, unangemessene und irrationale Einstellungen zu überprüfen. Dies geschieht, indem
1. nach Beweisen für die Einstellung / Regel gesucht wird;
2. überprüft wird, ob externe Beobachter unter Umständen zu einer anderen Einschätzung gelangen könnten;
3. überprüft wird, ob diese Einstellung und Bewertung für die Teilnehmerin immer Gültigkeit besitzt und ob es Beispiele dafür gibt, daß sie selbst die Einstellung verändert hat;
4. untersucht wird, ob diese Einstellungen nachteilige Konsequenzen haben;
5. überprüft wird, ob die Einstellungen Voraussagen machen, die mit der Realität nichts zu tun haben.
Der Therapeut kündigt an, daß die Patientinnen in den nächsten Sitzungen die Möglichkeit haben werden, ihre Einstellungen zu Körper und Gewicht, aber auch zu anderen Lebensbereichen, gemeinsam daraufhin zu überprüfen, ob sie irrational sind und einer Änderung des Eßproblems im Wege stehen.

5. Übung 2 (Dreiergruppen): Rollenspiel zum ABC-Schema

Das folgende Rollenspiel, in dem jeweils eine Patientin die Rolle der auslösenden Situation, die zweite die der Bewertung und die dritte die Rolle der Konsequenzen übernimmt, macht spielerisch deutlich und erlebbar, daß Gefühls- und Handlungskonsequenzen zwangsläufig von Einstellungen und den Bewertungen einer Situation abhängen, nicht von der Situation selbst. Das ABC-Schema wird damit klarer und für die Patientinnen leichter auf ihre eigene Lebenssituation übertragbar.

Instruktion:
Bilden Sie bitte Dreiergruppen. Eine von Ihnen übernimmt die Rolle des A in unserem Schema, als die auslösende Situation, eine die Rolle des B, der Bewertung und eine die Rolle des C, also der Konsequenzen, Gefühle und Handlungen. „A" schildert kurz eine Situation, die sie häufig als Belastung erlebt. Die Schilderung sollte jedoch die Situation völlig neutral beschreiben und keine Wertung enthalten. „B" gibt eine mögliche Bewertung der Situation. „C" schließlich entwickelt die sich ergebenden Konsequenzen für die Gefühle und für das Handeln.

Wechseln Sie bitte nach jeweils zwei Beispielen durch, so daß jede jede Rolle übernehmen kann. Wichtig ist auch, daß Sie möglichst unterschiedliche Beispiele wählen und auch die Bewertungen unterschiedlich gestalten, positiv und negativ, starr und flexibel usw. Experimentieren Sie ruhig ein bißchen! Gerade die Bewertungen müssen nicht dem entsprechen, wie Sie eine betreffende Situation in der Realität einschätzen würden. Nutzen Sie lieber die Möglichkeit, zu erleben, welche Konsequenzen sich aus anderen Bewertungen ergeben.

Der Therapeut schaltet sich in Gruppen, mit weniger als drei Mitgliedern ein, er sollte aber auch die anderen Gruppen beobachten und gegebenenfalls unterstützen, damit die Bewertungen möglichst vielseitig ausfallen können. Um die Übung verständlicher zu machen, kann der Therapeut modellhaft die einzelnen Rollen übernehmen.

Folgende Fragen werden anschließend in der Gruppe besprochen:
- *Wie fühlten Sie sich, als Sie Rolle „A" spielten und Sie völlig andere Bewertungen und Konsequenzen zu den von Ihnen eingebrachten Situationen hörten?*
- *Wie fühlten Sie sich als Sie „B" waren und völlig frei darüber waren, wie Sie eine Situation bewerteten?*
- *Wie fühlten Sie sich als Sie „C" waren und auf eine bestimmte Bewertung reagieren mußten, ob Sie sie richtig fanden oder nicht?*

Die Übung kann ohne weiteres in der **Einzeltherapie** durchgeführt werden, indem die Patientin nacheinander alle drei Positionen einnimmt – markiert beispielsweise durch Sitzen auf unterschiedlichen Stühlen. Möglich ist auch die Vorgabe belastender Situationen und ein Wechsel der Rollen B und C zwischen Klient und Therapeut.

6. Hausaufgaben

– Die Patientinnen sollen die möglichen Konsequenzen zu folgenden Einstellungen sammeln: „Nur schlank bin ich wertvoll und werde geliebt", „Wenn ich normal esse, nehme ich unkontrollierbar zu", „Ich muß immer perfekt sein", „Ich muß von allen geliebt werden".

7. Blitzlicht

16. Sitzung

Überblick

Ziele

- Üben der Einstellungsänderung

Ablauf der Sitzung

1. Teilnehmervortrag   Zusammenfassung der letzten Sitzung
2. Übung 1   Wiegen
3. Diskussion   Besprechen der strukturierten Eßtage
4. Hausaufgabenbesprechung   Konsequenzen der Einstellungen: „Nur schlank bin ich wertvoll und werde geliebt", „wenn ich normal esse, nehme ich unkontrollierbar zu", „ich muß immer perfekt sein", „ich muß von allen geliebt werden"
5. Diskussion / Übungsvorbereitung   Analyse der Einstellung: „Nur schlank bin ich wertvoll..." (Sammeln von Pro- und Contra-Argumenten, Erarbeiten einer Alternativeinstellung)
6. Übung 2   Rollenspiel zur irrationalen Einstellung: „Nur schlank bin ich wertvoll."
   - Übernahme der Rolle der irrationalen Einstellungen und der neuen Einstellung durch Gruppenmitglieder
   - Wortgefecht der alten und der neuen Einstellung unter Zuhilfenahme der gesammelten Pro- und Contra-Argumente bis zum „Sieg" der rationalen Einstellung
   - Reflexion der entstandenen Gefühle
7. Hausaufgaben
   - Suchen von Pro- und Contra-Argumenten für zwei weitere irrationale Einstellungen. Bildung von neuen Einstellungen
8. Blitzlicht

Vorbereitung und Materialien

Waage, Gewichtsdokumention, Formblätter: Einstellungsänderung 1 und 2 (s. Anhang 3)

Therapeutisches Vorgehen

1. Teilnehmervortrag: Zusammenfassung der letzten Sitzung

2. Übung 1: Wiegen

Das Gewicht der einzelnen Teilnehmerinnen wird in die Gewichtstabelle eingetragen.

3. Diskussion: Besprechen der strukturierten Eßtage

In der heutigen Sitzung sollte kurz auf die Ernährungsplanung eingegangen werden, um einen Überblick darüber zu bekommen, wo die Patientinnen bezüglich ihres Eßverhaltens stehen, welche Erfolge oder Probleme sie damit haben. Wenn seit der letzten Besprechung bei einzelnen Teilnehmerinnen eine Stagnation zu verzeichnen ist, ist der Hinweis wichtig, daß die Patientinnen nicht bei einer bestimmten Anzahl von Tagen, an denen sie strukturiert essen, stehenbleiben sollten. Inzwischen sollte es möglich sein, die ganze Woche über strukturiert zu essen. Es ist auch darauf zu achten, daß die einzelnen Teilnehmerinnen nicht an bestimmten Nahrungsmitteln festhalten, nur weil sie anfangs damit gut zurechtkamen. Die Ernährungspläne sollten vielseitig gestaltet werden können. Es werden Tips und Verbesserungsvorschläge diskutiert. Eventuell werden wieder Patientinnen zu Kotherapeuten bestimmt, die andere Teilnehmerinnen bei der Durchführung strukturierter Eßtage unterstützen (siehe Sitzung 12).

4. Hausaufgabenbesprechung: Konsequenzen der Einstellungen
„Nur schlank bin ich wertvoll und werde geliebt", „wenn ich normal esse, nehme ich unkontrollierbar zu", „ich muß immer perfekt sein", „ich muß von allen geliebt werden"

Die Konsequenzen von irrationalen Einstellungen werden gesammelt und an die Tafel geschrieben. Dabei wird den Patientinnen deutlich, daß irrationale Einstellungen zur Belastung führen, deren Konsequenz häufig Eßanfälle sind.

5. Diskussion / Übungsvorbereitung: Analyse der Einstellung
„Nur schlank bin ich wertvoll und werde geliebt"

Der Therapeut greift die Einstellung „Nur schlank bin ich wertvoll und werde geliebt", die für Eßprobleme besonders relevant ist, heraus, um sie zu analysieren. Die folgenden Fragen werden diskutiert:

- *Wann bist du schlank? Wieviel Kilo mußt du wiegen, um schlank zu sein?*
- *Ist es deine einzige wichtige Eigenschaft, schlank zu sein?*
- *Wie stehen andere Menschen zu dieser Einstellung? Denken alle Frauen/Männer so?*
- *In welchen Situationen ist es wichtig, daß du schlank bist?*
- *In welcher Zeitspanne ist es wichig, daß du schlank bist? Ist es mit 40, 50, 60 Jahren auch noch wichtig?*
- *Welche Beweise hast du, daß Deine Einstellung „Nur schlank bin ich wertvoll" richtig ist?*

Alternativ kann die Einstellung bearbeitet werden: „Wenn ich normal esse, nehme ich unkontrollierbar zu". Gemeinsam werden dann in der Gruppe alle Argumente gesammelt, die für diese Einstellung sprechen und alle Argumente, die dagegen sprechen. Die Argumente werden an die Tafel geschrieben. Der Therapeut hilft bei der Formulierung der Argumente. Wichtig dabei ist, daß insgesamt deutlich mehr Contra- als Pro-Argumente zusammengetragen werden. Meist ist dies eine Frage des Abstraktionsniveaus der Argumente. Die Konsequenzen der Einstellungen können bei der Formulierung von Contra-Argumenten helfen: z.B. Konsequenz: häufiges Fasten; Contra-Argumente: störende Beschäftigung mit Essen notwendig, dauernde unangenehme Einschränkung.

Anschließend werden Alternativen für die irrationale Einstellung gesammelt, die im Gegensatz dazu flexibel, realitätsnah und überprüfbar sind, also den Kriterien für irrationale Denkstile in keiner Weise entsprechen. Beispiele für solche alternativen Sätze sind: „Ob ich wertvoll bin und geliebt werde, hängt nicht von den Kilos ab", „einen wertvollen Menschen macht nicht der schlanke Körper aus", „schlank ist attraktiv, aber ich bin keine Schaufensterpuppe", „ich bin auch wegen ... attraktiv und wertvoll" usw. .

6. Übung 2: Rollenspiel zur irrationalen Einstellung „Nur schlank bin ich wertvoll und werde geliebt"

Aus der Sammlung der Pro- und Contra-Argumente wird ein Rollenspiel zu der irrationalen Einstellung „Nur schlank bin ich wertvoll und werde geliebt", entwickelt. Selbstverständlich eignet sich für diese Übung auch jede andere irrationale Einstellung. Ziel dieser Übung ist es, die Unsinnigkeit und mangelnde Realitätsnähe einer starren Einstellung zu zeigen und spielerisch die neue Einstellung zu festigen.

Im Rollenspiel übernimmt nun eine Teilnehmerin die Rolle der neuen Alternative, zwei Patientinnen versuchen die alte Einstellung zu verteidigen. Diese Aufteilung ist sinnvoll, da die irrationale Einstellung im Denken der Patientinnen sehr mächtig ist und dies im Rollenspiel widergespiegelt wird. Der „Sieg" der rationalen Einstellung ist entsprechend wertvoller, wenn er gegen die Übermacht erfochten ist. Ein weiterer Grund für die doppelte Vertretung der alten Einstellung: In der Diskussion darf kein Argument der alten Einstellung unbeantwortet bleiben. Um sicher kein Pro-Argument zu vergessen, sollen zwei Köpfe überlegen. Im Rollenspiel darf eine Seite jeweils ein Argument nennen oder kontern.

Abwertende Äußerungen wie „Du bist doof" werden – wenn möglich – vom Therapeuten übersetzt: „Ich habe den Eindruck, du hast nicht auf mein Argument geantwortet; ...das überzeugt mich nicht". Prophezeiungen werden in Befürchtungen umformuliert: „Du wirst sehen, wenn du nicht auf dein Gewicht achtest, wirst du immer dicker – bis Du platzt." – „Ich fürchte, wenn ich nicht bei meiner Einstellung bleibe, sie nicht mehr so wichtig nehme, werde ich unkontrolliert zunehmen".

Wenn das Rollenspiel schwerfällt, kann der Therapeut unterstützend eingreifen und eventuell selbst kurz in eine der Rollen schlüpfen. Besser ist es, wenn andere Gruppenteilnehmerinnen doppeln. Der Therapeut kann jemand bitten, weiterzumachen und die anderen ermuntern, selbst Vorschläge einzubringen und eine Rolle zu übernehmen. Es sollten möglichst viele Teilnehmerinnen in die Rolle der neuen Einstellung schlüpfen können. Das Rollenspiel wird beendet, wenn den Vertreterinnen der alten Einstellung keine neuen Argumente mehr einfallen. Anschließend wird in der Gruppe besprochen, wie es den einzelnen Patientinnen in ihren Rollen ging. Wie fühlten sie sich in der Rolle der neuen Einstellung? Was empfanden die anderen, die nur zuhörten?

In der **Einzeltherapie** übernimmt zuerst der Therapeut möglichst rigide die alte Einstellung, die Patientin vertritt die neue Einstellung. Probehalber kann dann kurz gewechselt werden. Zum Abschluß der Übung sollte in jedem Fall die Patientin mit der **neuen** Einstellung das letzte Wort haben.

7. Hausaufgaben

– Jede Patientin soll die für ihr Handeln wichtigen Einstellungen und für mindestens zwei dieser Einstellungen Pro- und Contra-Argumente sammeln. Welche Alternative gibt es zu dieser Einstellung?

Mögliche Schwierigkeiten

– Bei dem Rollenspiel zu irrationalen Einstellungen kommt manchmal das Argument, daß dies eine künstliche Situation sei. Hier gilt, was im Abschnitt „Mögliche Schwierigkeiten" in der 10. Sitzung gesagt wurde. Es sollte aber auch besprochen werden, daß Übung notwendig ist, um die neue Einstellungen auch gefühlsmäßig übernehmen zu können.
– Bestimmte Ängste und Vorstellungen zu Figur und Gewicht werden häufig in der Übung zur Einstellung „Wenn ich normal esse, nehme ich unkontrollierbar zu" erstmals konkret formuliert, z.B. die Angst vor Verlust der Kontrolle über den Körper, speziell über das Gewicht. Argumente sind: frühere Gewichtszunahme, übergewichtige Eltern, „Nur solange ich dünn bin, geht es mir gut". Zwei Interventionen bieten sich an. Nach der Exploration der Ängste ist ein lerntheoretisches Modell der Angst zu vermitteln. Es wird erarbeitet, wie die Angstvermeidung das generelle Angstniveau immer weiter anhebt und die Angst von Signalen ausgelöst werden kann, die von dem ursprünglichen Auslöser immer weiter entfernt sind. Erst die Konfrontation mit der gefürch-

teten Situation ermöglicht eine realistische Überprüfung und Handlungspla-
nung.

*Sie sind vielleicht schon wegen Ihres Gewichtes gehänselt worden und haben
daraufhin gefastet und kurzzeitig erfolgreich abgenommen. Möglicherweise
haben Sie dann sogar Komplimente für Ihre Figur bekommen. Die negative
Konsequenz „Hänseln" ist ausgeblieben, die Angst davor weniger geworden.
Die Angst steigt nun aber jedesmal, wenn sie wieder ein Kilo zunehmen. Also
fasten Sie wieder. Die Angst kann dann aber schon einsetzen, wenn das
Gewicht nur stagniert und Sie nicht weiter abnehmen. Abnehmen wird aber
wegen der besprochenen Anpassungsleistung des Körpers immer schwieriger.
Dieser Kreislauf kann nur durchbrochen werden, wenn Sie Angst bei einer
Gewichtszunahme erleben und aushalten ohne sofort wieder Gegenmaßnah-
men zu ergreifen. Nur so läßt sich auch überprüfen, ob bei einem normalen
Gewicht die vermeintlichen negativen Konsequenzen (Hänseln) überhaupt
auftreten. Nur dann können Sie Strategien lernen, solchen Konsequenzen
erfolgreiche und zufriedenstellend zu begegnen.*

Die zweite Intervention zieht Erfahrungen aus dem bisherigen Therapieverlauf heran. Die Teilnehmerinnen sammeln, wieweit sich ihre Befürchtung
über Kontrollverlust bewahrheitet hat. Das heißt die realistische Körperwahrnehmung wird gefördert, da die Kontrollwahrnehmung in dem Maße wächst,
wie auch der Körper besser wahrgenommen werden kann.

17. Sitzung

Überblick

Ziele

- Üben der Einstellungsänderung

Ablauf der Sitzung

1. Teilnehmervortrag	Zusammenfassung der letzten Sitzung
2. Übung 1	Wiegen
3. Hausaufgabenbesprechung	Vorstellen der erarbeiteten Alternativen für irrationale Einstellungen
4. Übung 2	Rollenspiel zur Erprobung und Einübung der neuen Einstellungen (siehe 16. Sitzung)
5. Diskussion/Hausaufgabenvorbereitung	Transfer der neuen Einstellung in den Alltag: Festlegen der Übungssituationen für die Einstellungsalternativen
6. Hausaufgaben	– Einüben der Einstellungsalternativen in Alltagssituationen
7. Blitzlicht	

Vorbereitung und Materialien

Waage, Gewichtsdokumentation

Therapeutisches Vorgehen

1. Teilnehmervortrag: Zusammenfassung der letzten Sitzung

2. Übung 1: Wiegen

Das Gewicht der einzelnen Teilnehmerinnen wird in das Gewichtsprotokoll eingetragen.

3. Hausaufgabenbesprechung: Vorstellen der erarbeiteten Alternativen für irrationale Einstellungen

Die Hausaufgabe der letzten Sitzung hatte gelautet, zu zwei weiteren irrationalen Einstellungen Pro- und Contra-Argumente zu überlegen. Zu diesen irrationalen Einstellungen sollten Alternativen formuliert werden. Die neuen Einstellungen werden vorgetragen und diskutiert, möglicherweise modifiziert.

4. Übung 2: Rollenspiel zur Erprobung und Einübung der neuen Einstellungen

Die Teilnehmerinnen einigen sich auf einige irrationale Einstellungen und Einstellungsalternativen, die für möglichst viele Teilnehmerinnen relevant sind, um sie im Rollenspiel einzuüben. Zur Instruktion des Rollenspiels siehe Sitzung 16. Grundsätzlich wird ein Rollenspiel dann beendet, wenn den beiden Verteidigerinnen der alten Einstellung nichts mehr einfällt. Dies vermittelt den Patientinnen, die in die Rolle der neuen Einstellung geschlüpft sind, ein Gefühl der Erleichterung: die alte Einstellung ist „am Boden". Entsteht bei den Vertreterinnen der neuen Einstellung eine Denkblockade, weil Argumente der irrationalen Einstellung immer noch übermächtig wirken, kann der Therapeut doppeln. Wichtig ist jedoch, zu überprüfen, ob die neue Einstellung realistisch ist. Gegebenenfalls wird das Spiel kurz unterbrochen und es werden in der Gruppe neue Argumente für die Alternativeinstellung gesammelt − oder Einwände gegen die neue Einstellung diskutiert.

5. Diskussion/Hausaufgabenvorbesprechung: Transfer der neuen Einstellung in den Alltag

Der nächste Schritt ist die Übertragung der neu erarbeiteten Einstellung auf den Alltag, um Gefühls- und Handlungskonsequenzen erlebbar zu machen und damit die neue Einstellung zu überprüfen und zu stabilisieren. Die Teilnehmerinnen einigen sich auf eine Alternative zu einer der folgenden irrationalen Einstellungen, z.B. „Ich muß immer perfekt sein", „nur schlank bin ich wertvoll und werde geliebt", „ich muß im Mittelpunkt stehen" oder andere. Um die erarbeitete Alternative zu dieser Einstellung auf den Alltag zu übertragen, werden für jede Patientin zwei individuelle Übungssituationen bestimmt, in denen die neue Einstellung zum Tragen kommen kann.

Einige Beispiele für mögliche Übungssituationen:

- Neue Einstellung: „Ich habe viele Seiten, die mich wertvoll und attraktiv machen"
  - mit Menschen, die die Figur kritisieren, diskutieren;
  - ins Schwimmbad gehen;
  - vor dem Spiegel eincremen.
- Neue Einstellung: „Ich darf auch Fehler machen, denn Fehler haben auch Vorteile: sie machen sympathisch, ich kann aus ihnen lernen etc."
  - in einen zu haltenden Vortrag bewußt einen Fehler einbauen, z.B. den Faden verlieren;
  - im alten Jeansrock zur Arbeit gehen;
  - in einer Runde mit Bekannten einen Fehler zugeben und diskutieren.
- Neue Einstellung: „Auch einmal im Hintergrund zu stehen, hat viele Vorteile: ich muß mich nicht anstrengen, ich bin für andere Menschen zugänglicher etc."
  - in einer Runde nur zuhören;
  - anderen den Vortritt lassen;
  - jemandem eine Aufgabe zutrauen und übergeben.

Die Übungssituationen sollten realistisch und möglichst konkret konstruierbar sein. Für viele Patientinnen kann es hilfreich sein, sich ihre Einstellungsalternative auf eine Karte aufzuschreiben, um sie in der geplanten Übungssituation schwarz auf weiß vor sich zu haben.

6. Hausaufgaben

- Die Einstellungsalternative wird – wie besprochen – in mindestens zwei Alltagssituationen erprobt und eingeübt.

7. Blitzlicht

Mögliche Schwierigkeiten

- Jemand findet trotz Therapiemotivation keine Übungssituation: Dies kann daran liegen, daß der Zusammenhang Einstellung – Gefühl – Handeln noch nicht klar ist oder die neue Einstellung noch nicht überzeugend formuliert und bestätigt ist. Dieses Problem taucht besonders dann auf, wenn sich die irrationale Einstellung auf das Denken und Handeln anderer bezieht: „Die Eltern sollten anerkennen..., der Partner muß das gleiche Wertsystem haben wie ich..." etc. In diesem Fall müssen die Anteile der Patientin herausgearbeitet werden und nochmals detailliert die Konsequenzen diskutiert werden: Was würde passieren, wenn a) ich nicht von meiner Forderung abweiche oder b) ich den anderen Eigenheiten zugestehe, auch wenn sie mir nicht gefallen. Zusätzlich kann hier auf Therapiebausteine hingewiesen werden, in denen es um den Umgang mit anderen Menschen geht.

18. Sitzung

Überblick

Ziele

– Transfer der Einstellungsänderung auf Alltagsbedingungen: Erlernen praktikabler Hilfen für das selbständige Erkennen und Umformulieren irrationaler Einstellungen

Ablauf der Sitzung

1. Teilnehmervortrag	Zusammenfassung der letzten Sitzung
2. Übung 1	Wiegen
3. Hausaufgabenbesprechung	Erfahrungsaustausch über das Anwenden der Einstellungsalternativen in den geplanten Übungssituationen
4. Übung 2 (Partnerübung)	„Mußturbationen": Transferübung zum Erkennen und Umformulieren irrationaler Einstellungen
	– Formulieren von „ich muß"-Sätzen, „ich kann nicht"- und „ich brauche"-Sätzen)
	– Umformulieren der Sätze in „ich entscheide mich zu"-Sätze („ich will nicht"-, „ich hätte gern"-Sätze)
	– Reflexion des Kontrasterlebens
5. Information	Kurze Einführung in den nächsten Therapieabschnitt: Auseinandersetzung mit anderen Menschen
6. Hausaufgaben	– Sammeln von Konfliktsituationen mit anderen Menschen, die Heißhungeranfälle auslösen können
7. Blitzlicht	

Vorbereitung und Materialien

Waage, Gewichtsdokumentation, Informationsbroschüre: Kommunikationshilfen (s. Anhang 2)

Therapeutisches Vorgehen

1. Teilnehmervortrag: Zusammenfassung der letzten Sitzung

2. Übung 1: Wiegen

Das Gewicht der einzelnen Teilnehmerinnen wird in das Gewichtsprotokoll eingetragen.

3. Hausaufgabenbesprechung: Erfahrungsaustausch über das Anwenden der Einstellungsalternativen in den geplanten Übungssituationen

Inhalt der therapeutischen Arbeit der letzten vier Sitzungen war die Analyse und Änderung irrationaler Einstellungen. Dieser Abschnitt wird mit der heutigen Sitzung abgeschlossen, obwohl eine grundlegende Einstellungsänderung der Patientinnen in den Bereichen Gewicht, Figur, Perfektionismus sicher noch nicht erreicht werden konnte. Die Therapie sollte diesen Prozeß anstoßen und die weitere Beschäftigung der Patientinnen damit fördern. Entscheidend für die weitere Entwicklung eines Einstellungswandels ist die Möglichkeit, das was in der Therapie gelernt wurde, im Alltag auch praktisch anzuwenden. Eine Transferübung − die Hausaufgabe der letzten Sitzung − ist die Anwendung der neuen, in der Sitzung erarbeiteten Einstellung in einer geplanten, konkreten Alltagssituation.

Jede Teilnehmerin berichtet, welche Erfahrungen sie dabei gemacht hat, die neue Einstellung in einer konkreten Übungssituation auszuprobieren und welche Konsequenzen sich daraus für sie ergeben haben. Der Therapeut regt an, die Patientinnen sollten auch in Zukunft Alternativen zu anderen, von ihnen als irrational erkannten Einstellungen in konkreten Alltagssituationen ausprobieren und einüben.

4. Übung 2 (Partnerübung): „Mußturbationen"

Auch die folgenden Übungen dienen dem Transfer der Einstellungsänderung auf den Alltag. Irrationale Denkstile sind dadurch gekennzeichnet, daß sie keine Handlungsalternativen zulassen. Sie beginnen z.B. häufig mit „Ich muß...", „Ich kann nicht..." oder „Ich brauche...". Damit stellen sie eine klare Handlungsanweisung dar, die keine weitere Selbstreflexion, Argumente für oder gegen ein Verhalten benötigt, bzw. sie verhindert. In der folgenden Übung (Stevens 1975, S. 81 ff) soll zunächst auf diese inneren Denkstile aufmerksam gemacht werden um dann durch Umformulierung neue Handlungsalternativen zu eröffnen. Die Übung kann als Partnerübung durchgeführt werden, wobei jeweils eine Patientin einer anderen die Übungssätze sagt und sie anschließend − umformuliert − nochmals wiederholt. In der **Einzeltherapie** spricht die Patientin die Übungssätze laut aus und schreibt sie zudem auf.

In der Übung werden die Sätze umformuliert:

„Ich muß..."	„Ich entscheide mich für..."
„Ich kann nicht..."	„Ich will nicht..."
„Ich brauche..."	„Ich hätte gern...

Durch die Umformulierung wird eine Selbstreflexion eingeleitet. Die Sätze, die zuvor noch unantastbar waren, werden hinterfragbar, das heißt, es können Argumente dafür und dagegen gefunden werden. Die Patientin übernimmt damit die Verantwortung für ihr Handeln selbst, kann sich nicht mehr hinter einem abstrakten, allgültigen „Ich muß doch..." verschanzen. Viele Patientinnen erleben in dieser Übung deswegen auch Gefühle der Erleichterung: „Ich muß nicht, wenn ich nicht will, aber ich kann mich dafür entscheiden, wenn es mir sinnvoll erscheint." Worte wie „müssen", „brauchen" und „nicht können" bekommen den Charakter eines Signals für irrationale Einstellungen, die Selbstreflexion kommt in Gang: Irrationale Einstellungen werden bemerkt und können schnell und praktikabel umformuliert werden.

Instruktion für die Partnerübung:

„Ich muß – ich entscheide mich für"
Bitte setzen Sie sich Ihrer Partnerin gegenüber. Während der ganzen Übung sehen Sie einander in die Augen und reden sich gegenseitig an. Sagen Sie beide abwechselnd Sätze zueinander, die mit den Worten „Ich muß..." anfangen. Stellen Sie eine ganze Reihe auf von dem, was Sie tun „müssen". Jede formuliert mindestens zehn „Muß-Sätze".

Jetzt ersetzen Sie in jedem Satz die Worte „Ich muß" durch „Ich entscheide mich für". Sagen Sie Ihre Sätze abwechselnd, möglichst im gleichen Wortlaut wie vorher, nur mit dieser einen Änderung. Lassen Sie sich Zeit, wahrzunehmen, was Sie empfinden, wenn der Satz nun mit „Ich entscheide mich für" beginnt. Realisieren Sie bitte, daß Sie wirklich die Wahl haben – auch dann, wenn sich nur zwei gleichermaßen unerwünschte Alternativen anbieten.

Wiederholen Sie nun den Satz mit „Ich entscheide mich für..." und fügen Sie etwas an, was Ihnen gerade einfällt. Zum Beispiel: „Ich entscheide mich dafür, meine Arbeit weiter beizubehalten. Ich fühle mich dabei sicher und geborgen." Führen Sie dies etwa fünf Minuten weiter. Anschließend erzählen Sie einander, was Sie dabei empfunden haben.

In der anschließenden Diskussion wird besprochen, wie eine Formulierungsänderung die Möglichkeit schaffen kann, sich bewußt zu entscheiden und dafür auch die Verantwortung zu übernehmen. Analog wird mit den folgenden Formulierungen gearbeitet:

„Ich kann nicht – ich will nicht"
Handelt es um etwas wirklich Unmögliches oder ist es etwas prinzipiell Mögliches, das zu tun Sie sich weigern? Erforschen Sie, ob Sie grundsätzlich imstande wären, etwas zu tun. Und nehmen Sie andererseits auch die Tragkraft Ihrer Weigerung wahr.

„Ich brauche – ich hätte gern"
Ist hier von etwas die Rede, das Sie wirklich brauchen, oder von etwas, das Sie zwar gern hätten, aber auch entbehren können? Bitte machen Sie sich den Unterschied klar zwischen dem, was Sie wirklich nötig haben – Luft und Nahrung beispielsweise – und anderen Dingen, die Sie gerne hätten, weil sie nett und erfreulich, aber nicht absolut notwendig sind.

Anschließend erfolgt eine kurze abschließende Diskussion der Übung(en).

5. Information: Kurze Einführung in den nächsten Therapieabschnitt/ Auseinandersetzung mit anderen Menschen

Die Therapeuten geben einen kurzen Ausblick auf die Inhalte der nächsten Sitzungen, in denen es um die Auseinandersetzung mit anderen Menschen gehen wird. Es werden Techniken erarbeitet und eingeübt, mit denen die Kommunikation mit anderen zufriedenstellender verlaufen kann. Der Therapeut erklärt, daß sich Einstellungsänderungen auch auf den Umgang mit anderen Menschen auswirken. Jemand der in seinen Einstellungen flexibler geworden ist, muß sich unter Umständen mehr auseinandersetzen – mit seiner Familie, mit Freunden, mit Kollegen, mit seinem Chef, kann aber auch toleranter gegenüber anderen Meinungen sein. Andererseits – der Therapeut verweist auf die SORK-Schemata – sind Konflikte mit anderen Menschen häufig Anlaß und Auslöser für Eßanfälle. Mit der Bulimie können Patientinnen möglicherweise nötigen Auseinandersetzungen aus dem Weg gehen, die unangenehmen Gefühle nach einer Auseinandersetzung dämpfen oder Grenzen in Auseinandersetzungen setzen. Wer sich dafür entscheidet, zwischenmenschliche Konflikte anders als mit Bulimie zu lösen, wird lernen wollen, dies auf eine zufriedenstellende Art und Weise zu tun. Kommunikationstechniken können dabei hilfreich sein.

6. Hausaufgaben

– Die Patientinnen werden gebeten, sich mindestens 5 Konfliktsituationen mit anderen Menschen zu überlegen, die sie als Belastung erlebt haben oder immer noch erleben und die ein Heißhungeranfall auslösen können.
– Die Informationsbroschüre: Kommunikationshilfen (s. Anhang 2) wird bis zu nächsten Sitzung gelesen.

7. Blitzlicht

19. Sitzung

Überblick

Ziele

- Demonstration und Analyse von problematischen Aspekten der Kommunikation in Konfliktsituationen
- Erarbeiten geeigneter Gesprächsführungstechniken

Ablauf der Sitzung

1. Teilnehmervortrag	Zusammenfassung der letzten Sitzung
2. Übung 1	Wiegen
3. Hausaufgabenbesprechung	Häufige belastende Konfliktsituationen mit anderen Menschen
4. Übung 2	Diagnostisches Rollenspiel

4. Übung 2 (Fortsetzung)
   - Erstellung eines Regieplans für das Rollenspiel
   - Spielen der Konfliktsituation
   - Reflexion der Gefühle der Akteure
   - Diskussion über günstige, bzw. ungünstige Verhaltensweisen in der gespielten Konfliktsituation

5. Information	Sprecher- und Zuhörerfertigkeiten
6. Hausaufgaben	

6. Hausaufgaben
   - Durchlesen der Informationsbroschüre: Kommunikationshilfen
   - Für jeweils eine Konfliktsituation eine Gesprächsstrategie überlegen, Beispielformulierungen aufschreiben

7. Blitzlicht

Vorbereitung und Materialien

Waage, Gewichtsdokumentation, Informationsbroschüre: Kommunikationshilfen (s. Anhang 2)

Therapeutisches Vorgehen

1. Teilnehmervortrag: Zusammenfassung der letzten Sitzung

2. Übung 1: Wiegen

Das Gewicht der einzelnen Teilnehmerinnen wird in das Gewichtsprotokoll eingetragen.

3. Hausaufgabenbesprechung: Häufige belastende Konfliktsituationen mit anderen Menschen

Bulimiepatientinnen haben in der Regel große Schwierigkeiten, Unstimmigkeiten und Konflikte mit anderen Menschen zufriedenstellend auszutragen. Typisch für das Konfliktverhalten von Bulimikerinnen ist es, daß sie ihre eigenen Bedürfnisse nicht oder nur sehr unklar äußern. Eine Studentin, die keine Lust hat, am Wochenende zu ihren Eltern zu fahren, verstrickt sich beispielsweise in vielfältigste Ausreden. Häufig übernehmen Patientinnen auch die Verantwortung für die Gefühle anderer oder handeln nach Vorstellungen von Wünschen oder Bedürfnissen anderer. Zum Beispiel trennt sich eine Patientin, die sich in einer ungünstigen Arbeitssituation befindet, von ihrem Freund, weil sie glaubt, „ihm eine Partnerin, die so wenig Zeit hat", nicht zumuten zu können. Um die Kommunikation und Konfliktfähigkeit mit anderen zu verbessern, ist es zunächst einmal wichtig, genau zu beobachten, wie ein Streitgespräch normalerweise abläuft. Jede Patientin schildert der Gruppe mindestens eine Konfliktsituation, die sie nicht zufriedenstellend lösen konnte und die sie als Belastung erlebt hat.

Für die Analyse des problematischen Konfliktverhaltens und das spätere Einüben verbesserter Gesprächsführungstechniken eignen sich Rollenspiele, die prinzipiell in 4 Phasen untergliedert werden sollten:

A. Diagnostische Phase
Zuerst wird in einer Art diagnostischer Bestandsaufnahme der Ist-Zustand der problematischen Kommunikation vorgestellt.

B. Problemanalyse
Die Gruppe faßt das Problem zusammen und macht Vorschläge für eine effektivere Kommunikation.

C. Üben der Aussprache
Die Aussprache wird mit Hilfe verbesserter Kommunikationstechniken geplant und eingeübt.

D. Rückmeldung

Im Mittelpunkt der heutigen Sitzung stehen die Punkte A und B, Diagnostik und Analyse. Die Punkte C und D werden in den Sitzungen 21 und 22 ausführlich erarbeitet.

4. Übung 2: Rollenspiel Abschnitt A und B
(Diagnostik und Problemanalyse)

Der Therapeut greift 1 – 3 der geschilderten Konfliktsituationen heraus, die – je
nach Länge – im diagnostischen Rollenspiel von Gruppenmitgliedern durchgespielt werden. Meistens werden Konflikte mit den Eltern, mit dem Partner oder
am Arbeitsplatz geschildert. Werden mehrere Rollenspiele durchgeführt, empfiehlt es sich, sie aus unterschiedlichen Bereichen zu wählen.

In der **Einzeltherapie** werden günstigerweise zunächst Situationen mit nur
einem Konfliktpartner ausgewählt. Der Therapeut übernimmt zunächst die Rolle
der Patientin, damit diese Gelegenheit erhält, den Konfliktpartner vorzustellen.
Später werden die Rollen gewechselt.

Beispielsituationen	Rollenspiel
1. Vater versteht mich nicht:	Vater steht vom Tisch auf, wenn ich abends von beruflichen Problemen erzähle.
2. Freund ist eifersüchtig:	Er möchte nicht, daß ich in den Rock'n Roll-Kurs gehe und glaubt, ich gehe dort fremd (er selbst tanzt nicht gerne).
3. Freundin benutzt mich nur:	Wenn wir abends zusammensitzen, erzählt sie nur von ihren Problemen und ich komme nicht zu Wort.
4. Mutter kontrolliert mich:	Mutter ruft jeden Tag an und fragt mich, ob ich die Seminararbeit gemacht habe, ob ich beim Arzt gewesen sei etc.

Die Patientin, die ihren Konflikt darstellen möchte, erklärt einer anderen Teilnehmerin, bzw. dem Therapeuten, wie die Situation abgelaufen ist – so wie ein
Regisseur einem Schauspieler seine Rolle erklärt. Die Patientin kann sich entweder selbst spielen oder die Rolle ihres Widerparts übernehmen.

Beispiel: „Mein Vater interessiert sich nicht für meine Probleme."

– Konkretes Verhalten des Vaters: Mein Vater hört mir beim Abendessen nicht
  zu, wenn ich von meiner Arbeit erzähle,
    – steht vom Tisch auf;
    – unterbricht mich, redet von eigenen Problemen;
    – schaltet Fernseher an.
– Konsequenzen bei mir:
    – höre auf zu reden oder werfe ihm vor „du interessierst dich nicht für mich";
    – bin enttäuscht, verärgert;
    – esse mehr als ich wollte.

Anschließend wird das Rollenspiel besprochen: Was ist den Zuschauerinnen aufgefallen? Wie haben sich die beiden Spielerinnen in ihren Rollen gefühlt? Was
könnte in dem Gespräch schiefgelaufen sein?

Beispiel:

- Beim Vater: schlechtes Zuhörerverhalten.
- Bei der Tochter: sagt nichts, ißt nur mehr; erwartet, daß der Vater es von alleine merkt; genereller Vorwurf.

Anschließend an die Besprechung der Rollenspiele wird diskutiert, welche Gemeinsamkeiten und welche Unterschiede es in den verschiedenen Konfliktsituationen gab. An den von den Teilnehmerinnen vorgestellten Beispielen wird gemeinsam herausgearbeitet, welche Verhaltensweisen eine zufriedenstellende Aussprache mit einer anderen Person erschweren, bzw. verhindern.

5. Information: Sprecher- und Zuhörerfertigkeiten

Nachdem deutlich geworden ist, welche Verhaltensweisen ein Gespräch ungünstig verlaufen lassen, greift der Therapeut die Informationsbroschüre: Kommunikationshilfen auf und erklärt im Überblick, welche Kommunikationsfertigkeiten dazu geeignet sind, Konflikte zu lösen.

Sprecherfertigkeiten:
- „Ich"-Gebrauch;
- ansprechen konkreten Verhaltens, konkreter Situationen und Ereignisse;
- sprechen vom „Hier und Jetzt";
- ansprechen von Gefühlsinhalten, wo dies angebracht ist.

Zuhörerfertigkeiten:
- Aufnehmendes Zuhören und Paraphrasieren dessen, was der andere gesagt hat;
- nachfragen;
- Gefühle rückmelden.

Diese Punkte können an Beispielen plausibel gemacht werden. Beim „Ich"-Gebrauch können die Patientinnen beispielsweise darauf hingewiesen werden, daß sie in den Sitzungen bereits versucht haben, statt von „man" von sich selbst zu sprechen. Dies sollten sie nun gezielt auch in Konfliktsituationen mit anderen Menschen einsetzen. Es werden unterschiedliche Anforderungen an Sprecher und Zuhörer in unterschiedlichen sozialen Rollensituationen verdeutlicht. Beispielsweise werden Unterschiede zwischen den Situationen „sachliche Diskussion mit dem Vorgesetzten" und „intimes Gespräch mit den Eltern" herausgearbeitet.

6. Hausaufgaben

- Bis zur nächsten Sitzung soll für eine Konfliktsituation ein alternatives Vorgehen nach den Vorschlägen in der Broschüre erarbeitet werden. Schriftlich sollen mögliche Formulierungen stichpunktartig notiert werden, z.B. für den Beginn eines Gesprächs oder für den Umgang mit kritischen Einwänden.

7. Blitzlicht

20. Sitzung

Überblick

Ziele

- Üben von Zuhörerfertigkeiten
- Sensibilisieren für nonverbale Signale in der Kommunikation

Ablauf der Sitzung

1. Teilnehmervortrag — Zusammenfassung der letzten Sitzung
2. Übung 1 — Wiegen
3. Übung 2 (Partnerübung) — „Rückmelden"
   - 1. Teil: Gespräch über ein Ereignis: Zuhörer zeigt alle positiven Zuhörerfertigkeiten
   - 2. Teil: Zuhörer zeigt keinerlei Rückmeldung
   - Reflexion des Kontrasterlebnisses und der Effektivität positiver Zuhörerfertigkeiten
4. Information und Hausaufgabenbesprechung — Planung eines Konfliktgesprächs
5. Übung 3 (Partnerübung) — „Ich sehe" – „ich vermute"
   - 1. Teil: Wahrnehmung und Rückmeldung über nonverbale Signale des Partners
   - Reflexion der ausgelösten Gefühle (Näheempfindungen)
   - 2. Teil: Rückmeldung und gleichzeitige Äußerung der Vermutungen über die nonverbalen Signale des Partners
   - Überprüfung der Vermutungen/Reflexion der ausgelösten Empfindungen
6. Hausaufgabe — Planen und Vorbereiten von zwei konkreten Konfliktgesprächen
7. Blitzlicht

Vorbereitung und Materialien

Waage, Gewichtsdokumentation, Formblätter: Planung einer Aussprache (s. Anhang 3)

Therapeutisches Vorgehen

1. Teilnehmervortrag: Zusammenfassung der letzten Sitzung

2. Übung 1: Wiegen

Das Gewicht der einzelnen Teilnehmerinnen wird in das Gewichtsprotokoll eingetragen.

3. Übung 2 (Partnerübung): „Rückmelden"

In der folgenden Übung wird deutlich und gefühlsmäßig nachvollziehbar, welchen Einfluß das Verhalten des Zuhörers – teilnehmendes Zuhören versus desinteressiertes, ablehnendes Verhalten – auf das Verhalten und die Gefühle des Sprechers und damit auf den Verlauf des Gesprächs hat. Die Zuhörerfertigkeiten können in der Übung erprobt und eingeübt werden.

Instruktion:
Bilden Sie bitte Paare. Jeweils eine von Ihnen geht nach draußen und überlegt sich eine Begebenheit der letzten Woche, die sie anschließend ihrer Partnerin erzählen möchte.
Der anderen Hälfte der Gruppe wird die Instruktion für das kommende Gespräch gegeben: In den ersten drei Minuten Ihrer Unterhaltung zeigen Sie bitte alle positiven Zuhörerfertigkeiten. Sie signalisieren nonverbal Interesse, machen zustimmende Äußerungen, stellen Fragen, melden Ihre Gefühle zurück... In den nächsten drei Minuten verhalten Sie sich bitte genau gegenteilig: Sie schauen in die Luft, Sie kramen in Ihrer Tasche, fragen nicht zurück und wenn Sie es doch tun, stellen Sie nur negative, geschlossene Fragen. Sie geben keinerlei Rückmeldung und machen nur indirekte negative Äußerungen.

In der **Einzeltherapie** übernimmt der Therapeut die Rolle des wechselhaften Zuhörers.

Wenn die Paare ihre Gespräche beendet haben, werden folgende Fragen besprochen:

– Wie hat sich die Erzählende gefühlt?
– Ist ihr die Änderung im Gespräch aufgefallen?
– Was hat sich nach der Änderung der Zuhörerrolle für die Erzählende geändert?
– Wie ist das Gespräch verlaufen?

4. Information und Hausaufgabenbesprechung: Planung eines Konflikt-gesprächs

Neben der Anwendung spezieller Sprecher- und Zuhörerfertigkeiten ist es für die Lösung eines Problems mit anderen Menschen günstig, eine Aussprache inhaltlich wie auch in bezug auf die Rahmenbedingungen gezielt zu planen und wenn nötig vorher einzuüben. Ängste und Hemmungen vor dem schwierigen Gespräch können so gemindert werden. Das Gespräch selbst läuft so für beide Seiten zufriedenstellender ab. In dem folgenden Theorieblock werden Hilfen für die Planung eines Konfliktgesprächs vermittelt.

Ein häufiger Auslöser für Bulimieanfälle sind Konflikte mit anderen Menschen. Wenn Sie nun lernen, Auseinandersetzungen so zu führen, daß Sie Ihre Ziele erreichen und zufrieden sind, fallen viele Anlässe für Eßanfälle weg. Erinnern wir uns an die letzte Sitzung, in der einige von Ihnen eine Konfliktsituation vorspielten, so wie sie zur Zeit bei Ihnen häufig abläuft. Vielleicht fassen wir noch einmal die Kriterien zusammen, warum diese Gespräche − formal und inhaltlich − so wenig erfolgreich sind...

Wir haben in der letzten Sitzung erarbeitet und Sie konnten es zu Hause noch detaillierter in der Informationsbroschüre nachlesen, daß es bestimmte Regeln für die Sprecher- wie auch die Zuhörerrolle gibt, die helfen, ein Streitgespräch zufriedenstellender und in der Sache konstruktiver zu führen. Es ist aber auch sinnvoll, eine Aussprache über einen bestimmten Konflikt vorzuplanen. Dies ist zum einen wichtig, um sich selbst darüber klar zu werden, worin der Konflikt besteht, und was eigentlich zu ändern wäre. Zum anderen ist nur so gewährleistet, daß beide Gesprächspartner wirklich beim Thema bleiben und das, worum es geht, nicht von anderen Dingen überlagert wird. Ich will das an einigen Beispielen verdeutlichen:

− *Wenn ich das, was ich ändern möchte, in einem Streit über ein ganz anderes Thema zur Sprache bringe, ist mein Vorhaben schon von vornherein zum Scheitern verurteilt.*
− *Wenn der andere in einer halben Stunde einen Termin hat, bei dem schon all seine Gedanken sind, werde ich mit meinem Vorhaben sicher nicht viel erreichen.*
− *Wenn ich mir nicht vorher genau überlege, was ich alles sagen will, kann es sein, daß ich im Gespräch völlig den Überblick verliere etc.*

In der Hausaufgabenbesprechung stellen die Teilnehmerinnen vor, welche Vorschläge für ein Konfliktgespräch ihnen zu Hause eingefallen sind. Die Vorschläge werden anhand der nachfolgenden Punkte beurteilt, ob sie geeignet sind, ein Gespräch günstig verlaufen zu lassen.

Wie kann ein Konfliktgespräch optimal geplant werden?

1. Schritt: Kritikpunkte als Wünsche formulieren
Zuerst kann man sich überlegen und am besten aufschreiben: Was stört mich am anderen? Vorwürfe sind jedoch nicht geeignet, den anderen zu einer Änderung

seines Verhaltens zu bewegen. Im Gegenteil: Sie werden schnell auf Widerstand stoßen. Schlimmstenfalls geht der Partner zum Gegenangriff über oder er bricht das Gespräch ab. Deswegen ist es günstig, Vorwürfe in Wünsche oder Bitten umzuformulieren. Diese Wünsche sollten so konkret wie möglich sein, damit der andere sich nicht als ganze Person abgelehnt fühlt und sich das, was er tun soll genau vorstellen und auch ausführen kann. Ein Beispiel: statt „Du bist einfach langweilig. Warum müssen wir denn jeden Abend vor der Glotze verbringen?" besser „Ich würde mich freuen, wenn du am Samstag mit mir zum Essen gehen würdest". Wenn das, was einen stört als Wunsch oder Bitte vorgetragen wird, hat der andere die Möglichkeit auf den Vorschlag einzugehen. Er kann ihn aber auch ablehnen. Diese Gefahr besteht natürlich. Nur: sie ist viel kleiner als wenn das Störende als Vorwurf formuliert wird.*

2. Schritt: Zeitplan aufstellen
Wenn Sie sich klar darüber sind, was Ihnen an der Beziehung zum anderen nicht paßt und diese Punkte als Wünsche umformuliert haben, sollten Sie einen Zeitplan aufstellen: Sie überlegen, wie lange Sie für das Gespräch brauchen werden und vereinbaren mit dem Gesprächspartner einen Termin.

3. Schritt: Stichworte aufschreiben
Vor dem Gespräch schreiben Sie ganz genau auf einen Zettel, was Sie alles besprechen möchten.

4. Schritt: Gespräch üben
Sie bereiten sich im Kopf auf das Gespräch vor: Sie überlegen sich Formulierungen, denken daran, wie Ihre Körperhaltung, Ihre Gesten und Ihre Stimme sein wird. Und Sie stellen sich vor, wie die Reaktionen Ihres Gegenübers ausfallen werden. Im Gespräch haben Sie dann Gelegenheit Ihre Vermutungen zu überprüfen.

Wir möchten Sie nun bitten, zu Hause für zwei konkrete Konfliktsituationen diese Planung durchzuführen, die wir dann in der nächsten Sitzung im Rollenspiel erproben werden.

5. Übung 3 (Partnerübung): „Ich sehe" − „Ich vermute"

Diese Übung zur nonverbalen Kommunikation kann mit folgenden Worten eingeführt werden:

In der Kommunikation mit anderen ist nicht nur das wichtig, was wir wirklich aussprechen. Auch die nonverbalen Signale wie Mimik, Gestik, Körperhaltung vermitteln Botschaften. Doch sie zu entschlüsseln ist schwieriger, weil wir hier immer auf Vermutungen angewiesen sind, die wir in den seltesten Fällen überprüfen können. Ein Beispiel: Sie sitzen in der U-Bahn. Ihnen gegenüber hat ein junger Mann Platz genommen. Er schaut Sie an und hebt die Augenbraue. Einige von Ihnen würden in dieser Situation vielleicht vermuten, der Gesichtsausdruck sei abschätzig und der junge Mann finde Sie zu dick. Selbstverständlich ist es genauso gut möglich, daß der Mann an etwas völlig anderes, für ihn unangeneh-

mes denkt und Sie nur ganz zufällig ansieht. Oder er sieht Sie an und denkt: „Das ist ein hübsches Mädchen"; also hat das „Augenbrauen heben" keine abschätzige Bedeutung. Es gibt unzählige Möglichkeiten. Klar wird an diesem Beispiel jedoch, daß sich zwischen die Beobachtung (junger Mann zieht die Augenbraue hoch) und unserer Vermutung darüber, was das bedeutet, eigene Einstellungen schieben können. Diese werden nur allzu leicht dem anderen unterstellt, bzw. seine Körpersprache dahingehend gedeutet. Es genügen dann oft kleine Hinweisreize (z.B. das Hochziehen einer Augenbraue), um so eine Vermutung zu einer Tatsache werden zu lassen. Sie tun so, als sei die Vermutung Realität. Viele andere Signale, die unser Urteil relativieren könnten, werden dann gar nicht mehr beachtet. Um keine Mißverständnisse aufkommen zu lassen, um nonverbale Signale beim anderen zu interpretieren, sind wir immer auf Vermutungen angewiesen – es sei denn wir fragen nach. Wichtig ist jedoch, daß wir uns dessen bewußt sind: es ist nur eine Vermutung, keine sichere Tatsache. Und wichtig ist auch, daß wir genau hinsehen und hinhören, unsere Beobachtung präzisieren, um voreilige Schlüsse zu vermeiden. Je genauer wir beobachten, desto größer ist die Chance, daß die Vermutungen in die richtige Richtung gehen. In der folgenden Übung haben Sie Gelegenheit dies auszuprobieren.

Instruktion:
Setzen Sie sich bitte jeweils zu zweit gegenüber. Beschreiben Sie nun genau, was Sie am anderen sehen und beobachten können, also zum Beispiel: „Ich sehe, daß du die Beine übereinandergeschlagen hast" oder: „Ich sehe, daß du eine Augenbraue etwas hochziehst" etc…
Fragen: *Wie ist es Ihnen ergangen, als Sie Ihre Partnerin so genau beobachteten und ihr Ihre Beobachtungen mitteilten? Wie ist es Ihnen gegangen als Sie beschrieben wurden?*

Wir machen noch einmal die gleiche Übung – Sie beschreiben ganz genau, was Sie am anderen sehen – und äußern gleichzeitig auch Ihre Vermutungen dazu. „Ich sehe, daß du lächelst und vermute, daß dir die Übung Spaß macht."
Fragen: *Wie ging es Ihnen, als Sie der anderen Ihre Beobachtungen und Vermutungen mitteilten? Wie ging es Ihnen, als Sie beobachtet wurden und die Vermutungen Ihrer Partnerin hörten. Welche Vermutungen stimmten, welche nicht?*

In der **Einzeltherapie** übernimmt der Therapeut die Rolle des Partners.

Die Vermutungen werden oft als besonders witzig, aber auch als besonders peinlich erlebt (siehe „Mögliche Schwierigkeiten"). Wahrscheinlich waren einige Vermutungen richtig, einige aber völlig falsch. Der Therapeut weist noch mal darauf hin, daß sich die Teilnehmer darüber klar sein sollten, daß Schlüsse, die aus Beobachtungen gezogen werden, immer nur Vermutungen sein können. Für die Hausaufgabe teilen die Therapeuten die Formblätter „Planung einer Aussprache" aus.

6. Hausaufgaben

- Jede Teilnehmerin bereitet zwei konkrete Konfliktgespräche vor. Sie erstellt eine „was stört mich"-Liste und bereitet sich auf das Gespräch vor.

7. Blitzlicht

Mögliche Schwierigkeiten

- Ambivalenz zu Näheempfindungen: Die durch die genaue Beobachtung entstehende Nähe wird manchmal von Patientinnen als unangenehm und peinlich erlebt. Sie befürchten, sie könnten damit anderen zu nahe treten. Das kann sich in albernem oder überzogenem Verhalten äußern oder darin, daß nur sehr allgemeine banale Vermutungen geäußert werden. Solche Befürchtungen und mögliche Konsequenzen können angesprochen und an der Bewertung der Partner überprüft werden. Es sollte aber exploriert werden, inwieweit die Teilnehmer Vermutungen über andere ungeprüft zur Grundlage ihres Handelns machen. Hieran kann auch erklärt werden, daß erst durch die Äußerung von Vermutungen überprüft werden kann, ob sie richtig sind.

21. Sitzung

Überblick

Ziele

- Einüben verbesserter Gesprächsführung

Ablauf der Sitzung

1. Teilnehmervortrag	Zusammenfassung der letzten Sitzung
2. Übung 1	Wiegen
3. Hausaufgabenbesprechung	Planung von Konfliktgesprächen / Wünsche an den Konfliktpartner formulieren
4. Übung 2	Rollenspiele
	– Einüben der Aussprachen unter Zuhilfenahme der erlernten Sprecher- und Zuhörerfertigkeiten
	– Reflexion des Rollenspiels
5. Hausaufgaben	– Durchführen einer Übungsaussprache
	– Planung zweier neuer Aussprachen
6. Blitzlicht	

Vorbereitung und Materialien

Waage, Gewichtsdokumentation, Formblätter: Planung einer Aussprache (s. Anhang 3)

Therapeutisches Vorgehen

1. Teilnehmervortrag: Zusammenfassung der letzten Sitzung

2. Übung 1: Wiegen

Das Gewicht der einzelnen Teilnehmerinnen wird in das Gewichtsprotokoll eingetragen.

3. Hausaufgabenbesprechung: Planung von Konfliktgesprächen

Jede Patientin hat Aussprachen für zwei konkrete Konfliktsituationen geplant und dafür die ausgefüllten Formblätter zur Vorbereitung einer Aussprache inklusive der „Was stört mich"-Listen mitgebracht. Gemeinsam werden die „was stört mich"-Sätze in konkrete Wünsche umformuliert.

Beispiel: Vater interessiert sich nicht für meine Probleme.
Umformulierung der „Es stört mich…"-Sätze in Wünsche:

„Es stört mich…"	„Ich wünsche mir…"
daß du vom Tisch aufstehst	daß du eine halbe Stunde bei mir sitzen bleibst
daß du mich unterbrichst	daß ich ausreden kann
daß du nie etwas sagst	daß du mich lobst

Die Patientinnen sollen sich dabei weniger auf vermutete oder tatsächliche Persönlichkeitseigenschaften des Partners beziehen, sondern sehr konkret das jeweilige Verhalten in der speziellen Situation ansprechen. Außerdem sollte herausgearbeitet werden, was die Patientin selbst zur Änderung der Problematik beitragen kann. Je nach Größe der Gruppe werden nur ein bis zwei Beispiele exemplarisch im Plenum erarbeitet. In der **Einzeltherapie** können beide Beispiele der Patientin behandelt werden.

4. Übung 2: Rollenspiele

Die geplanten Aussprachen werden nun im Rollenspiel erprobt und eventuell verbessert. Da dies einige Zeit erfordert — die Rollenspiele sollten in einzelne Sequenzen zerlegt und jeweils sehr ausführlich besprochen werden — können in der Regel nur ein bis zwei Situationen durchgespielt werden. Deswegen ist es in der Gruppentherapie sinnvoll, darauf zu achten, daß die Problematik der Aussprache möglichst viele Teilnehmerinnen in irgendeiner Form betrifft, wie es beispielsweise bei Abgrenzungsproblemen oder Problemen bei der Durchsetzung eigener Vorstellungen meist gegeben ist.

In der **Einzeltherapie** muß der Therapeut jeweils nach den Erfordernissen eine Rolle übernehmen. Möglich ist auch, eine Patientin in einem Gestaltdialog zwei oder mehr Rollen übernehmen zu lassen, indem sie abwechselnd verschiedene Stühle besetzt, die den jeweiligen Gesprächspartner repräsentieren. Dieses Rollenspiel hat eine etwas andere Qualität und ist meist komplizierter. Besonders sinnvoll ist es dann, wenn die Patientin eine gewisse „Einfühlung" in den Gesprächspartner erproben soll.

Rollenspiel Abschnitt C (Übung)
Die Patientin äußert der Rollenspielpartnerin gegenüber ihre Wünsche, wie sie sie gerade in der Gruppe erarbeitet hat.

Beispiel:
„Vater interessiert sich nicht für meine Probleme."

Patientin: „Papa, ich möchte dich gerne um etwas bitten."
Vater: „Mmh?"
Patientin: „Ich möchte dir gerne öfter über meine Arbeit und meine Probleme dort erzählen, weil es mir wichtig ist, auch deine Meinung dazu zu hören."
Vater: „Ich weiß ja eh nicht, was du tust."
Patientin: „Manchmal versuche ich dir etwas zu erzählen, wie gestern abend beim Abendbrot. Aber du stehst dann auf und scheinst mit eigenen Gedanken beschäftigt. Ich fände es schön, wenn du noch eine halbe Stunde sitzenbleiben würdest und mit mir reden würdest."
Vater: „Also abends habe ich wirklich keinen Nerv mehr dafür; muß das unbedingt beim Abendessen sein."
Patientin: „Mach doch einen Vorschlag!"
Vater: „Ja, wir könnten doch öfter einen kleinen Spaziergang machen, das ist doch ganz nett."
Patientin: „Papa, das finde ich toll! Machen wir doch gleich für nächsten Sonntag einen Spaziergang aus – vielleicht können wir auch ins Cafe gehen."

Dabei empfiehlt es sich, immer nur kürzere Sequenzen spielen zu lassen, um in der Gruppe möglichst konkret besprechen zu können, was gut gelungen und was noch zu verbessern ist. Diese konkreten Vorschläge können dann gleich eingebaut und erprobt werden. Grundsätzlich unterbricht der Therapeut immer dann, wenn die Übende in eine Sackgasse gerät oder unsicher wird. Der Therapeut kann in seiner Funktion als Modell für kurze Sequenzen die Rolle der Patientin übernehmen und so alternative Verhaltensweisen vorspielen. Gefühlsinhalte werden eventuell vom Therapeuten durch Doppeln (während des Rollenspiels kurzzeitig die Rolle des Sprechers übernehmen) und Stützen deutlicher herausgearbeitet.

Rollenspiel Abschnitt D (Rückmeldung)
Im Sinne von Shaping und Verstärkung werden im Plenum gelungene Aspekte der Aussprache nochmals besonders hervorgehoben.
Beispiel:
– Wünsche formuliert: „Ich möchte öfter…"
– Vermutungen gekennzeichnet: „Du stehst auf und scheinst beschäftigt…"
– Konkrete Vorschläge gemacht: „Eine halbe Stunde…"

- Auf den anderen eingegangen: „Mache doch einen Vorschlag..."
- Positive Rückmeldung gegeben: „Papa, das finde ich toll!"

5. Hausaufgaben

- Jede Patientin führt zu Hause eine Übungsaussprache mit ihrem realen Konfliktpartner durch
- Es werden zwei neue Übungsaussprachen selbständig vorbereitet. Dazu wird bestimmt, mit wem die Aussprache stattfinden soll, es wird eine „Was stört mich"-Liste aufgestellt, die in Wünsche umformuliert wird. Die Teilnehmerinnen überlegen eine günstigen Zeitpunkt für die Aussprache. Dafür werden Formblätter zur Vorbereitung einer Aussprache ausgeteilt.

6. Blitzlicht

22. Sitzung

Überblick

Ziele

- Üben kommunikativer Fertigkeiten in Belastungssituationen

Ablauf der Sitzung

1. Teilnehmervortrag	Zusammenfassung der letzten Sitzung
2. Übung 1	Wiegen
3. Hausaufgabenbesprechung	Aussprachen mit realen Konfliktpartnern
4. Übung 2	Rollenspiele
	– Einüben der Aussprachen
	– Reflexion des Rollenspiels
5. Übung 3	„Komplimente machen"
	– Positive Rückmeldung der ganzen Gruppe für jeweils eine Teilnehmerin
	– Reflexion der Übung
6. Hausaufgaben	– Führen eines Ernährungsprotokolls über eine Woche
	– Üben von mindestens 2 Konfliktgesprächen
	– Ausfüllen der „Zufriedenheitsliste"

7. Blitzlicht

Vorbereitung und Materialien

Waage, Gewichtsdokumentation, Formblatt „Zufriedenheitsliste" (s. Anhang 3)

Therapeutisches Vorgehen

1. Teilnehmervortrag: Zusammenfassung der letzten Sitzung

2. Übung 1: Wiegen

Das Gewicht der einzelnen Teilnehmerinnen wird in das Gewichtsprotokoll eingetragen.

3. Hausaufgabenbesprechung: Aussprachen mit realen Konfliktpartnern

Jede Patientin sollte sich in der letzten Woche mit einem realen Konfliktpartner
über ihre Probleme aussprechen und dabei so vorgehen, wie es in der Gruppe
gemeinsam geplant wurde. Jede Teilnehmerin schildert nun ausführlich, wie das
Gespräch verlaufen ist – worin sie erfolgreich war und welche Schwierigkeiten
aufgetreten sind. Erfolge und Schwierigkeiten werden in der Gruppe diskutiert.

4. Übung 2: Rollenspiele

Wieder werden 2-3 Konfliktgespräche, die Teilnehmerinnen zu Hause vorbereitet
haben, im Rollenspiel erprobt und eingeübt. Das therapeutische Vorgehen wurde
bereits in der letzten Sitzung beschrieben.

5. Übung 3: „Komplimente machen"

Wenn nach den Rollenspielen noch genügend Zeit bleibt, bietet sich an dieser
Stelle eine Übung an, in der es um Rückmeldung positiver Eindrücke geht – die
Komplimenteübung. Sie zeigt, welche Wirkung positive Rückmeldungen haben
können und macht deutlich, wie sinnvoll es ist, in einem Gespräch, insbesondere
in einem Konfliktgespräch, dem anderen auch positve Rückmeldungen zu geben.
    Instruktion: Die Gruppenmitglieder sitzen im Kreis, in dessen Mitte ein leerer
Stuhl steht. Eine Patientin setzt sich auf diesen Stuhl, und die anderen Teilnehmerinnen machen ihr der Reihe nach jeweils ein Kompliment. Dann nimmt die
nächste Patientin auf dem Stuhl Platz – bis alle einmal in der Mitte saßen. Am
Ende hat jede Patientin von jeder anderen ein Kompliment gehört. Eine kürzere
Version der Übung sieht vor, daß nacheinander jede Teilnehmerin in der Runde
ihrer rechten Nachbarin zwei Komplimente sagt, z.B.: „Deine Frisur gefällt mir
besonders gut", „ich mag den Klang deiner Stimme", „ich finde es toll, wie du in
dem Rollenspiel vorhin den Streit gemeistert hast" oder „ich finde es sympathisch, daß du oft so gut zuhörst".

In der anschließenden Diskussion stehen folgende Fragen im Vordergrund:
– *Wie haben Sie sich gefühlt, als Sie die Komplimente hörten?*

- *Konnten Sie die Komplimente annehmen? Konnten Sie glauben, was Sie hörten? Waren Sie erstaunt, vielleicht auch enttäuscht?*
- *Wie war es, jemandem etwas Positives zu sagen?*

In der **Einzeltherapie** muß die Übung verändert werden. Zum einen kann die Patientin im Rollenspiel abwechselnd sich und einen Gesprächspartner darstellen, und dabei Komplimente austauschen. Damit übt die Patientin, Komplimente zu geben und zu empfangen und kann sich gleichzeitig in andere hineinversetzen und deren positive Vermutungen/Eindrücke über die Patientin einfühlen. Sonst vermuten Patientinnen bei anderen oft eher negative Eindrücke über sich selbst. Eine weitere Alternative ist, als Hausaufgabe, anderen Menschen positive Rückmeldung zu geben und auch nachzufragen: „Sag, was schätzt du eigentlich an mir?". Diese Aufgabe sollte zunächst im Rollenspiel geübt und dann in der nächsten Sitzung besprochen werden. Auch ein einfaches Notieren alltäglicher positiver Rückmeldung ist möglich.

6. Hausaufgaben

- Die Teilnehmerinnen werden aufgefordert, über eine Woche lang täglich ein Ernährungprotokoll zu führen.
- Zu Hause werden 2 Aussprachen mit den realen Konfliktpartnern durchgeführt.
- Das Formblatt „Zufriedenheitsliste" soll ausgefüllt werden.

7. Blitzlicht

Mögliche Schwierigkeiten

- Bei den Rollenspielen können emotional sehr belastende Konfikte mit den Eltern zur Sprache kommen. Auch über sexuellen Mißbrauch − der in dieser Patientengruppe verhältnismäßig häufig vorkommt − wird zu diesem Zeitpunkt gelegentlich gesprochen. Diese Themen sollten nicht abgeblockt und auf Einzelbehandlungen verwiesen werden. Im Gegenteil kann hier das kreative Potential der ganzen Gruppe genutzt werden. Die Probleme betreffen trotz ihrer individuellen Ausprägung meist auch grundsätzliche Schwierigkeiten aller Teilnehmerinnen. Im Vordergrund stehen beispielsweise häufig Probleme der Ablösung von der Familie, ambivalente Beziehungen zu den Eltern, die zum Teil aggressive als auch „abhängige" Komponenten zeigen oder Konkurrenzbeziehungen zu den Geschwistern. Im Rollenspiel können viele der beteiligten Emotionen in ihrer Wirkung sichtbar gemacht werden, ohne sie ungebührlich zu verstärken. Zielvorstellungen für Lösungen wie „verzeihen", „versöhnen", „ablösen" können angesprochen und falls möglich schon eingeübt werden.
- Während der Konfliktrollenspiele kann deutlich werden, daß eine Familie einer Familientherapie bedarf. Besteht die Möglichkeit, dies anzubieten, ist es günstig, diese erst nach Ende der Gruppentherapie zu beginnen.

23. Sitzung

Überblick

Ziele

- Rückmeldung zum aktuellen Eßverhalten
- Wissen über Methoden der Zukunftsplanung

Ablauf der Sitzung

1. Teilnehmervortrag	Zusammenfassung der letzten Sitzung
2. Übung 1	Wiegen
3. Hausaufgabenbesprechung	Aussprachen mit realen Konfliktpartnern
4. Rückmeldung	Besprechen der Ernährungsprotokolle
5. Information	Zukunftsplanung
6. Diskussion	Zukunftsplanung des Eßverhaltens
7. Hausaufgaben	− Erarbeiten eines Zeit- und eines Belohnungsplanes für das individuelle Ziel
	− Planung und Ausführung eines Heißhungertages
8. Blitzlicht	

Vorbereitung und Materialien

Waage, Gewichtsdokumentation, Formblätter: Zukunftsplanung (s. Anhang 3)

Therapeutisches Vorgehen

1. Teilnehmervortrag: Zusammenfassung der letzten Sitzung

2. Übung 1: Wiegen

Das Gewicht der einzelnen Teilnehmerinnen wird in das Gewichtsprotokoll eingetragen.

3. Hausaufgabenbesprechung: Aussprachen mit realen Konfliktpartnern

Die Patientinnen haben wieder Gelegenheit, über ihre Erfahrungen mit der Übungsaussprache zu sprechen und Rückmeldungen von der Gruppe und dem Therapeuten zu bekommen.

4. Rückmeldung zum Eßverhalten

Gegen Ende der Therapie sollte noch einmal Gelegenheit zu einer Bestandsaufnahme des gegenwärtigen Eßverhaltens der einzelnen Patientinnen sein. Erfolge des Ernährungsmanagements werden deutlich gemacht, noch ungelöste Fragen zu Art und Menge der Nahrungsmittel werden diskutiert und beantwortet. Schließlich ist die Bestandsaufnahme des Eßverhaltens die Basis für die langfristige Bewältigungsstrategie Zukunftsplanung. Ziel der Zukunftsplanung ist es, bereits erreichte Erfolge auch über die Therapie hinaus zu stabilisieren, bzw. den Patientinnen die Möglichkeit zu geben, Bereiche, die sie noch nicht so erfolgreich meistern, selbstständig weiter zu verbessern.

In Kleingruppen sehen jeweils 3-4 Teilnehmerinnen ihre mitgebrachten Ernährungsprotokolle kritisch durch und besprechen sie miteinander. In der **Einzeltherapie** diskutieren Patientin und Therapeut die Protokolle entsprechend. Für Fragen und Hilfen steht der Therapeut zur Verfügung. Am Ende sollte jede Patientin eine Liste bezüglich ihres Eßverhaltens erstellt haben:
- In welchen Bereichen bin ich erfolgreich?
- Welche Bereiche sind noch schwierig für mich? Was ist für einen Rückfall gefährlich?

Beispiel 1:
Eine Patientin hat folgendes Ernährungsprotokoll mitgebracht:

Anna: Mittwoch, 25. 1. 91

9 Uhr   Tee mit Süßstoff und Zitrone
         1 Salamibrot
         1 Briekäsebrot
12 Uhr   1 Joghurt (Kirsche)
         2 Glas Apfelsaftschorle

15 Uhr   1 Pizza
          1 Glas Apfelsaftschorle
19 Uhr   250 g Magerquark
          1 kl. Glas Apfelkompott
          1 kl. Mürbeteighörnchen
21 Uhr   2 Gläser Apfelsaftschorle
          1 Salamibrot
          1 Briekäsebrot
          2 Gläser Weißwein

Dieses Tagebuch gibt ein Beispiel, wie Menge und zeitliche Aufteilung der Mahlzeiten gut zusammengestellt und dem Arbeitsrhythmus angepaßt sind (die Patientin konnte erst relativ spät eine Mittagspause einplanen). Für die Zusammenstellung der Nahrung kann eine größere Nahrungsmittelvielfalt empfohlen werden sowie bislang fehlende frische Salate, Gemüse und Obst in den Speiseplan einzubauen.

Beispiel 2:
Maria: Montag, 30. 1. 91

12 Uhr   1 Kotelett

                                    Das Essen war stark ver-
          1 Portion Lauchgemüse   salzen, habe es dummer-
          1 kl. Kartoffel   weise doch gegessen
          3 Gabeln Salat   (großer Hunger)
          0,4 l Spezi   erbrochen
17 Uhr   1 Glas Orangensaft
          3 Spekulatius
19 Uhr   1 gr. Glas Orangensaft
          1 Portion Spagetti mit
          2-3 Kellen Champignon-Zucchini-Soße
          4 Tl. geriebener Emmentaler
          1 Portion gemischter Salat
20 Uhr   1 Tasse Kaffee
          1 Handvoll Bananenchips

Beispiel 2 verdeutlicht, daß das Essen auch am Ende der Therapie noch in vielfältiger Weise störanfällig sein kann. Im Protokoll fällt zunächst auf, daß die Patientin nicht gefrühstück hat. Hier sollte nach dem Grund gefragt und abgeklärt werden, ob das Fehlen der Mahlzeit Ausdruck selbstauferlegter Restriktionen sein könnte. Das Fehlen des Frühstücks hatte die typische Konsequenz, daß die Patientin gegen Mittag großen Hunger verspürte, auf den sie nicht mehr gelassen reagieren konnte. Deshalb verzehrte sie das Kantinenessen, obwohl es stark versalzen war und sie versalzene Nahrung ungesund findet. Erst anschließend stellt sie fest: „Dummerweise habe ich es gegessen". Diese Kognition unterscheidet sich nicht grundsätzlich von früheren Kognitionen „Ich habe mehr gegessen als ich sollte, um nicht dick zu werden" und wirkt als automatischer Auslöser für Erbrechen. Der Reaktionszusammenhang weist auf die immer noch bestehende enge Verknüpfung zwischen der Übertretung selbstauferlegter Regeln bezüglich des Essens und Erbrechen als symptomatischer Reaktion hin. Das müßte mit der Patientin diskutiert werden.

5. Information: Zukunftsplanung

Die Ziele der langfristigen Bewältigungsstrategie Zukunftsplanung sind die Stabilisierung der bereits in der Therapie erreichten Erfolge und das Erreichen weiterer Verbesserungen hinsichtlich des problematischen Verhaltens in der Zeit nach Beendigung der Therapie. Jede Teilnehmerin kann für sich eine Liste erstellen mit Zielen, die sie noch anstreben möchte. Dabei kann auf die „Zufriedenheitslisten" zurückgegriffen werden (Sitzung 22), die als Hausaufgabe für diese Sitzung auszufüllen waren. Im folgenden Informationsteil werden die Ziele und die einzelnen Schritte der Zukunftsplanung vorgestellt. Dies kann mit den folgenden Worten geschehen:

Wir sind nun ziemlich am Ende der Therapie. Sie haben vieles erreicht, einiges ist auf den Weg gebracht. Damit dieser Weg nach der Therapie nicht abreißt, ist es wichtig, daß Sie Ihre Ziele weiterverfolgen und sich neue Ziele stecken. Wir haben gerade die Ernährungsprotokolle besprochen und jede von Ihnen weiß, in welchen Bereichen Sie Ihr Verhalten weiter verbessern könnte. Entscheidend dafür, ob Sie bei der Ereichung dieser Ziele erfolgreich sein werden, ist, daß Sie Ihr Vorhaben genau planen. Erinnern Sie sich, wie wir hier in der Therapie vorgegangen sind:
- *Jede von Ihnen hat sich bestimmte, individuelle Ziele gesteckt. Und wie Sie wissen, war es dabei wichtig, daß diese Ziele realistisch und sehr konkret formuliert waren. Dann wurden diese Ziele in kleine, überschaubare Schritte unterteilt. In den einzelnen Sitzungen haben Sie kurzfristige und langfristige Strategien erlernt und geübt, mit denen es Ihnen möglich wurde, Ihre Ziele zu erreichen.*
- *Die Therapie war nach einem bestimmten Zeitplan aufgebaut. Denken Sie beispielsweise an die Ernährungsplanung: In der ersten Woche versuchten Sie einen Tag strukturiert zu essen, in der zweiten Woche schon 2 Tage, schrittweise bauten Sie bestimmte „verbotene" Nahrungsmittel in Ihre Essenspläne ein.*
- *Wenn Sie etwas erreicht haben, haben Sie sich in der Therapie dafür gezielt belohnt. Wir haben uns dabei die Erkenntnis zunutze gemacht, daß wir neues Verhalten schneller und besser lernen, wenn positive Konsequenzen folgen.*

Dies war in kurzen Worten die Planung der Therapie. Für die Zeit der Therapie haben wir als Therapeuten diese Planung teilweise für Sie übernommen. Nun kommt es darauf an, daß Sie Ihre Ziele und wie Sie diese erreichen wollen selbst planen.

Der Therapeut stellt die einzelnen Schritte der Zukunftsplanung nochmal kurz zusammenfassend dar und schreiben Sie eventuell an der Tafel an:

1. Formulierung der Zielvorstellung (Konkretisierung der Listenpunkte). Dies sollte so konkret wie möglich geschehen, damit man weiß, wann das Ziel erreicht ist: „Wenn ... eintritt, bin ich am Ziel"
2. Unterteilung des Ziels in Unterziele

3. Bestimmung der Mittel, die für die Erreichung des Ziels nötig sind
4. Zeitplan
5. Belohnungsplan

Beispiel:
1. Zielvorstellung
   Ich möchte gerne in einer eigenen Wohnung wohnen: allein, in der Stadt, nahe dem Arbeitsplatz, höchstens 700 DM Miete, nicht möbliert, mindestens 40qm, möglichst mit Balkon.
2. Unterziele
   - Wohnungsmarkt kennenlernen
   - Beschluß bekanntmachen
   - Einverständnis und Unterstützung der Eltern erreichen
   - für ein Angebot entscheiden
   - u.U. Makler- und Kautionsgebühren beschaffen
   - Umzug durchführen
   - Möbel ergänzen
   - Fest veranstalten
3. Vorgehensweise
   - Zeitungsinserate durchsehen, Inserat aufgeben, Wohnungsbaugesellschaften kontaktieren...
   - Wohnung und Umfeld besichtigen
   - mit potentiellen Vermietern verhandeln (Selbstermutigung, positive Selbstinstruktion)
   - Gespräche mit Eltern führen (Technik „Konfliktgespräch") etc.
4. Zeitplan
   - Gespräch mit Eltern bis nächste Woche
   - Zeitungen durchsehen ab morgen
   - Besichtigungstermine möglichst innerhalb der nächsten vier Wochen
   - Umzug möglichst noch vor Winteranfang
5. Belohnungsplan
   - nach Gespräch mit Eltern: schöne Schallplatte kaufen
   - Zeitung bei „schönem" Frühstück durchsehen
   - nach Besichtigung mit Freund ins Cafe gehen
   - nach erfolgreichem Umzug: eine Woche Urlaub

6. Diskussion: Zukunftsplanung des Eßverhaltens

Um das Vorgehen bei der Zukunftsplanung plastisch zu machen, erstellt jede Patientin mit Unterstützung der Gruppe bzw. des Therapeuten einen individuellen Zukunftsplan für den Zeitraum eines halben Jahres für ein definiertes Ziel (Schritte 1-3). In Kleingruppen (**Einzeltherapie**: mit dem Therapeuten) arbeitet jede Teilnehmerin einen genauen Plan aus: es werden Unterziele formuliert und zur Bewältigung der notwendigen Aufgaben aus allen in der Therapie erlernten Methoden diejenigen ausgewählt, die im individuellen Fall geeignet sind, das gesteckte Ziel zu erreichen.

7. Hausaufgaben

– Zu Hause erarbeitet jede Patientin den Zeit- und den Belohnungsplan für ihr individuelles Ziel (Schritte 4 und 5).
– Die zweite Hausaufgabe ist eine paradoxe Intervention, nämlich die Planung und Ausführung eines Heißhungertages. Mittels dieser Intervention soll erreicht werden, das Empfinden der Eigenverantwortlichkeit für das Auftreten einer Eßattacke zu schärfen, indem sich die Patientinnen die notwendigen Bedingungen und Handlungsschritte vergegenwärtigen. Durch diese Intervention wird die Möglichkeit akzentuiert, sich für und damit implizit auch gegen eine Heißhungerattacke zu entscheiden, das heißt zu jedem einzelnen Handlungsschritt das Essen oder die Vorbereitungen dazu abbrechen zu können. Dies ist besonders für die Rückfallprophylaxe relevant. Zudem kann die geplante Heißhungerattake Aversionen gegen das „genußlose Fressen" fördern. Mit folgenden Worten kann die Instruktion für die Hausaufgabe gegeben werden: *Wir möchten, daß jede von Ihnen einen Heißhungertag plant und auch durchführt. Sie legen einen Tag fest, kaufen ein – und essen. Sind Sie verwundert? Sie wissen jetzt, wie Sie Heißhunger vermeiden können. Trotzdem finden wir es wichtig, daß Sie noch einmal erleben, wie ein Heißhungeranfall funktioniert. So können Sie Ihren Blick schärfen, welche Bedingungen einen Heißhungeranfall provozieren.* Es wird angeregt, nach dem Essen möglichst nicht zu erbrechen. So bekommt die Übung gleichzeitig die Qualität einer Exposition hinsichtlich der Angst zuzunehmen. Die Entscheidung darüber liegt jedoch bei den Teilnehmerinnen.

8. Blitzlicht

Mögliche Schwierigkeiten

– Die Ziele sind vage: Zunächst kann exploriert werden, was es schwierig macht, sich konkrete Ziele zu vergegenwärtigen. Ein geeigneter Vorschlag wäre dann, die Festlegung auf Ziele selbst als Thema zu wählen.
– Patientinnen halten die Übung „Ausführen eines Heißhungertages" für „pervers" und wollen keinen Eßanfall inszenieren: Hier muß sehr deutlich erklärt werden, wozu die Intervention hilfreich sein kann: sich den genauen Ablauf, die einzelnen Entscheidungsschritte und die einzelnen Handlungen zu vergegenwärtigen und damit die persönliche Kontrolle zu ermöglichen. Dies ist auch eine gute Vorbereitung für Situationen, in denen die Verführung zum „viel Essen" groß ist: emotionale Krisen, kalte Buffetts auf Parties etc. Wenn die Patientin nicht wagt, das Experiment durchzuführen, soll sie sich diesen Eßanfall genau vorstellen und die einzelnen Schritte schriftlich dokumentieren.

24. Sitzung

Überblick

Ziele

- Erlernen der Möglichkeiten, Rückfälle zu verhindern / Rückfallprophylaxe
- Anwenden der Zukunftsplanung

Ablauf der Sitzung

1. Teilnehmervortrag	Zusammenfassung der letzten Sitzung
2. Übung 1	Wiegen
3. Hausaufgabenbesprechung 1	Zukunftsplan für ein individuelles Ziel
4. Hausaufgabenbesprechung 2	Geplanter Eßanfall
5. Diskussion	Risikoanalyse für Rückfälle
6. Hausaufgaben	– Zusammenstellen der Möglichkeiten, belastende Situationen rechtzeitig zu erkennen und Heißhungeranfälle zu vermeiden oder zu unterbrechen
7. Blitzlicht	

Vorbereitung und Materialien

Waage, Gewichtsdokumentation

Therapeutisches Vorgehen

1. Teilnehmervortrag: Zusammenfassung der letzten Sitzung

2. Übung 1: Wiegen

Das Gewicht der einzelnen Teilnehmerinnen wird in das Gewichtsprotokoll eingetragen.

3. Hausaufgabenbesprechung 1: Zukunftsplan für ein individuelles Ziel

Jede Patientin stellt ihren zu Hause mit Zeit- und Belohnungsplan vervollständig-
ten Zukunftsplan vor (Schritt 4 und 5). Die Pläne werden gemeinsam dahingehend erörtert, wie realistisch die Zeitvorstellung und die Verstärker sind und wie
gut die zur Erreichung des Ziels gewählten Mittel sind. Gegebenenfalls werden
Pläne modifiziert und verbessert.

4. Hausaufgabenbesprechung 2: Geplanter Eßanfall

Die Teilnehmerinnen schildern, welche Erfahrungen sie mit ihrem geplanten
Eßanfall gemacht hat. Aus ihrem Erfahrungsbericht sollte jede Patientin die
Bedingungen und Handlungschritte zur Durchführung eines Eßanfalls benennen
können. Automatisierte Handlungsabläufe werden damit willkürlich veränder-
bar. Wenn sich eine Patientin trotz entsprechender Vorbereitung und Beginn der
Mahlzeit entschlossen hat, nicht übermäßig zu essen, sollte dies als geglückte
„Unterbrechung des Eßanfalls" und Beispiel gelungener Selbstkontrolle verstärkt
werden. Wenn Patientinnen das „Fressen" tatsächlich durchgeführt haben, werden die dazu führenden Entscheidungsschritte genau herausgestellt und die mögliche „Attraktion" des Essens nochmals verdeutlicht.

5. Diskussion: Risikoanalyse für Rückfälle

In einem nächsten Schritt diskutieren Patientinnen und Therapeut mögliche Risikosituationen, die einen Rückfall provozieren können. Darunter fallen auch
exzessive Gewichtskontrollmaßnahmen und das erneute Aufblühen eines
„Schlankheitswahns". Solche möglichen Krisensituationen werden gesammelt
und beschrieben.

6. Hausaufgaben

– Jede Patientin überlegt sich, wie sie Hinweise und Gefahren rechtzeitig erkennen und Heißhungeranfälle verhindern oder unterbrechen kann. Sie stellt ver-

schiedene Strategien zusammen, mit deren Hilfe sie im speziellen Fall einen Bulimieanfall vermeiden oder unterbrechen kann.

7. Blitzlicht

25. Sitzung

Überblick

Ziele

– Wissen um Methoden der Problemlösung

Ablauf der Sitzung

1. Teilnehmervortrag   Zusammenfassung der letzten Sitzung
2. Übung   Wiegen
3. Hausaufgabenbesprechung   Rückfallprophylaxe
4. Information   Methoden der Problemlösung
5. Planung   Gemeinsames Abschiedsessen
6. Blitzlicht

Vorbereitung und Materialien

Waage, Gewichtsdokumentation

Therapeutisches Vorgehen

1. Teilnehmervortrag: Zusammenfassung der letzten Sitzung

2. Übung: Wiegen

Das Gewicht der einzelnen Teilnehmerinnen wird in das Gewichtsprotokoll eingetragen. Die Therapeuten geben eine kurze Rückmeldung über die Gewichtsentwicklung.

3. Hausaufgabenbesprechung: Rückfallprophylaxe

Jede Patientin stellt mögliche zukünftige Risikosituationen für Rückfälle und die Strategien vor, die sie sich zu deren Bewältigung überlegt hat. Diese Aufstellungen zur Rückfallprophylaxe werden hinsichtlich realistischer Planung besprochen und diskutiert. Gemeinsam wird noch einmal zusammengefaßt, welche Strategien zur Bewältigung einer belastenden Situation zur Verfügung stehen.

4. Information: Methoden der Problemlösung

Die Bewältigungsstrategie Problemlösung wird als Sonderform der Planung vorgestellt. Hinweise auf während der Therapie angewandte Techniken der Problemlösung helfen, einzelne Therapieschritte nachträglich zu formalisieren und zu gliedern. Das Vorgehen in der Therapie wird dadurch für den Alltagstransfer verfügbar. Problemlösung setzt sich damit auseinander, was zu tun ist, wenn eine Belastungssituation eingetreten ist, wenn es beispielsweise doch zu einem Rückfall gekommen ist. Sie kann mit folgenden Worten eingeführt werden:

Sie haben in der Therapie sehr viel erreicht. Dennoch kann es vorkommen, daß Sie aus irgendeinem Grund zu „fressen" oder zu fasten beginnen. Wie gehen Sie damit um, wenn das passiert? Sie könnten zum Beispiel in tiefe Depression verfallen und denken: „Ich werde es nie schaffen, ich bin ein hoffnungsloser Fall." Das würde Ihnen jedoch nicht helfen, im Gegenteil: damit würden Sie nur wieder neue Anfälle provozieren. Ein Rückfall ist keine Katastrophe, er ist nur ein Signal dafür, daß Sie etwas verändern müssen. An einem Rückfall können Sie eine Menge lernen. Deswegen ist es besser, wenn Sie sich mit dem Problem auseinandersetzen und gezielt das weitere Vorgehen planen. Wir nennen das Problemlösung.

Der Therapeut fragt, ob eine Patientin in letzter Zeit einen Rückfall hatte, den sie schildern möchte. Anhand dieses Beispiels wird dann exemplarisch das Vorgehen bei der Problemlösung erarbeitet.

1. **Problembenennung** (Ist-Zustand)
   Das Problem wird zunächst genau definiert. Zum Beispiel schildert eine Patientin: „Ich hatte einen Heißhungeranfall mit Erbrechen, nachdem ein alter Bekannte mir gesagt hat, ich hätte ganz schön zugenommen und sei nicht

mehr attraktiv. Ich hatte Zweifel, ob ich mir über meine Figur nicht nur etwas vorgemacht habe und befürchtete, daß mich jetzt niemand mehr mag – auch wenn ich laut Tabelle ein normales Gewicht habe."

2. **Zielbestimmung** (Soll-Zustand)

Das Ziel wird genau definiert. Beispiel: „Ich möchte auf so eine Bemerkung nicht mit Essen und Verzweiflung reagieren. Stattdessen möchte ich mir sagen können, daß mich nicht jeder schön finden muß und daß ich mit Leuten, die mich nur nach meiner Figur beurteilen, nicht zusammen sein will. Ich möchte nicht wieder in die Bulimie abgleiten, sondern bei einer normalen Ernährung bleiben."

3. **Brainstorming**

Im nächsten Schritt werden alle möglichen Mittel zur Erreichung des Ziels gesammelt – ohne auf die Angemessenheit zu achten. Beispiele: Dem Bekannten eine runterhauen; sich sexy kleiden; dem Bekannten gegenüber die eigene Zufriedenheit mit der Figur betonen; den Bekannten hinauswerfen; sich ablenken; sich vergegenwärtigen, was das normale Essen für Vorteile gebracht hat; einige strukturierte Eßtage planen.

4. **Auswahl geeigneter Mittel**

Die einzelnen Strategien werden den gelernten Techniken der kurz- und langfristigen Bewältigung zugeordnet. Geeignete Mittel werden herausgegriffen und eingesetzt. Beispiele: Ernährungsplanung: einige strukturierte Eßtage planen; Ablenkung: mit einer Freundin telefonieren; Aussprache: dem Bekannten die Meinung sagen; Einstellungsänderung: attraktive Kleidung auswählen, sich die Vorteile der Änderung vergegenwärtigen, die Qualität der Bekanntschaft reflektieren.

5. **Erstellen individueller Pläne zur Problemlösung**

Im letzten Schritt wird festgelegt, in welcher Reihenfolge und wann die einzelnen Mittel eingesetzt werden sollen. Beispiel: Wann spricht die Patientin mit ihrem Bekannten über die Begebenheit und wo sieht sie sich nach hübschen neuen Kleidern um?

5. Planung: Gemeinsames Abschiedsessen

Wenn die Atmosphäre der Gruppe es erlaubt, kann nach einer Gruppentherapie das Ende mit einem gemeinsamen Abschlußessen in einem Restaurant, bei einem der Therapeuten oder in einer praxis-/klinikeigenen Küche gefeiert werden. Mit dem gemeinsamen Essen nivelliert sich ein wenig der Rollenunterschied zwischen Therapeut und Klienten, es wird eine Art Übergabe der Handlungskompetenz an den Klienten markiert. Als Diagnostikum für tatsächliches Eßverhalten ist ein solches gemeinsames Essen nur geeignet, wenn bei Bedarf die Möglichkeit einer anschließenden Zusatzberatung gegeben ist.

Wenn möglich, sollte für die nächsten 12 Monate alle 3 Monate eine Bouster-Sitzung (Treffen zur Auffrischung der Zukunftsplanung und Beurteilung bisheriger Veränderungen) fest vereinbart werden. Vor allem bei Gruppentherapien können sich solche Sitzungen günstig auf die Stabilisierung der erzielten Verbesserungen auswirken.

6. Blitzlicht

Mögliche Schwierigkeiten

- Eine Patientin erschrickt über ihre Gewichtsentwicklung: Da die Gewichtsentwicklung schon besprochen wurde, sollte der Therapeut hier nachfragen, ob die Besorgnis mit dem Ende der Therapie zusammenhängt. Das Problem kann im Rahmen der „Problemlösung" thematisiert werden.
- „Ich möchte wieder abnehmen.": Mit solchen Wünschen ist immer wieder zu rechnen. Zunächst sollten nochmals die Konsequenzen von Fasten und exzessiver Nahrungseinschränkung verdeutlicht werden: Fasten kostet... Gleichzeitig können Möglichkeiten aufgezeigt werden, wie durch strukturiertes Essen und körperliche Aktivität eine „gesunde" Gewichtskontrolle erreicht werden kann. Der Therapeut kann beispielsweise empfehlen „*wenn sie schon meinen, unbedingt abnehmen zu müssen...*", bei 5 – 6 Mahlzeiten zu bleiben, die Menge der abendlich verzehrten Nahrungsmittel einzuschränken und die empfohlene Energiemenge grundsätzlich um nicht mehr als 500 kcal zu reduzieren. Darüber hinaus können besonders angenehme und als lustvoll empfundene Sportarten betrieben werden, z.B. zweimal pro Woche Volleyball zu spielen.

Anhang 1

Materialien zur Diagnostik

Erstinterview bei Eßstörungen

Max-Planck-Institut für Psychiatrie 1989

Beurteiler .... Datum ....

Name .... Geburtsdatum ....

Adresse / Telephon ....

Facharzt / Hausarzt ....

Versicherung ....

1. Beratungsanlaß

Eigene Problembeschreibung (wörtlich):

Anlaß zur Therapie/Beratung/Kontakt:

Bisherige psychotherapeutische Behandlung:

stationär (Klinik, Diagnose, Zeitraum)_____

_____

ambulant (Stelle, Diagnose, Zeitraum)_____

_____

Erwartungen an die Therapie und den Therapeuten:

2. Persönliche Angaben

Wohnung:		Familienstand:		Kinder:	
allein	_____	ledig	_____	eigene	
mit Partner	_____	verheiratet	_____	1._____
mit eig. Familie	_____	geschied/getr.	_____	2._____
bei Eltern	_____	verwitwet	_____	3._____
Wohngemeinschaft	_____	wiederverheir.	_____	angenommene
Großeltern	_____			_____
Internat	_____			

Tätigkeit:_____   Schulabschluß:_____

erlernter Beruf:_____   Weiterbildung:_____

Stellung:_____   Einkommen:_____

Religion:_____

3. Angaben zur Ursprungsfamilie

	Vater	Mutter	Geschwister
Alter	_____
Geschlecht (m, w)			_____
Familienstand	
Beruf	_____
Religion aktiv?	_____
psychische Erkrankungen welche?	_____

4. Beschreibung des problematischen Eßverhaltens

Häufigkeit während der letzten 3 Monate vor Indexbehandlung
    (durchschnittl. Frequenz pro Woche)

    Heißhungeranfälle (Häufigkeit/Woche) ....   _____
    selbstinduziertes Erbrechen (Hfk./Woche) ....   _____
    Abführmittel / Laxantien (Tage/Woche) ....   _____
    Appetitzügler (Tage/Woche) ....   _____
    Entwässerungstabletten / Diuretika (Tage/Woche) ....   _____
    Nulldiät für einen Tag (Tage/Woche) ....   _____
    Ausgefallene Mahlzeiten (Anzahl/Woche) ....   _____
    Tage ohne Heißhungeranfälle (Tage/Woche) ....   _____

Falls Abführmittel-, Diuretika- oder Appetitzüglergebrauch:

Name des Präparates:_____   Tagesdosis:_____

Falls Heißhungeranfälle während der letzten 3 Monate vor Indexbehandlung:

Durchschnittl. Zeitdauer pro Heißhungeranfall (Minuten) . . . .   _____

Bevorzugte Tageszeit . . . .   _____

Durchschnittliche Latenzzeit bis zum Erbrechen (Minuten) . . . .   _____

Durchschnittliche Menge des Erbrochenen
(fast nichts bis alles) . . . .   _____

Erbrechen auch nach normalen Mahlzeiten . . . .   _____

Auslöser für Heißhungeranfälle heute (Situationen, Gedanken)

_____

_____

Bevorzugte Nahrungsmittel und Menge bei einem typischen Heißhungeranfall

_____

_____

Konsequenzen der Heißhungeranfälle heute (Selbst, Umgebung, Mitmenschen)

_____

_____

_____

Auslöser für Erbrechen u.a. gewichtskontrollierendes Verhalten

_____

_____

Lebensgeschichtliche Situation (Ereignisse) um den Beginn von Anorexie/
Bulimie; Auslöser (wie kam es erstmals zum Symptomverhalten?)

_____

_____

_____

_____

_____

Beziehung zu den Eltern vor/bei Beginn der Eßstörung:

_____

_____

_____

Beziehung der Eltern zueinander vor/bei Beginn der Eßstörung:

_____

5. Gewichts- u. Ernährungsgeschichte

Größe: _____   Gewicht:_____

Figur / Gewicht in der Kindheit
- eher als „dünn" bezeichnet im Alter (Jahre) .... _____
  von wem? ....
- eher als „dick" bezeichnet im Alter (Jahre) .... _____
  von wem? ....

Figur / Gewicht nach Beendigung des Wachstums
- niedrigstes Gewicht .... _____
  im Alter (Jahre) .... _____
  wie lange gehalten (+ − 0,5kg in Monaten) .... _____
- höchstes Gewicht .... _____
  im Alter (Jahre) .... _____
  wie lange gehalten (+ - 0,5kg in Monaten) .... _____

Gewicht vor der Eßstörung, das am längsten gehalten wurde .... _____

Figur / Gewicht (kg) bei Beginn der Eßstörung .... _____

Alter (Jahre) bei Beginn
Diät / Fasten .... _____
selbstinduziertes Erbrechen .... _____
Freßanfälle .... _____
Abführmittelgebrauch .... _____

Phasen mit deutlicher Verbesserung der Sypmtomatik oder mit
Symptomfreiheit

im Alter (Jahre)_____ Dauer (Monate)_____

Bedingungen, die möglicherweise für die Verbesserung verantwortlich waren
(z.B. Urlaub etc.)

_____

Gewichtsschwankungen während der letzten 3 Monate
(Differenz Min-Max in kg angeben)   _____

Heute tolerierte Gewichtszunahme (in kg) .... _____

6. Figur und Gewicht der Familienangehörigen

	Mutter	Vater	Geschwister		
			1	2	3

Größe (cm) _____

Gewicht (kg) _____

Besondere Eßgewohnheiten in der Familie

_____

7. Körperwahrnehmung

Einschätzung der Figur der Patientin durch sie selbst
viel zu dünn .... ○
etwas zu dünn .... ○
gerade richtig .... ○
etwas zu dick .... ○
sehr viel zu dick .... ○

Einschätzung der Figur der Patientin durch andere
viel zu dünn .... ○
etwas zu dünn .... ○
gerade richtig .... ○
etwas zu dick .... ○
sehr viel zu dick .... ○

Hungerwahrnehmung
keine Wahrnehmung .... ○
selten / Interpretationsunsicherheit .... ○
gelegentlich sichere Interpretation .... ○
häufig sichere Hungerwahrnehmung .... ○
genaue Hungerwahrnehmung .... ○

Sättigungswahrnehmung bei Mahlzeiten
keine Wahrnehmung .... ○
selten / Interpretationsunsicherheit .... ○
gelegentlich sichere Interpretation .... ○
häufig sichere Sättigungswahrnehmung .... ○
genaue Sättigungswahrnehmung .... ○

8. Allgemeine lebensgeschichtliche Entwicklung

Sozialverhalten − Familie − Freunde

_____

_____

_____

_____

Leistungsverhalten/Schule

_____

_____

_____

Körperliche Entwicklung (z.B. häufige Krankheiten)

_____

_____

Psychische Entwicklung (z.B. Ängste, Persönlichkeit)

_____

_____

_____

Besondere Belastungen

_____

_____

_____

Suizidversuche   ja: ○   nein: ○

      Anzahl . . . . _____
      Alter (Jahre) . . . . _____
      Anlaß_____

      _____

Selbstverletzung   ja: ○   nein: ○

      Art und Anlaß_____

      _____

Schlafstörungen   ja: ○   nein: ○

      welche_____

      _____

Diebstahl / andere kriminelle Delikte   ja: ○   nein: ○

      welche_____

      _____

9. Freizeitgestaltung

Hobbies und Freizeitbeschäftigung

Sport / körperliche Bewegung
  jemals Wettkampfsport   ja: ○   nein: ○

  Sportart: ....

Körperliche Aktivitäten in den letzten 3 Monaten
  Durchschnittliche Dauer der sportl. Bewegung/Tag (min)   _____

  Art der Bewegung: _____

10. Sexuelle Erfahrungen

Bereits Geschlechtsverkehr gehabt: ja: ○   nein: ○
Alter beim ersten Geschlechtsverkehr   _____
Sexueller Mißbrauch in der Kindheit   _____

Ablehnung/Vermeidung von Sexualität

völlige Ablehnung von Sex	○
Sex ohne Genuß	○
Zustimmung und Genuß	○
Promiskuität	○

Partner jetzt vorhanden

nein	○
männlich	○
weiblich	○

Dauer der Partnerbeziehung (in Monaten) .... _____
Geschlechtsverkehr   ja: ○   nein: ○

11. Körperliche Funktionen

Menstruation (im letzten Jahr)
  normal (öfter als 8mal im Jahr) .... ○
  Oligomenorrhoe (3-8mal im Jahr) .... ○
  Amenorrhoe (weniger als 3mal im Jahr) .... ○
  Polymenorrhoe (öfter als 16mal im Jahr) .... ○
  Hormonpräparate (Pille) .... ○

Alter bei Menarche .... _____

Verlauf der menstruellen Funktion seit Menarche
  Zyklus normal .... ○
  Hormonpräparate .... ○
  Episoden von Amenorrhoe .... ○
                                          von_____ bis_____
                                          von_____ bis_____
Verstopfung (Obstipation) in den letzten drei Monaten
  keine Opstipation (mind. alle 2-3 Tage Stuhlgang) .... ○
  Obstipation .... ○

12. Alkohol- und Drogengebrauch

Probleme mit Alkohol   ja: ○   nein: ○
    Vor Beginn der Eßstörung . . . . ○
    seit Beginn der Eßprobleme . . . . ○
    in den letzten drei Monaten . . . . ○

Wenn Alkoholprobleme: mittlerer Konsum/Tag
                         Bier (in l)   _____
                         Wein (in l)   _____
                         Schnaps (2cl)   _____

Auslösende Situationen _____

Probleme mit Drogen   ja: ○   nein: ○
    Vor Beginn der Eßstörung . . . . ○
    seit Beginn der Eßprobleme . . . . ○
    in den letzten drei Monaten . . . . ○

Wenn Drogenprobleme: Art der Droge _____
                       mittlere Einnahmefrequenz/Tag . . . . _____

Auslösende Situationen _____

Genußmittel in den letzten 3 Monaten (mittlere Frequenz/Tag)
                       Kaffee (Tassen) . . . . _____
                       Tee (Tassen) . . . . _____
                       Zigaretten (Stück) . . . . _____

Leitfaden zur Erhebung von Ernährungsgewohnheiten
Max-Planck-Institut für Psychiatrie 1989

Dieser Leitfaden dient dazu, das Ernährungsverhalten im jetzigen Alltags- sowie im früheren Familienzusammenhang zu erheben. Die Informationen bitte auf einem gesonderten Blatt dokumentieren.

Name: _____ Datum: _____

1. Haben Sie eine besondere Ernährungsphilosophie (z.B. vegetarisch, makrobiotisch etc.)?

2. Lassen sich die Tage bezüglich des Essens in „gute" und „schlechte" Tage einteilen?
   Wie sieht ein typischer „guter" bzw. „schlechter" Tag aus?
   (evtl. Hausaufgabe: Gedächtnisprotokoll je eines typischen Tages mit Angaben wann und wo die Mahlzeit stattfand und mit wem gegessen wurde sowie Angaben zu Art und Menge der Lebensmittel)

3. a) Legen Sie manchmal Fasttage ein? Wenn ja, wie oft?

   b) Diät, Obst-, Reis- oder sonstige Reduktionsdiättage? Wenn ja, wie oft?

4. Inwieweit wird Ihr Eßverhalten durch Arbeitszeiten bestimmt (z.B. Schichtarbeit bei Krankenschwestern)?

5. Verändern sich Ihre Eßgewohnheiten an Wochenenden?

6. a) Vermeiden Sie bestimmte Nahrungsmittel?
       Welche?   Warum?   Nur an guten Tagen?

   b) Bevorzugen Sie bestimmte Nahrungsmittel?

7. Welche Zubereitungsart der Lebensmittel bevorzugen Sie?
   (z.B. roh/Rohkost, gekocht, keine besondere…)

8. a) Wie oft in der Woche kochen Sie selbst?

   b) Wie oft in der Woche gehen Sie essen? Wie oft essen Sie im „Vorbeigehen" (Stand, Bäckerei, Imbißstube)?

9. Haben Sie Vorräte zu Hause? Wenn ja, welche?
   Grundnahrungsmittel? Knabbereien? Süßigkeiten? Sonstiges?

10. Wie oft essen Sie zusammen mit anderen Menschen (Partner, Freunden, Familie)?
    Wie oft essen Sie alleine?

11. Wie sieht das Eßverhalten der Menschen aus, mit denen Sie in einem Haushalt zusammenwohnen?
    Was wissen Sie über das Eßverhalten anderer für Sie wichtiger Bezugspersonen?

12. Wie sah Ihr Eßverhalten früher in der Familie aus?
    Warum trat eine Änderung ein?

Ernährungstagebuch (Max-Planck-Institut für Psychiatrie, 1987)

Name:_____ geb:_____ Datum:_____

Wir möchten Ihre Ernährungsgewohnheiten kennenlernen. Dabei interessiert uns nicht nur die Kalorienzahl Ihrer Ernährung, sondern vor allem die Zusammensetzung dessen, was Sie essen. Das heißt: wir möchten wissen, in welchem Verhältnis Sie Eiweiß, Kohlenhydrate und Fette, Mineralien und Vitamine zu sich nehmen.

Bei der Führung Ihres Ernährungstagebuchs protokollieren Sie bitte 7 Tage lang alle Mahlzeiten, Zwischenmahlzeiten und Getränke unmittelbar nach dem Verzehr. In den Protokollbögen finden Sie mehrere Spalten, die Sie bitte möglichst genau entsprechend den folgenden Anweisungen und Beispielen ausfüllen.

Wo esse ich:
Benennen Sie hier den Ort Ihrer Mahlzeit, z.B. Kantine, Restaurant, Küche der Eltern, U-Bahn, auf der Straße etc.

Mit wem esse ich:
Notieren Sie, mit wem Sie essen, z.B. Arbeitskollegen, Mitschüler, Eltern, Freund etc.; vermerken Sie aber auch, wenn Sie allein essen.

Beginn und Ende der Mahlzeit:
Tragen Sie hier die entsprechenden Zeiten ein, zu der Sie die Mahlzeit begonnen, bzw. beendet haben.

Gedanken und Gefühle:
Achten Sie in der folgenden Woche bitte ganz besonders auf Ihre Gedanken und Gefühle vor und während des Essens. Dabei ist es sehr nützlich, wenn Sie Ihre Gedanken und Gefühle vor und während eines Eßanfalls schriftlich festhalten, z.B. „jetzt ist es auch schon egal" oder „fühle mich irgendwie unwohl, leer, fett …" oder „denke noch an den Ärger, den ich heute in der Arbeit hatte."

Menge:
Geben Sie die Menge der Lebensmittel bitte in handelsüblichen Maßen an. Notieren Sie, ob sich Ihre Gewichtsangaben auf das rohe oder verarbeitete Produkt beziehen.
Beispiel: 10 gehäufte Eßl. gekochte Nudeln (Reis, Erbsen etc.)
             150 g ungekochte Nudeln
             1 mittelgroßer Apfel
             1 gehäufter Eßl. Marmelade
             1/2 Kopf grüner Salat
Getränke sollten Sie in gängigen Behältern, bzw. Gläsern angeben.
Beispiel: 1 Weinglas Rotwein (125 ml)
             1 Dose Coca Cola (0,33 l)
             1 Becher Vollmilch (250 ml)
Geben Sie bitte alle Lebensmittel, die Sie unterscheiden können (auch im Restaurant oder Cafe) einzeln an und vermeiden Sie Pauschalangaben wie „eine Portion Salat".
Beispiel: 1 gemischter Salat aus 1 Tomate, 10cm Gurke, 1 EL Öl, 1 Tl Essig

Art der Lebensmittel:
Bei Milch, Quark, Joghurt, Käse und Wurst geben Sie bitte die Fettstufe an.
Beispiel: Joghurt natur, 3,5 %, Edamer, 45 % etc.
Beschreiben Sie Brot- und Backwaren bitte genauer:
Beispiel: Vollkorn-, Misch-, Weiß- oder Knäckebrot, Sesamsemmel, Blätterteigcroissant etc.
Bei Kuchen und Kleingebäck geben Sie bitte die Teigart und Art der Füllung an.
Beispiel: Hefegebäck, Buttercremetorte, Obstkuchen, Sahne etc.

Bezeichnen Sie bei alkoholischen Getränken bitte die Art und den Alkoholgehalt.
Beispiel: Bier, hell; Rum, 55 %

Erbrechen:
Wenn Sie nach einer Mahlzeit erbrechen, geben Sie bitte die Uhrzeit an.
Schätzen Sie ab, wieviel der verzehrten Menge Sie erbrechen:
Beispiel: ca. 1/3, die Hälfte, ca. 3/4 oder fast alles

Ernährungsprotokoll   Name: Wochentag:

Wo esse ich	Mit wem esse ich	Beginn	Ende	Gedanken und Gefühle
		der Mahlzeit		

Datum:

Menge	Art der Lebensmittel und/oder Getränke	Erbrechen Zeit	Menge

Befindlichkeitstagebuch (Max-Planck-Institut für Psychiatrie, 1987)

Name: .... geb: .... Datum: ....

Mit Hilfe dieses Tagebuchs sollen Sie verschiedene Bereiche Ihres Erlebens einschätzen, die im Zusammenhang mit Ihrem Eßverhalten stehen können.

Bitte füllen Sie das Tagebuch jeden Tag zur gleichen Zeit aus, möglichst am Ende des Tages, bevor Sie zu Bett gehen.
Bei den einzelnen Punkten beachten Sie bitte folgendes:

1. **Stimmung global**
   Schätzen Sie Ihre Stimmung bitte für den Tag insgesamt ein und machen auf dem Stimmungsbarometer an der entsprechenden Stelle ein Kreuz.
   1 = sehr gut
   2 = recht gut
   3 = mittelmäßig
   4 = eher schlecht
   5 = sehr schlecht

2. **Ausgeglichenheit der Stimmung**
   Bewerten Sie bitte, wie ausgeglichen Ihre Stimmung den Tag über war. Waren Sie sehr ausgeglichen oder gab es große Stimmungsschwankungen, waren Sie also unausgeglichen? Machen Sie auf dem Stimmungsbarometer an der entsprechenden Stelle ein Kreuz.

3. **Beruf / Ausbildung**
   Zufriedenheit: Kreuzen Sie im Barometer an der entsprechenden Stelle an, wie zufrieden Sie an diesem Tag mit Ihrem Beruf bzw. mit Ihrer Ausbildung waren.
   1 = sehr zufrieden
   2 = recht zufrieden
   3 = mäßig zufrieden
   4 = eher unzufrieden
   5 = sehr unzufrieden
   Belastung: Kreuzen Sie im Barometer an der entsprechenden Stelle an, wie stark Sie sich in Beruf oder Ausbildung belastet gefühlt haben.
   1 = nicht belastet
   2 = geringfügig belastet
   3 = mäßig belastet
   4 = belastet
   5 = sehr belastet

4. **Partnerschaft / Familie**
   Zufriedenheit: Kreuzen Sie im Barometer an der entsprechenden Stelle an, wie zufrieden sie an diesem Tag mit Ihrer Partnerschaft und / oder Familie waren.
   Belastung: Kreuzen Sie im Barometer an der entsprechenden Stelle an, wie stark Sie sich an diesem Tag von Problemen und Schwierigkeiten in Ihrer Partnerschaft und / oder Familie belastet gefühlt haben.

5. **Zahl der Eßanfälle**
   Falls Sie an diesem Tag Eßanfälle hatten, tragen Sie bitte in diese Spalte die Zahl der Eßanfälle ein.

6. **Kontakte mit Freunden / Bekannten**
   Zufriedenheit: Kreuzen Sie im Barometer an der entsprechenden Stelle an, wie zufrieden Sie an diesem Tag mit Ihren Kontakten zu Freunden und Bekannten waren.

Belastung: Kreuzen Sie im Barometer an der entsprechenden Stelle an, wie stark Sie sich in der Beziehung mit Freunden und Bekannten belastet gefühlt haben.

7. **Figur / Gewicht**
Wunsch schlanker zu werden: Kreuzen Sie an der entsprechenden Stelle im Barometer an, wie stark Ihr Wunsch war, schlanker zu werden.
1 = kein Wunsch
2 = geringfügiger Wunsch
3 = mäßiger Wunsch
4 = starker Wunsch
5 = sehr starker Wunsch

Angst vor Gewichtszunahme: Kreuzen Sie an der entsprechenden Stelle im Barometer an, wie groß Ihre Angst vor einer Gewichtszunahme war.
1 = keine Angst
2 = geringfügige Angst
3 = mäßige Angst
4 = große Angst
5 = sehr große Angst

8. **Körperliche Beschwerden**
Falls Sie an diesem Tag körperliche Beschwerden hatten, tragen Sie in die Spalte kurz ein, was Ihr Befinden störte (z.B. Müdigkeit, Kopfschmerzen, Bauchschmerzen etc.).
Qualität des Schlafs: Tragen Sie bitte in das Barometer ein, wie gut Sie in der Nacht zuvor geschlafen haben.

9. **Besondere Ereignisse**
Vermerken Sie in dieser Spalte mit „ja" oder „nein", ob es am Tag besondere Ereignisse gab. Falls es irgendwelche Vorkommnisse gab, beschreiben Sie sie auf der Rückseite des Blatts bitte kurz.

Befindlichkeitstagebuch   Woche vom: bis:

	1. Tag	2. Tag	3. Tag	4. Tag	5. Tag	6. Tag	7. Tag
1. Stimmung global von 1 = sehr gut bis 5 = sehr schlecht							
2. Ausgeglichenheit der Stimmung von 1 = sehr ausgeglichen bis 5 = sehr unausgeglichen							
3. Beruf/Ausbildung Zufriedenheit: von 1 = sehr zufrieden bis 5 = sehr unzufrieden							
Belastung: von 1 = nicht belastet bis 5 = sehr belastet							
4. Partnerschaft/ Familie Zufriedenheit: von 1 = sehr zufrieden bis 5 = sehr unzufrieden							
Belastung: von 1 = nicht belastet bis 5 = sehr belastet							
5. Zahl der Eßanfälle							

	1. Tag	2. Tag	3. Tag	4. Tag	5. Tag	6. Tag	7. Tag
6. Kontakte mit Freunden/Bekannten Zufriedenheit: von 1 = sehr zufrieden bis 5 = sehr unzufrieden	1 3 5						
Belastung: von 1 = nicht belastet bis 5 = sehr belastet	1 3 5						
7. Figur / Gewicht Wunsch, schlanker zu werden: von 1 = kein Wunsch bis 5 = sehr starker Wunsch	1 3 5						
Angst vor Gewichtszunahme: von 1 = keine Angst bis 5 = sehr große Angst	1 3 5						
8. Körperliche Beschwerden z.B Müdigkeit, Kreislaufbeschwerden, Kopfschmerzen, Verstopfung wenn ja: welche?							
Qualität des Schlafs: von 1 = sehr gut bis 5 = sehr schlecht	1 3 5						
9. Besondere Ereignisse							

9. Besondere Ereignisse
ja   /   nein
Näheres bitte auf der Rückseite vermerken

Eating Disorder Inventory (EDI, MPI München 1987)

Name: .... geb: .... Datum: ....

Dieser Fragebogen erfaßt verschiedene Einstellungen, Gefühle und Verhaltensweisen: Einige Feststellungen beziehen sich auf Nahrung und Essen. Andere fragen nach Ihren Gedanken über Sie selbst. Es gibt keine richtigen oder falschen Antworten. Daher versuchen Sie bitte, vollkommen ehrlich zu antworten. Die Antworten werden vertraulich behandelt.
Lesen Sie jede der folgenden Feststellungen und kreuzen Sie in der Spalte an, die am besten auf Sie zutrifft. Bitte beantworten Sie jede Feststellung sehr sorgfältig.

Vielen Dank!

	Immer	Meistens	Oft	Manchmal	Selten	Nie
1. Ich esse Süßigkeiten und Kohlenhydrate ohne nervös zu werden.	○	○	○	○	○	○
2. Ich empfinde meinen Bauch als zu dick.	○	○	○	○	○	○
3. Ich wünschte, ich könnte zurückkehren in die Sicherheit meiner Kindheit.	○	○	○	○	○	○
4. Ich esse, wenn ich mich durcheinander fühle.	○	○	○	○	○	○
5. Ich stopfe mich mit Speisen voll.	○	○	○	○	○	○
6. Ich wünschte, ich wäre jünger.	○	○	○	○	○	○
7. Ich denke über Diäten nach.	○	○	○	○	○	○
8. Ich bekomme Angst, wenn meine Gefühle zu stark werden.	○	○	○	○	○	○
9. Ich empfinde meine Oberschenkel als zu dick.	○	○	○	○	○	○
10. Ich fühle mich unfähig als Mensch.	○	○	○	○	○	○
11. Ich fühle mich sehr schuldig, wenn ich mich überessen habe.	○	○	○	○	○	○
12. Ich glaube, daß mein Bauch gerade die richtige Größe hat.	○	○	○	○	○	○
13. In meiner Familie zählen nur hervorragende Leistungen.	○	○	○	○	○	○
14. Die glücklichste Zeit im Leben ist die Kindheit.	○	○	○	○	○	○
15. Ich zeige offen meine Gefühle.	○	○	○	○	○	○
16. Ich habe Angst davor zuzunehmen.	○	○	○	○	○	○
17. Ich vertraue anderen.	○	○	○	○	○	○
18. Ich fühle mich allein in der Welt.	○	○	○	○	○	○
19. Ich bin mit der Gestalt meines Körpers zufrieden.	○	○	○	○	○	○

	Immer	Meistens	Oft	Manchmal	Selten	Nie
20. Im allgemeinen habe ich das Gefühl, mein Leben unter Kontrolle zu haben.	O	O	O	O	O	O
21. Ich bin oft verwirrt über meine wahre Gefühle.	O	O	O	O	O	O
22. Ich wäre lieber ein Erwachsener als ein Kind.	O	O	O	O	O	O
23. Es ist leicht für mich, mit anderen zu verkehren / zu reden.	O	O	O	O	O	O
24. Ich wünschte, ich wäre jemand anderes.	O	O	O	O	O	O
25. Ich übertreibe die Bedeutung meines Gewichts.	O	O	O	O	O	O
26. Ich kann meine Gefühle klar voneinander unterscheiden.	O	O	O	O	O	O
27. Ich fühle mich unzulänglich.	O	O	O	O	O	O
28. Ich hatte schon Eßanfälle, bei denen ich das Gefühl hatte, nicht mit dem Essen aufhören zu können.	O	O	O	O	O	O
29. Als Kind habe ich mich sehr bemüht, Enttäuschungen für meine Eltern und Lehrer zu vermeiden.	O	O	O	O	O	O
30. Ich habe enge zwischenmenschliche Beziehungen.	O	O	O	O	O	O
31. Ich mag die Form meines Gesäßes.	O	O	O	O	O	O
32. Ich beschäftige mich hauptsächlich mit dem Wunsch, dünner zu sein.	O	O	O	O	O	O
33. Ich weiß nicht, was in mir selbst vorgeht.	O	O	O	O	O	O
34. Ich habe Schwierigkeiten, anderen meine Gefühle zu zeigen.	O	O	O	O	O	O
35. Die Anforderungen der Erwachsenenwelt sind zu hoch.	O	O	O	O	O	O
36. Ich hasse es, nicht der/die Beste zu sein.	O	O	O	O	O	O
37. Ich fühle mich in mir geborgen / bin mir meiner selbst bewußt.	O	O	O	O	O	O
38. Ich beschäftige mich gedanklich mit Eßanfällen.	O	O	O	O	O	O
39. Ich bin froh, daß ich kein Kind mehr bin.	O	O	O	O	O	O
40. Ich weiß oft nicht, ob ich hungrig bin oder nicht.	O	O	O	O	O	O
41. Ich habe keine besonders gute Meinung von mir selbst.	O	O	O	O	O	O
42. Ich glaube, daß ich meine Ziele erreichen kann.	O	O	O	O	O	O
43. Meine Eltern haben hervorragende Leistungen von mir erwartet.	O	O	O	O	O	O

	Immer	Meistens	Oft	Manchmal	Selten	Nie
44. Ich habe Angst, daß meine Gefühle außer Kontrolle geraten.	o	o	o	o	o	o
45. Ich empfinde meine Hüften als zu breit.	o	o	o	o	o	o
46. Vor anderen esse ich gemäßigt und stopfe mich erst voll, wenn ich wieder allein bin.	o	o	o	o	o	o
47. Ich fühle mich schon nach einer kleinen Mahlzeit aufgequollen.	o	o	o	o	o	o
48. Ich glaube, daß Menschen am glücklichsten sind, wenn sie Kinder sind.	o	o	o	o	o	o
49. Wenn ich ein Pfund zunehme, habe ich Angst davor, daß ich immer mehr zunehmen werde.	o	o	o	o	o	o
50. Ich glaube, daß ich ein wertvoller Mensch bin.	o	o	o	o	o	o
51. Wenn ich mich durcheinander fühle, weiß ich nicht, ob ich traurig, ängstlich oder wütend bin.	o	o	o	o	o	o
52. Ich habe das Gefühl, ich erledige Dinge entweder perfekt oder besser gar nicht	o	o	o	o	o	o
53. Ich denke daran zu erbrechen, um Gewicht zu verlieren.	o	o	o	o	o	o
54. Ich muß andere Menschen immer in einer gewissen Distanz halten / ich fühle mich unwohl, wenn jemand versucht, mir zu nahe zu kommen.	o	o	o	o	o	o
55. Ich glaube, daß meine Oberschenkel gerade die richtige Form haben.	o	o	o	o	o	o
56. Ich fühle mich innerlich leer.	o	o	o	o	o	o
57. Ich kann über persönliche Gedanken und Gefühle sprechen.	o	o	o	o	o	o
58. Die besten Jahre des Lebens sind die, wenn man erwachsen wird.	o	o	o	o	o	o
59. Ich empfinde mein Gesäß als zu breit.	o	o	o	o	o	o
60. Ich habe Gefühle, die ich nicht richtig einordnen kann.	o	o	o	o	o	o
61. Ich esse oder trinke heimlich.	o	o	o	o	o	o
62. Ich bin zufrieden mit der Form meiner Hüften.	o	o	o	o	o	o
63. Ich habe sehr hohe Maßstäbe.	o	o	o	o	o	o
64. Wenn ich mich durcheinander fühle, habe ich Angst davor, daß ich anfangen könnte zu essen.	o	o	o	o	o	o

Eating Disorder Inventory: Auswertungsanleitung

Das EDI erfaßt die psychologischen Merkmale von Eßstörungen mit 8 Subskalen. Testkonstruktion und Validierung sind ausführlich beschrieben bei Garner et al. (1986).

Auswertung

Itemkodierung:
immer = 3; meistens = 2; oft = 1; manchmal, selten, nie = 0

Die Scores für die einzelnen Subskalen werden durch die Addition der Zahlenwerte gebildet.

Zuordnung der Items zu den Subskalen:

Subskala	Item-Nr.
1 Drang, dünn zu sein	1*, 7, 11, 16, 25, 32, 49
2 Tendenz zu Bulimieattacken	4, 5, 28, 38, 46, 53, 61
3 Unzufriedenheit mit der Figur	2, 9, 12*, 19*, 31*, 45, 55*, 59, 62*
4 Ineffektivität	10, 18, 20*, 24, 27, 37*, 41, 42*, 50*, 56
5 Perfektionismus	13, 29, 36, 43, 52, 63
6 Zwischenmenschliches Mißtrauen	15*, 17*, 23*, 30*, 34, 54, 57*
7 Interozeptive Wahrnehmung	8, 21, 26*, 33, 40, 44, 47, 51, 60, 64
8 Angst vor dem Erwachsenwerden	3, 6, 14, 22*, 35, 39*, 48, 58*

* Diese Items müssen umgepolt werden.

Tabelle 1. Vergleichswerte für junge Frauen ohne Eßstörung und Patientinnen mit Bulimia nervosa

Frauen ohne Eßstörung a) (n = 60)					Bulimia nervosa b) (n = 55)	
EDI Subskala	Mittelwert	Median	75.	95. Perzentile	Mittelwert	Median
1 Drang, dünn zu sein	0,9 ± 1,7	0,0	1,0	4,0	13,4 ± 5, 1	14,0
2 Tendenz zu Bulimieattacken	0,5 ± 0,9	0,0	1,0	3,0	12,1 ± 4,6	12,0
3 Unzufriedenheit mit der Figur	4,5 ± 5,7	3,0	7,0	21,0	15,9 ± 7,3	15,5
4 Ineffektivität	1,0 ± 1,7	0,0	1,0	6,0	10,9 ± 6,6	10,0
5 Perfektionismus	3,6 ± 3,1	3,0	4,0	10,0	8,0 ± 4,8	8,0
6 Zwischenmenschliches Mißtrauen	1,0 ± 1,3	1,0	2,0	4,0	5,8 ± 4,2	6,0
7 Interoceptive Wahrnehmung	0,9 ± 1,5	0,0	2,0	4,0	11,4 ± 5,9	11,0
8 Angst vor dem Erwachsenwerden	2,3 ± 2,2	2,0	4,0	7,0	4,8 ± 4,3	4,0

a) Stichprobe der Frauen ohne Eßstörung: Studentinnen, Alter 18 − 26 Jahre, Body mass index 18 − 23

b) Stichprobe der Patientinnen:
Bulimia nervosa nach DSM-III-R, Alter 18 − 35 Jahre, BMI 18 − 24,
Mittlere Krankheitsdauer 7,5 + 3,8 Jahre

Fragebogen zum Figurbewußtsein (FFB) (MPI München 1989)

Name: .... geb: .... Datum: ....

Die folgenden Fragen beziehen sich auf Gedanken oder Gefühle, die mit Ihrer Figur zusammen-hängen.

Bitte denken Sie bei Ihren Antworten an die **letzten 4 Wochen**.

Lesen Sie sich bitte jede Frage durch und kreuzen Sie dann rechts die zutreffende Zahl an. Bitte beantworten Sie alle Fragen.

Während der **letzten 4 Wochen**:

	Nie	Selten	Manchmal	Oft	Sehr oft	Immer
1. Haben sie über Ihre Figur nachgegrübelt, wenn Ihnen langweilig war?	1	2	3	4	5	6
2. Hat Ihre Figur Sie so beunruhigt, daß Sie dachten, Sie sollten eine Diät machen?	1	2	3	4	5	6
3. Fanden Sie Ihre Oberschenkel, Hüften oder Ihr Gesäß zu dick im Vergleich zum Rest Ihres Körpers?	1	2	3	4	5	6
4. Hatten Sie Angst davor, dick zu werden (oder dicker)?	1	2	3	4	5	6
5. Haben Sie befürchtet, Ihr Gewebe sei nicht straff genug?	1	2	3	4	5	6
6. Fühlten sich sich dick mit einem vollen Magen?	1	2	3	4	5	6
7. Waren Sie so unglücklich über Ihre Figur, daß Sie geweint haben?	1	2	3	4	5	6
8. Haben Sie schnelles Laufen vermieden, weil Ihr Gewebe dann schwabbeln könnte?	1	2	3	4	5	6
9. Führte das Zusammensein mit schlanken Frauen dazu, daß Sie sich mit Ihrer Figur beschäftigt haben?	1	2	3	4	5	6
10. Haben Sie befürchtet, Ihre Oberschenkel könnten beim Sitzen besonders breit (dick) aussehen?	1	2	3	4	5	6
11. Fühlten Sie sich schon dick, obwohl Sie nur eine kleine Menge gegessen hatten?	1	2	3	4	5	6
12. Fanden Sie Ihre eigene Figur im Vergleich mit der anderer Frauen weniger attraktiv?	1	2	3	4	5	6
13. Hat die Beschäftigung mit Ihrer Figur Ihre Konzentrationsfähigkeit beeinträchtigt (z.B. beim Fernsehen, Lesen oder bei Gesprächen)?	1	2	3	4	5	6
14. Sind Sie sich dick vorgekommen, als Sie nackt waren (z.B. beim Baden)?	1	2	3	4	5	6

	Nie	Selten	Manchmal	Oft	Sehr oft	Immer
15. Haben Sie bestimmte Kleidungsstücke nicht angezogen, weil Ihnen Ihre Körperformen darin besonders bewußt waren?	1	2	3	4	5	6
16. Haben Sie sich vorgestellt, an bestimmten Stellen Ihres Körpers das Fett einfach wegzuschneiden?	1	2	3	4	5	6
17. Haben Sie sich dick gefühlt, nachdem Sie Süßigkeiten, Kuchen oder andere kalorienreiche Speisen gegessen haben?	1	2	3	4	5	6
18. Sind Sie zu bestimmten geselligen Anlässen (z.B. Parties) nicht gegangen, weil Sie sich Sorgen über Ihre Figur gemacht haben?	1	2	3	4	5	6
19. Haben Sie sich dick und fett gefühlt?	1	2	3	4	5	6
20. Haben Sie sich wegen Ihres Körpers geschämt?	1	2	3	4	5	6
21. Haben Sie Diät gehalten, weil Sie sich Sorgen über Ihre Figur gemacht haben?	1	2	3	4	5	6
22. Fühlten Sie sich am wohlsten in Ihrer Figur, wenn Ihr Magen leer war (z.B. morgens)?	1	2	3	4	5	6
23. Haben Sie gedacht, Ihre jetzige Figur sei die Folge mangelnder Selbstbeherrschung?	1	2	3	4	5	6
24. Haben Sie befürchtet, andere könnten Speckfalten um Ihre Taille oder Ihren Bauch sehen?	1	2	3	4	5	6
25. Fanden Sie es ungerecht, daß andere Frauen dünner sind als Sie?	1	2	3	4	5	6
26. Haben Sie erbrochen, um sich schlanker zu fühlen?	1	2	3	4	5	6
27. Hatten Sie das Gefühl, im Beisein anderer zu viel Platz zu benötigen (z.B. als Sie auf einem Sofa oder einer Bussitzbank saßen)?	1	2	3	4	5	6
28. Haben sie befürchtet, Ihr Gewebe könnte Dellen oder Vertiefungen haben?	1	2	3	4	5	6
29. Haben Sie Ihre Figur abgelehnt, wenn Sie sich im Spiegel sahen (oder im Schaufenster)?	1	2	3	4	5	6
30. Haben Sie Ihre Haut an manchen Körperstellen zusammengedrückt, um zu prüfen, wieviel Fett Sie dort haben?	1	2	3	4	5	6
31. Haben Sie Situationen gemieden, in denen andere Ihren Körper sehen könnten (Schwimmbad, Umkleiden)?	1	2	3	4	5	6
32. Haben Sie Abführmittel genommen, um sich schlanker zu fühlen?	1	2	3	4	5	6
33. Führte das Zusammensein mit anderen dazu, daß Sie sich besonders mit Ihrer Figur beschäftigt haben?	1	2	3	4	5	6
34. Haben Sie aus Sorge um Ihre Figur daran gedacht, Sport zu treiben (sich körperlich zu bewegen)?	1	2	3	4	5	6

Fragebogen zum Figurbewußtsein
Auswertungsanleitung und Vergleichswerte

Der FFB erfaßt Verhaltensweisen, Einstellungen und Gefühle, die sich auf die Beschäftigung mit dem eigenen Körper, dem Gewicht und der Figur beziehen.
Testkonstruktion und Validierung sind ausführlich beschrieben bei Cooper et al. (1987).

FFB: Auswertung

Itemkodierung:
immer = 6; sehr oft = 5; oft = 4; manchmal = 3; selten = 2; nie = 1

Der Gesamtscore wird durch Addition der Zahlenwerte gebildet.

Tabelle 2.
FFB: Vergleichswerte für junge Frauen ohne Eßstörung und Patientinnen mit Bulimia nervosa

Frauen ohne Eßstörung a) (n = 60)					Bulimia nervosa b) (n = 55)	
	Mittelwert	Median	75.	95. Perzentile	Mittelwert	Median
FFB Score	36,3 ± 26,9	28,6	53,0	99,0	127,5 ± 38,3	133,0

a) Stichprobe der Frauen ohne Eßstörung:
   Studentinnen, Alter 18 – 26 Jahre, Body mass index 18 – 23.
b) Stichprobe der Patientinnen:
   Bulimia nervosa nach DSM-III-R, Alter 18 – 35, BMI 18 – 24, Mittlere Krankheitsdauer 7,5 + 3,8 Jahre.

Eigenschaftswörterliste Körper (AN − EWL)

Name: .... geb: .... Datum: ....

Bitte beurteilen Sie im folgenden Fragebogen Ihren Körper.
Kreuzen Sie für jedes Paar von Eigenschaftswörtern unterhalb der Zahlen 1 bis 7 Ihre Beurteilung zwischen den beiden Begriffen an.

Ein Beispiel:

Moderne Kunst

	1	2	3	4	5	6	7	
schön	−	x	−	−	−	−	−	häßlich

Bei dieser Beurteilung wurde Moderne Kunst als ziemlich schön empfunden.

Mein Körper jetzt

		1	2	3	4	5	6	7	
1	fett	−	−	−	−	−	−	−	dünn
2	hübsch	−	−	−	−	−	−	−	häßlich
3	erwünscht	−	−	−	−	−	−	−	unerwünscht
4	schmutzig	−	−	−	−	−	−	−	sauber
5	weich	−	−	−	−	−	−	−	hart
6	proportioniert	−	−	−	−	−	−	−	unproportioniert
7	leicht	−	−	−	−	−	−	−	schwer
8	kräftig	−	−	−	−	−	−	−	schwach
9	angenehm	−	−	−	−	−	−	−	unangenehm
10	zerbrechlich	−	−	−	−	−	−	−	massiv
11	anziehend	−	−	−	−	−	−	−	abstoßend
14	groß	−	−	−	−	−	−	−	klein
13	passiv	−	−	−	−	−	−	−	aktiv
14	fest	−	−	−	−	−	−	−	wabbelig
15	schlecht	−	−	−	−	−	−	−	gut
16	unbequem	−	−	−	−	−	−	−	bequem

Fragebogen Ernährungswissen (NUWI)

Name: .... geb: .... Datum: ....

Anleitung

Mit diesem Fragebogen möchten wir erfahren, was Sie über Ernährung wissen. Im folgenden finden Sie eine Reihe von Feststellungen, die nach verschiedenen Bereichen unserer Ernährung geordnet sind. Bitte entscheiden Sie sich bei jeder Feststellung, ob diese Ihrer Meinung nach zutrifft oder nicht. Kreuzen Sie dann die entsprechende Spalte an.

Wir möchten aber auch wissen, wie sicher Sie sich bei Ihren Entscheidungen fühlen. Bitte tragen Sie in der 3. Spalte den Grad Ihrer Sicherheit ein:

        1 wenn sie sich ganz sicher sind
        2 wenn Sie wenig sicher sind
        3 wenn Sie unsicher sind

Beispiel:

	stimmt	stimmt nicht	Sicher-heit
Spinat ist die wichtigste Eisenquelle.	X	o	1

Sie sind sich ganz sicher, daß diese Aussage stimmt. Also kreuzen Sie die 1. Spalte an und tragen in die 3. Spalte eine 1 ein.

Bitte achten Sie darauf, daß Sie keine Zeile auslassen.

	stimmt	stimmt nicht	Sicher-heit
1. Eiweiß in Mais ist geringerwertig als in Milch.	⊗	o	–
2. Tiefgekühltes Fleisch enthält weniger Eiweiß als Frischfleisch.	⊗	o	–
3. Milchprotein ist ein besonders hochwertiges Protein, weil darin alle lebensnotwendigen Aminosäuren enthalten sind.	⊗	o	–
4. Tierisches Eiweiß ist wertvoller als pflanzliches.	o	⊗	–
5. Es ist leicht möglich, seinen Eiweiß-bedarf ausschließlich aus pflanzlichen Quellen zu decken.	o	⊗	–
6. Wenn man weniger als 40 Gramm Eiweiß pro Tag zu sich nimmt, kann das zu gesundheitlichen Schäden führen.	⊗	o	–
7. Für eine erwachsene Frau ist es empfehlenswert 80 Gramm Eiweiß pro Tag zu essen.	⊗	o	–
8. Der biologische Wert des Eiweißes kann durch die Kombination verschiedener Lebensmittel verändert werden.	⊗	o	–

	stimmt	stimmt nicht	Sicherheit
9. Linolsäure ist eine wichtige ungesättigte Fettsäure.	O—	O	—
10. 100 Gramm Camenbert mit 60 % Fett i. Tr. (in der Trockenmasse) enthalten 60 Gramm Fett.	Q	O	—
11. Die meisten Aromastoffe sind fettlöslich.	O	O	—
12. Ein Mangel an Linolsäure kann zu Zahnverfall führen.	O	Ø	—
13. 100 Gramm Marzipan enthalten ca. 55 Gramm Kohlenhydrate.	Q	O	—
14. Vollkornnudeln enthalten mehr Kohlenhydrate als normale Nudeln.	O	Ø	—
15. Obstsaft enthält weniger Kohlenhydrate als frisches Obst.	O	Q	—
16. 100 Gramm Erbsen enthalten 10 Gramm Kohlenhydrate.	Q	O	—
17. 100 Gramm Pommes frites enthalten etwa 40 Gramm Kohlenhydrate.	O—	O	—
18. Fleisch enthält mehr Kohlenhydrate als Gemüse.	O	O	—
19. 100 Gramm Zucker enthalten 50 Gramm Kohlenhydrate.	O	O	—
20. Frauen, die die Pille nehmen, haben einen erhöhten Bedarf an Vitamin B6, B12 und C.	O	O	—
21. Der tägliche Vitamin-A-Bedarf eines Erwachsenen kann durch eine mittelgroße rohe Karotte (100 Gramm) gedeckt werden.	O	O	—
22. Vitamin-B-Mangel kann zu Blutarmut führen.	O	O	—
23. Pflanzenöl ist die wichtigste Quelle von Vitamin E.	O	O	—
24. Es ist nicht möglich zu viele Vitamine aufzunehmen.	O	O	—
25. Salatöl erhöht die Vitaminaufnahme einiger Vitamine aus Salat.	O	O	—
26. Kartoffeln enthalten viel Vitamin C.	O	O	—
27. Alkohol erhöht den Bedarf an Vitamin B1.	O	O	—
28. Vitamin A ist wasserlöslich.	O	O	—
29. Vitamin C ist wichtig für die Schleimhäute.	O	O	—
30. Vitamin-D-Mangel kann zu Skorbut führen.	O	O	—

	stimmt	stimmt nicht	Sicher- heit
31. Die Vitamine A, D und E sind fett- löslich.	O	O	−
32. Vitamin A ist für den Knochenbau wichtig.	O	O	−
33. 200 Gramm Kalbsleber decken den täglichen Eisenbedarf eines Erwachse- nen.	O	O	−
34. Bananen haben einen hohen Kalium- gehalt.	O	O	−
35. Eier enthalten genausoviel Kalzium wie Milch.	O	O	−
36. Männer haben einen höheren Eisen- bedarf als Frauen.	O	O	−
37. Seefisch enthält mehr Jod als Süßwas- serfisch.	O	O	−
38. Den höchsten Mineralstofftagesbedarf haben wir an Natrium und Kalium.	O	O	−
39. Zuviel Natrium führt zu Wassereinlage- rungen im Körper.	O	U	−
40. Eisen aus pflanzlichen Quellen wird besser genutzt als aus tierischen Lebens- mitteln.	O	O	−
41. Der Ballaststoffanteil von Rindfleisch ist höher als der von Bohnen.	O	O	−
42. Ballaststoffe sind weitgehend unverdau- lich.	O	O	−
43. Fleisch enthält fast keine Ballaststoffe.	O	O	−
44. Cola enthält genausoviel Kalorien wie Pils.	O	O	−
45. Buttermilch hat mehr Kalorien als Vollmilch.	O	O	−
46. 4 Kilojoule entsprechen etwa einer Kilokalorie.	O	O	−
47. 100 Gramm Schokolade enthalten circa 300 kcal.	O	O	−
48. Butter hat wesentlich mehr Kalorien als Margarine.	O	O	−
49. 100 Gramm Banane haben circa 100kcal.	O	O	−
50. Reis hat mehr Kalorien als Kartoffeln.	O	O	−
51. Ein Becher Magerjoghurt (150 Gramm) enthält circa 60 kcal.	O	O	−
52. 100 Gramm Bockwurst haben circa 150 kcal.	O	O	−
53. 100 Gramm Ölsardinen haben circa 250 kcal.	O	O	−

	stimmt	stimmt nicht	Sicher-heit

54. Eine Kilokalorie entspricht etwa 7 Kilo-joule. ○ ○ –

55. Süße Sahne enthält bei gleichem Fettge-halt mehr Kalorien als saure Sahne. ○ ○ –

56. Der Energie- und Nährstoffbedarf steigt bei Schwangeren ab dem ersten Schwangerschaftsmonat. ○ ○ –

57. Während einer Reduktionsdiät verringert sich der Energiebedarf. ○ ○ –

58. Eine Stunde Radfahren führt zu einem Kalorienmehrverbrauch von 1000 kcal. ○ ○ –

59. Für eine Sportstudentin können 3500 kcal eine angemessene Energie-zufuhr sein. ○ ○ –

60. Ein idealgewichtiger Mann kann 4 Wochen ohne Nahrung (nur Wasser) überleben. ○ ○ –

61. Eine stillende Frau verbraucht mehr Kalorien als sie in der Schwangerschaft verbrauchte. ○ ○ –

62. Durch eine halbe Stunde Skilanglauf (5 Km) werden 450 kcal zusätzlich verbraucht. ○ ○ –

63. Ein 15jähriges Mädchen benötigt täglich 2500 kcal. ○ ○ –

64. Ein 30jähriger Mann mit Bürotätigkeit sollte im Durchschnitt 2500 kcal täglich zu sich nehmen. ○ ○ –

65. Eine 30jährige Frau benötigt täglich 2100 kcal. ○ ○ –

66. Durch eine halbe Stunde Dauerlauf werden 500 kcal zusätzlich verbraucht. ○ ○ –

67. Bei einer 1,70m großen Frau ist ein Gewicht von 48 kg gesundheitlich unbe-denklich. ○ ○ –

68. Der optimale Anteil der Nährstoffe in unserer Nahrung sollte betragen: 15 % Eiweiß, 30 % Fett, 55 % Kohlen-hydrate. ○ ○ –

Bitte kreuzen Sie an, woher Sie Ihre Informationen über Ernährung hauptsächlich haben (Mehr-fachnennungen sind möglich):

1. Eltern ○   2. Freunde ○   3. Schule ○
4. Zeitschriften ○   5. Bücher ○   6. Kurse/Seminare ○

Welchen prozentuellen Anteil Ihrer Nahrung
kochen Sie selbst?   . . . . %
kocht jemand für Sie?   . . . . %
essen Sie in Lokalen?   . . . . %
essen Sie kalt?   . . . . %

Sie finden jetzt eine Auswahl von Ernährungsstilen. Bitte kreuzen Sie an, welcher Stil auf Ihre
Ernährung zutrifft (Mehrfachnennungen möglich):

Gesundheitsorientiert   O
Preisbewußt   O
Gewichtsorientiert   O
Geschmacksorientiert   O
Naturkost   O
Makrobiotik   O
Reformkost   O
Vegetarisch   O

Auflösung

Fragen, bei denen „stimmt" richtig ist:

1	3	4	6	8	9	11	13	16	17	20	21	22	23	25
26	27	29	31	33	34	37	38	39	42	43	44
49	50	51	53	57	59	60	61	62	64	65	66	68

Anhang 2

Informationsbroschüren für Patientinnen

Informationsbroschüre: Bulimie

Gesellschaftliche, körperliche und psychische Faktoren der Bulimie

Diese Broschüre möchte Betroffenen, die an Bulimie leiden, Informationen über die sozialen und körperlichen Faktoren vermitteln, die an der Entstehung und Aufrechterhaltung dieser Krankheit beteiligt sind. Dazu werden neuere Forschungsergebnisse zu soziokulturellen Einflüssen auf das Eßverhalten, zu den Auswirkungen von Diäten und zu den körperlichen und psychischen Begleiterscheinungen der Bulimie zusammenfassend dargestellt.

1. Der gesellschaftliche Hintergrund

„Schlank ist schön":
Im letzten Jahrzehnt kam es bei jungen Frauen zu einer deutlichen Zunahme der Eßstörungen, sowohl der Magersucht als auch der Bulimie (Heißhungeranfälle und Erbrechen). Ein wichtiger Grund dafür scheint der massive gesellschaftliche Druck zu sein, dem gängigen Ideal weiblicher Schönheit, einer knabenhaft schlanken Figur, zu entsprechen. Dieser Druck bestand nicht immer. Schönheitsideale haben sich im Lauf der Zeit immer wieder verändert. Die Gemälde des 18. Jahrhunderts zeigen beispielsweise deutlich, wieviel runder und fülliger das weibliche Schönheitsideal damals war. In der westlichen Kultur des 20. Jahrhunderts kommt dem Schlanksein als wünschenswerter weiblicher Eigenschaft eine ganz besondere Bedeutung zu. Und es gibt heute technische Möglichkeiten wie nie zuvor, diese Botschaft überall zu verbreiten. Frauen wird über die Medien (Fernsehen, Magazine, Filme und Reklame) die irrationale Idee vermittelt, daß ein schlanker Körper auch Schönheit, Glück, Erfolg und Selbstbewußtsein bedeute. Die Gräfin von Windsor soll es einmal so formuliert haben: „Eine Frau kann niemals reich genug oder dünn genug sein." Es überrascht nicht, daß viele Frauen diese kulturell geprägte Figurnorm für ein objektiv bestehendes Ideal halten. Gleichzeitig entfernen sich Realität und Schönheitsideal immer weiter voneinander. Fotomodelle, Bewerberinnen von Schönheitswettbewerben und die Modelle der Männermagazine wurden in den letzten 20 Jahren immer schlanker. Andererseits belegen Daten, daß mit der verbesserten Ernährung das Durchschnittsgewicht der Frauen unter 30 Jahren deutlich angestiegen ist. Nur 5 % der Frauen zwischen 20 und 29 Jahren sind so dünn wie die „Miss America"-Gewinnerinnen. Sind die restlichen 95 % der Frauen willensschwache Vielfraße? Viel realistischer ist wohl die Annahme, daß die immer weiter nach unten verschobenen Gewichtsnormen unsinnig und wahrscheinlich auch gesundheitsschädlich sind.

„Schlank ist gesund":

Ein Teil des Schlankheitsdrucks, der auf Frauen lastet, beruht auf dem hohen Stellenwert, den Gesundheit und Fitness für uns haben. Beides scheinen lobenswerte Ziele zu sein, aber sie enthalten für Männer und Frauen unterschiedliche Botschaften. Während Männer Sport betreiben, um gesund zu sein und gut auszusehen, trainieren 95 % der Frauen nur deshalb, um möglichst schlank zu werden. Für viele Frauen ist Sport einfach zu einer Waffe im Kampf um eine superschlanke Figur geworden.

Ein weiteres Argument für den Kampf mit den Pfunden ist die Vermutung, Übergewicht stelle ein schwerwiegendes Gesundheitsrisiko dar und sei oft Ausdruck einer psychischen Störung. Neue Untersuchungen haben jedoch gezeigt, daß mäßiges Übergewicht für sich alleine keinerlei Risiko birgt. Weder für Frauen noch für Männer in den mittleren 60 % der Gewichtsverteilung besteht ein Zusammenhang zwischen Gewicht und Todesursache. Nur Frauen innerhalb der höchsten wie auch der niedrigsten 20 % der Gewichtsverteilung haben ein höheres Sterberisiko. Bei Frauen scheint das Sterberisiko jedoch insgesamt weniger vom Gewicht abzuhängen als bei Männern. Trotzdem sind 90 % der „Opfer" der Diät- und Übergewichtsindustrie Frauen.

Übergewicht wurde vielfach als Anzeichen für psychische Probleme angesehen. Wenngleich psychologische Faktoren bei der Entstehung von Übergewicht manchmal eine Rolle spielen, gibt es keine wissenschaftlichen Belege dafür, daß Übergewichtige neurotischer, sexuell oder emotional gestörter sind als normalgewichtige Personen. Im Gegenteil: Viele übergewichtige Personen sind häufig sogar weniger ängstlich und deprimiert als Normalgewichtige.

„Schlank macht jung":

Ein weiterer Grund für den massiven Schlankheitsdruck in unserer Gesellschaft ist die Verherrlichung jugendlichen Aussehens. Frauen sollen danach streben, eine Figur zu behalten, die der eines Mädchens in der Pubertät entspricht: straff, faltenlos und knochig. Um das zu erreichen, müßten die meisten Frauen durch massives Hungern ihr Körperfett auf ein Maß reduzieren, das hormonelle Störungen verursacht und zum Ausbleiben der Periode (Amenorrhoe) führen kann. Es ist paradox, daß das gängige Ideal sexueller Attraktivität für Frauen gleichzeitig mit dem Verlust der Fruchtbarkeit und der sexuellen Liebes- und Genußfähigkeit verbunden ist.

Männer werden im Alter „interessanter", Frauen müssen alle Anzeichen des Alterungsprozesses verstecken – ein weiterer Aspekt in der Ungleichverteilung der Geschlechter. Feministinnen vertreten die Ansicht, daß die Unterstützung eines kindlich-weiblichen Körperideals den Wunsch widerspiegelt, Frauen schwach und abhängig zu sehen. Womöglich löst der Anblick einer reifen Frau, die selbstbewußt zu ihrem Körper steht, bei manchen Männern Angstgefühle aus.

2. Die Auswirkungen des Fastens auf den Körper und die Psyche

Um dem gängigen Schlankheitsideal zu entsprechen, müßten die meisten Frauen fasten, um ihr Gewicht zu senken. Von jungen Frauen mit Eßstörungen wissen wir, daß bei mindestens 80 % die Bulimie mit einer Diät begonnen hat. Es scheint also einen Zusammenhang zwischen der Kontrolle des Gewichts durch Diäten und Störungen des Eßverhaltens zu geben. Deswegen ist die Frage wichtig, wie sich Diäten auf den Körper und die Psyche eines Menschen auswirken. Dazu werden kurz die Ergebnisse einer wissenschaftlichen Studie geschildert, die bereits 1950 durchgeführt wurde:

39 psychisch gesunde Männer wurden für 6 Monate auf Diät gesetzt. Bei fast allen Teilnehmern zeigten sich dramatische körperliche, psychische und soziale Veränderungen als Folge ihrer Unterernährung. Ganz überraschend waren auch die Reaktionen der Männer, als sie nach Ablauf des Experiments wieder „normal" essen sollten. Folgende Veränderungen traten während des Fastens auf:

– **Gedankliche Beschäftigung mit Nahrung**
Die Teilnehmer des Experiments dachten fast nur noch ans Essen – tagsüber und sogar nachts, wenn sie träumten. Sie sammelten Rezeptbücher und Kochutensilien. Ihre Mahlzeiten planten sie schon Stunden vorher, außerdem sprachen sie hauptsächlich übers Essen. Sie aßen extrem langsam und spielten regelrecht mit ihrem Essen. Einige Männer verstießen manchmal gegen die Regeln der Untersuchung und verschlangen enorme Mengen.

– **Lebensmittelticks**
Die Männer verwendeten große Salz- und Gewürzmengen, kombinierten eigenartige Lebensmittel miteinander und begannen, Kaugummi, Kaffee und Tee in übermäßigen Mengen zu konsumieren.

– **Zwanghafte Verhaltensweisen**
Viele Männer entwickelten genau festgelegte Regeln für ihr Eßverhalten. Sie fingen auch an, ihre Handlungen wiederholt zu kontrollieren. Einige wühlten zwanghaft in Abfalleimern und es kam sogar zu Kaufhausdiebstahl.

– **Stimmungsschwankungen**
Die meisten Testpersonen wurden depressiv, viele entwickelten Angstzustände. Nägelbeißen und Rauchen nahm zu. Die Männer waren gereizt, streitsüchtig und litten unter Konzentrations- und Entscheidungsschwierigkeiten.

– **Sexueller und sozialer Rückzug**
Obwohl die Männer zu Beginn umgänglich waren, zogen sie sich immer mehr zurück, wurden humorlos und sonderten sich ab. Sie verloren das Interesse am anderen Geschlecht und berichteten stark nachlassenden Sexualtrieb.

– **Körperliche Veränderungen**
Die Männer gaben Schlafstörungen an, viele wachten sehr früh auf und klagten über Ruhelosigkeit. Sie litten an Magen-Darm-Störungen, Schwindelgefühlen, Kopfschmerzen, Haarausfall, Seh- und Hörstörungen (Schwierigkeiten beim Fokussieren, kleine Sternchen vor den Augen, Klingeln in den Ohren) und Prickeln oder Stechen an Händen und Füßen. Sie froren schneller.

– **Veränderungen im Stoffwechsel**
Die Körpertemperatur sank, Herzschlag und Atmung wurden langsamer. Die Kalorienmenge, die der Körper verbrauchte, nahm um 40 % ab, womit der Körper seine außergewöhnliche Anpassungsfähigkeit an Mangelernährung zeigt. Im Durchschnitt nahmen die Männer um 25 % ab.

Auch nach dem Ende der Diätphase zeigten sich Besonderheiten. Viele Versuchspersonen verloren die Kontrolle über ihren Appetit und aßen fast ununterbrochen – manchmal bis ihnen übel war. Im Durchschnitt stieg ihr Gewicht zunächst auf

10 % über ihrem Ausgangsgewicht, dabei nahmen sie hauptsächlich Fettgewebe zu. Die Männer fühlten sich dick und betrachteten ihr jetziges Gewicht als ungünstig verteilt. Sie behielten viele der seltsamen Verhaltensweisen und Gefühle bei, die sie während der Mangelernährung entwickelt hatten. Erst nach 6 – 10 Wochen normaler Ernährung hatten alle Männer das Gewicht, das sie vor dem Experiment hatten, wieder erreicht. Sie litten nicht mehr unter Eßanfällen oder sonstigen Verhaltensauffälligkeiten.

Folgerungen aus dem Fastenexperiment
– Abmagerung / Mangelernährung zieht eine Reihe von psychischen und körperlichen Veränderungen nach sich, die auch bei Anorexia nervosa und Bulimia nervosa auftreten.
– Durch Mangelernährung entsteht ein unmäßiger Hunger und der Drang sich zu überessen; dies läßt nach einer längeren Phase ausreichender Ernährung wieder nach.
– Mangelernährung führt zu einem verlangsamten Stoffwechsel und zu einem größeren Anteil Fett bei der nachfolgenden Gewichtszunahme. Dieser Effekt normalisiert sich nach einigen Monaten normalen Eßverhaltens.

Gewicht und Diät
Ergebnisse wissenschaftlicher Studien weisen darauf hin, daß es einen sogenannten Set-point für das Körpergewicht gibt, der weitgehend biologisch-genetisch bestimmt ist. Dieser Gewichtsbereich kann allerdings von Mensch zu Mensch sehr unterschiedlich sein. Der „Set-point" scheint durch sehr empfindliche Mechanismen reguliert zu werden. Schon eine geringe Gewichtszu- oder -abnahme aktiviert die Verteidigungsmechanismen des Körpers. Wie in dem Fastenexperiment gezeigt wurde, sinkt die Stoffwechselrate und damit der Energieverbrauch, wenn zu wenig Kalorien aufgenommen werden. Gleichzeitig melden sich Hungergefühle und die Gedanklen kreisen dauernd ums Essen. Damit reagiert der Körper sinnvoll. Er versucht so, eine ausreichende Energiezufuhr zu sichern, um das normale Gewicht zu halten – und so das Überleben zu garantieren. In anderen Studien konnte eindeutig gezeigt werden, daß der Körper auch ebenso gegen eine übermäßige Gewichtszunahme arbeitet. Der Stoffwechsel steigt an, wodurch der Körper überflüssige Kalorien verbraucht. Diese Fähigkeit ist jedoch nicht bei jedem gleich stark ausgeprägt.

Eine Person mit einem höheren Set-point-Gewicht braucht nur wenig an Gewicht verlieren (sie kann dabei normalgewichtig sein oder sogar über dem statistischen Normalgewicht liegen), damit der Körper diesen Zustand als Unterernährung interpretiert. Möglicherweise leiden deshalb viele Personen an ständigen Hungergefühlen und dem Drang, sich zu überessen, weil sie verzweifelt versuchen, ihr Gewicht unter ihrem biologisch verankerten Set-point zu halten, um damit dem gesellschaftlichen Schlankheitsideal zu entsprechen. Dabei benötigen Menschen mit einem hohen Set-point-Gewicht von vornherein wesentlich weniger Kalorien, um ihr Gewicht zu halten, als Personen, die von Natur sehr schlank sind. Um also dieses Gewicht zu reduzieren, müßten sie ihre Kalorienaufnahme drastisch einschränken. Mit einer Diät beginnen aber die Sparmaßnahmen des Körpers. Die Set-point-Hypothese erklärt, warum Schlankheitsdiäten oft so erfolglos sind: Je mehr die Kalorienzahl gesenkt wird, desto weiter reduziert auch der Körper seinen Bedarf an Kalorien. Dieser Effekt scheint sich mit zunehmender Häufigkeit und Länge der Diäten sogar noch zu intensivieren. Mit jeder neuen Diät nimmt man langsamer ab – und um so schneller später wieder zu. Durch den schnellen Wechsel von Diäten und Überessen (wie es häufig bei Bulimie auftritt) hat der Stoffwechsel keine Möglichkeit, sich zu normalisieren. Diäten erreichen so das Gegenteil ihres Ziels.

Die Hungerspirale

Eine wichtige Schlußfolgerung daraus ist, daß die Ablehnung des eigenen gesunden Set-point-Gewichts, das vielleicht nicht dem heutigen unrealistischen Schlankheitsideal entspricht, einen krankhaften und erfolglosen Kreislauf von Diäten und Überessen in Gang setzt, der nur zu einem höheren Gewicht und damit zu noch mehr Unzufriedenheit führt (Abb. 1).

Abb. 1. Hungerspirale

3. Körperliche und psychische Symptome der Bulimie

Heißhunger und Eßanfälle

Diäten und die damit verbundene Mangelernährung können zu Eßanfällen führen. Das Fastenexperiment und die große Zahl der Frauen, die während einer
Magersucht Freßattacken entwickelt, bestätigt dies. Nicht nur der zunehmende
Hunger und die gedankliche Beschäftigung mit Nahrung führen bei Fastenden zu
Heißhungeranfällen, sondern auch spezifische Denkmuster. Fastende müssen
sehr viel Willenskraft aufbringen, um die Hungersignale ihres Körpers zu unter-
drücken. Sobald ihre Vorsätze aus irgendeinem Grund gebrochen werden –
dabei genügt es oft, einen halben Keks gegessen zu haben – neigen sie zu völli-
gem Kontrollverlust: „Ich habe meine Diätvorsätze heute ohnehin schon gebrochen, jetzt ist es auch schon egal. Jetzt kann ich auch weiteressen. Morgen fange
ich mit noch mehr Energie von vorne an." Doch es bleibt das Gefühl, versagt zu
haben. Dazu kommt, daß Vorsätze wie „niemals wieder Süßigkeiten oder fette
Speisen zu essen" diesen Lebensmitteln den magischen und zwingenden Charakter von „verbotenen Früchten" verleihen. Je strenger und rigider die Diät, desto
größer ist die Wahrscheinlichkeit, daß es zu Heißhungeranfällen kommt, sobald
die willentliche Kontrolle geschwächt wird. Das passiert unweigerlich, wenn einmal „zuviel" gegessen wurde, oder wenn seelische Belastungen wie Streit, Mißerfolg
oder Alleinsein die Fähigkeit zur Kontrolle erschüttern. Traurigkeit, Angst
und Langeweile können Eßanfälle auslösen. Essen dient dann als Trost, Ablenkung oder füllt die Zeit aus. Häufig spürt die Bulimikerin dann einen regelrechten
Zwang zu essen – ohne die Gefühle zu erkennen, die den Freßanfall ausgelöst
haben.

Erbrechen

Anfangs betrachten viele Diät-/Eßsüchtige das Erbrechen der Nahrung als die
Lösung für ihr Eßproblem. Unglücklicherweise führen Diäten, Überessen und
anschließendes Erbrechen zu einem Kreislauf, der sich immer mehr verselbständigt. Erbrechen dient zwar kurzfristig dazu, ungewollte Nahrung schnell wieder
loszuwerden, doch langfristig verstärkt es den Drang, sich zu überessen nur noch.
Denn vordergründig hat die Betroffene ja nun ein Mittel gefunden, trotz der
Eßanfälle eine Gewichtszunahme zu verhindern. Doch der wachsende Hunger,
der durch die ungenügende Nahrungsaufnahme verursacht wird – das erbroche-
ne Essen steht dem Körper ja nicht als Energie zur Verfügung – kann so nicht
unterdrückt werden.

   Der Kreislauf von Überessen und Erbrechen weitet sich aus, so daß die
Betroffene bald keine Kontrolle mehr darüber hat und nur noch zwischen dem
Drang sich zu überessen, Schuldgefühlen, Erbrechen und Depression hin und her
schwankt. Damit werden viele Stunden des Tages vertan. Zudem wird durch
Erbrechen meist nicht die ganze Nahrung aus dem Magen befördert, so daß häu-
fige Eßanfälle schließlich doch zu einer Gewichtszunahme führen können.

Abführmittel und Entwässerungstabletten

Abführmittel sind nicht nur extrem gefährlich, sondern es ist auch gar nicht möglich, mit Abführmitteln abzunehmen. Abführmittel fördern die Entleerung des
Dickdarms, das heißt, sie wirken erst, wenn die aufgenommenen Kalorien im

Dünndarm bereits absorbiert wurden. Selbst übermäßig große Dosen eines Abführmittels beeinflussen die Kalorienaufnahme nur ganz geringfügig. Der Gewichtsverlust nach Abführmittelgebrauch ist fast vollständig durch Flüssigkeitsverlust verursacht.

Entwässerungstabletten haben ebenfalls keinen Einfluß auf Kalorienaufnahme und Körperfett, sie führen nur zu einem möglicherweise sehr gefährlichen Wasserverlust des Körpers. Wenn man nach einer längeren Einnahmedauer Abführ- oder Entwässerungstabletten absetzt, kann dies zunächst eine Wasseransammlung im Körper und damit eine leichte Gewichtszunahme verursachen. Nach wenigen Wochen normalisiert sich der Wasserhaushalt jedoch wieder.

4. Körperliche und psychische Folgen der Bulimie

Medizinische Komplikationen

Sowohl Abführmittelmißbrauch als auch Erbrechen bringen das biochemische Gleichgewicht des Körpers durcheinander, da durch Erbrechen und Durchfall ein Teil des Magensaftes und Darmsekrete ausgeschieden werden. Magensaft ist saurer als andere Körperflüssigkeiten. Um den Verlust von Magensaft auszugleichen, paßt der Körper sein chemisches Gleichgewicht an, was zu einem Verlust an Kaliumionen führt. Dieses Kaliumdefizit ist sehr gefährlich, da es zum Teil die Übertragung von Impulsen und Muskelkontraktionen beeinflußt. Versuche, den Kaliumverlust ohne medizinische Überwachung auszugleichen, können ebenso gefährlich sein: eine Überdosis Kalium kann zu Herzstillstand führen.

Abführmittelmißbrauch kann zur Lähmung einiger Nervenendigungen in den Muskelfasern des Darms führen. Damit werden die Darmbewegungen behindert, so daß der Darm nicht mehr normal arbeiten kann. Außerdem kann ein Elektrolytverlust durch Abführmittelmißbrauch zu lebensbedrohlichen Nierenschädigungen führen. Bei Personen, die Abführmittel mißbrauchen, findet sich nach einer normalen Mahlzeit häufig eine starke Ausdehnung des Oberbauches. Diese Ausdehnung kann schmerzhafte Krämpfe hervorrufen.

Weitere Komplikationen der Bulimie:
- Magenschmerzen
- Übelkeit
- akute Magenerweiterung
- schwere Verstopfung oder Durchfall
- Symptome von Wasserverlust
- Kopfschmerzen
- angeschwollene Speicheldrüsen
- chronische Heiserkeit
- Schäden am Zahnschmelz, Zahnverkleinerungen, Zahnausfall
- Haarausfall
- Menstruationsstörungen
- Herzrhythmusstörungen
- epileptische Anfälle etc.

Psychische Folgen

Das Fastenexperiment hat gezeigt, daß Diäten nicht nur das körperliche, sondern auch das seelische Wohlbefinden stark beeinträchtigen können. Bei den Störungen des Eßverhaltens – Bulimie und Magersucht – sind psychische Belastungen also nicht nur Ursache dieser Krankheit, sondern nach einiger Zeit auch eine Folge davon:

– Die unzureichende Ernährung und die Sparmaßnahmen des Körpers führen zu Reizbarkeit, Schlaflosigkeit und schlechter Stimmung bis hin zu schweren Depressionen.
– Das Eßproblem erzeugt bei den Betroffenen Schuld- und Schamgefühle. Die Frauen fühlen sich bestätigt, daß sie nicht fähig sind, ihr Leben zu meistern. Sie machen sich Vorwürfe, die die Bewältigung ihrer Probleme weiter erschweren.
– Die Heißhungeranfälle sind jedesmal ein Erlebnis des Kontrollverlustes mit entsprechend negativer Bewertung der eigenen Person.

Diese seelischen Folgen der Bulimie und Magersucht erschweren es ihrerseits, die bei einer Diät nötige Selbstkontrolle aufrechtzuerhalten. Viele sonst eher belanglose Probleme scheinen unüberwindlich. In den Vorstellungen und Träumen wird Essen immer wichtiger und nimmt die Form von Zwangsvorstellungen und -verhaltensweisen an. Durch die entstehenden Mißempfindungen wird auch das Körpergefühl immer schlechter. Sozialer und sexueller Rückzug ist die Folge.

Die Waage

Für viele Frauen wird die Waage zum Stimmungsbarometer: Wenn sie ein Pfund weniger anzeigt, fühlen sie sich glücklich, stolz und selbstsicher. Nehmen sie ein Pfund zu, sind sie deprimiert, verachten sich selbst und sagen manchmal sogar Verabredungen ab. Die Abhängigkeit der eigenen Gefühle vom Ausschlag der Waage bedeutet so eine ewige emotionale Berg- und Talfahrt. Das Gewicht als Bewertungsmaßstab der eigenen Persönlichkeit zu sehen, ist jedoch sicher eine sehr eingeengte Sichtweise.

Außerdem ist das Gewicht ein sehr unzuverlässiges Maß für Körperfett. 50 % des gesamten Körpergewichtes einer Frau bestehen aus Wasser. Der Wasserhaushalt unterliegt natürlichen Schwankungen, er kann sowohl durch den Hormonzyklus als auch durch Medikamente (Abführmittel, Entwässerungstabletten) verändert werden. Geringfügige Gewichtszu- oder -abnahmen haben meist nichts mit dem Körperfett zu tun, sondern sind lediglich durch Schwankungen im Wasserhaushalt verursacht.

5. Zusammenfassung

1. In den letzten Jahrzehnten sind viele Frauen Opfer unrealistischer Schlankheitsnormen geworden, die sie dazu veranlaßt haben, Diäten durchzuführen.
2. Es scheint einen „Set-point" zu geben, der individuell variiert. Dieser Setpoint liegt wahrscheinlich bei vielen Frauen über dem gängigen Gewichtsideal weiblicher Schönheit.

3. Das „natürliche" Körpergewicht verteidigt sich gegen Veränderungsversuche. Abweichungen vom biologisch vorgegebenen Gewicht verursachen körperliche und psychische Veränderungen, die auf eine Rückkehr zum Set-point-Gewicht abzielen.
4. Diäten sind meist unwirksame Methoden der Gewichtskontrolle, wenn sie versuchen, gegen den Set-point anzugehen.
5. Chronisches Diätverhalten kann zu Eßanfällen und über die Verminderung des Energieverbrauchs sogar zu einem Anstieg des Set-points führen.
6. Eßanfälle und Erbrechen setzen einen Teufelskreis in Gang. Durch Erbrechen scheint es möglich zu sein, sich zu überessen, ohne eine Gewichtszunahme befürchten zu müssen, tatsächlich tritt aber ein gefährlicher Mangelzustand ein.
7. Erbrechen und Mißbrauch von Abführmitteln und Entwässerungstabletten sind gesundheitsgefährdend.
8. Ein ausreichendes abwechslungsreiches Essen und die allmähliche Rückkehr zum Set-point führt zu einer gleichzeitigen Besserung der Symptome, vor allem der Heißhungeranfälle.

Leseempfehlungen

Für weitere Informationen über Bulimie und Magersucht sind die folgenden Bücher zu empfehlen:

Aliabadi D, Lehning W (1986) Wenn Essen zur Sucht wird. Kösel, München.
Bruch H (1982) Der goldene Käfig. Fischer, Frankfurt.
Langsdorff M (1985) Die heimliche Sucht unheimlich zu essen. Fischer, Frankfurt.
Mader P (1986) Gestörtes Eßverhalten. Neuland, Hamburg.
Orbach S (1984) Antidiätbuch I und II. Verlag Frauenoffensive, München.

Informationsbroschüre: Ernährung

Empfehlungen zur Ernährung

Mangelernährung durch Fasten oder einseitige Ernährung kann die Symptomatik der Bulimie mit aufrechterhalten (siehe Informationsbroschüre: Bulimie). Deswegen ist es sinnvoll, zu Beginn der Therapie das Basiseßverhalten umzustellen. Um eine ausreichende und ausgewogene Ernährung zu erreichen, die alle notwendigen Nährstoffe, Vitamine und Mineralien enthält, sind einige Informationen nützlich.

Wenn das Essen vor allem durch die natürlichen Hunger- und Sättigungssignale des Körpers geregelt wird und weniger durch Ängste oder Gedanken − ist kein Spezialwissen erforderlich, um vernünftig zu essen. Geschmack, Genuß, Hunger, Sättigung und soziale Situationen regeln dann eine vielseitige und abwechslungsreiche Nahrungsaufnahme, die den Bedarf des Menschen an den einzelnen Nährstoffen ausreichend deckt. Nach einer längeren Phase von gestörtem Eßverhalten (Diäten, Eßanfälle und Erbrechen) ist es jedoch in der Regel nicht mehr möglich, Hunger- und Sättigungssignale zuverlässig wahrzunehmen und sich spontan richtig zu ernähren. Wenn die innere, natürliche Regulation der Nahrungsaufnahme nicht mehr funktioniert, ist es nötig, dem Körper für einen gewissen Zeitraum sozusagen von außen eine Struktur für das Essen vorzugeben und bewußt auf die Menge und Zusammensetzung der Nahrung zu achten. Strukturiertes Essen ist für die Umstellung Ihrer Ernährungsgewohnheiten solange erforderlich, bis das Essen in dieser neuen Art zur Gewohnheit geworden ist und sich auch die körperlichen Signale und Gewichtsregulationsmechanismen wieder herausgebildet haben.

Diese Broschüre gibt im ersten Teil wichtige Informationen über den Energie- und Nährstoffbedarf des Körpers, über Vitamine und Mineralstoffe. Im zweiten Teil finden Sie ausführliche Hinweise über die Zusammenstellung der Ernährung und die einzelnen Lebensmittelgruppen. Das Essen soll flexibel, abwechslungsreich und wohlschmeckend werden − gerade auch in der vorgegebenen Struktur. Darüber hinaus sind einige Beispiele für ausgewogene Mahlzeiten und ein Beispiel für einen „strukturierten Eßtag" aufgeführt.

1. Teil: Energie- und Nährstoffbedarf

Der Energiebedarf des Körpers

Der Körper braucht für das Funktionieren seines Stoffwechsels und seiner Aktivitäten Energie − jeden Tag. Diese Energie wird in Form von Essen zugeführt, das im Körper langsam durch spezielle Enzyme abgebaut und an die entsprechenden Organe weitergegeben wird. Wird zuviel Energie zugeführt, legt der Körper einen Energievorrat an − in Form von Körperfett. Wieviel Energie verbraucht der Körper tatsächlich pro Tag? Der Energiebedarf setzt sich aus dem Grundumsatz und dem Leistungsumsatz zusammen. Der Grundumsatz ist der Energieverbrauch in Ruhe, beispielsweise im Schlaf. Diese Energie deckt den Bedarf des Körpers, der für das Atmen benötigt wird, für die Regulierung der Körpertemperatur und vielfältige Stoffwechselprozesse. Ein Beispiel: Der Grundumsatz einer 60 kg schweren Frau beträgt zwischen 750 und 1500 kcal pro Tag. Durch verschiedene hormonell regulierte Einsparungsmechanismen kann der Körper in einer längeren Phase der Mangelernährung (z.B. durch Diäten) seinen Grundumsatz jedoch reduzieren. Der Leistungsumsatz, d.h. die Energie, die der Körper zusätzlich zum Grundumsatz verbraucht, ist abhängig von der gerade ausgeführten Tätigkeit. Dazu einige Beispiele:

Tätigkeit	Leistungsumsatz	entsprechende Mahlzeit
50 Min Federballspielen	250 kcal	1 Semmel mit Butter und Marmelade
30 Min Klavierspielen	39 kcal	1 gekochtes Ei
40 Min Brustschwimmen	330 kcal	1 Portion Pommes frites
65 Min Tanzen	290 kcal	1 Stück Schwarzwälder Kirsch 1 Glas Weinbrand
10 Min Dauerlauf	120 kcal	

Zusammengefaßt läßt sich also sagen: Der Grundumsatz ist unter anderem abhängig von der Ernährungssituation, der Leistungsumsatz ist bestimmt von der Aktivität eines Menschen. Die Empfehlungen der DGE (Deutsche Gesellschaft für Ernährung) zur Gesamtenergiezufuhr sehen für junge Mädchen im Alter von 15-18 Jahren zwischen 2400 und 2500 kcal pro Tag vor. Erwachsene Frauen benötigen im allgemeinen zwischen 1800 und 2200 kcal pro Tag. Die Schwankungen sind jedoch erheblich. Nach einer repräsentativen Untersuchung (Ernährungsbericht 1988) nehmen Frauen in der Bundesrepublik Deutschland tatsächlich durchschnittlich 2984 kcal zu sich.

Der Nährstoffbedarf des Körpers: Die Makronährstoffe
Unsere Nahrung setzt sich aus Makro-, Mikronährstoffen, Ballaststoffen und Wasser zusammen. Als Energielieferanten dienen die Makronährstoffe, die sich in Eiweiß, Kohlenhydrate und Fett untergliedern. Jeder dieser drei Stoffe hat unterschiedliche Funktionen für den Körper und seinen Stoffwechsel − jeder ist wichtig. Wie sollten diese einzelnen Makronährstoffe in der Nahrung verteilt sein? Wenn Menschen sich spontan ernähren − das gilt übrigens für Menschen in allen Erdteilen − nehmen sie Eiweiß, Kohlenhydrate und Fett etwa in folgenden Anteilen von der Gesamtkalorienmenge zu sich.
Eiweiß: 15 % der Gesamtkalorienmenge 1g = 4,5 kcal
Kohlenhydrate: 55 % der Gesamtkalorienmenge 1g = 4,5 kcal
Fett: 30 % der Gesamtkalorienmenge 1g = 9,0 kcal

Diese Makronährstoffverteilung wird im übrigen auch von der Deutschen Gesellschaft für Ernährung empfohlen. Es ist zwar schwer möglich, die einzelnen Stoffe isoliert zu sich zu nehmen, da sie in den meisten Nahrungsmitteln in unterschiedlichen Mischungsverhältnissen vorhanden sind, rein rechnerisch würde diese Aufteilung jedoch bedeuten, daß ein täglicher Nährstoffbedarf von 2000 kcal sich ungefähr so aufgliedert:
300 kcal Eiweiß, 1100 kcal Kohlenhydrate und 600 kcal Fett oder
67 g Eiweiß, 244 g Kohlenhydrate und 67 g Fett.

Weicht die Ernährung über längere Zeit, beispielsweise bei einer Diät, von dieser Verteilung ab, kann dies das körperliche und auch psychische Wohlbefinden beeinträchtigen. Abgespanntheit, Schlaflosigkeit und Depressionen sind nur einige mögliche Folgen dieser falschen Ernährung.

Überblick: Makronährstoffe

	Funktion	Mangelerscheinungen
Eiweiß	Der wichtigste Baustein der Körperzellen	Schwere Beeinträchtigungen fast aller Körperfunktionen
Kohlenhydrate	Der wichtigste Brennstoff für schnelle Energiezufuhr im Gehirn und in der Muskulatur	Beeinträchtigung der Stimmung, des Schlafs und der Leistungsfähigkeit; Heißhunger auf Süßes
Fett	Energielieferant, Trägerstoff für fettlösliche Vitamine (A, D, E, K) und Aromastoffe, Lieferant essentieller Fettsäuren für den Zellaufbau	Vitaminunterversorgung; Störungen des Zellaufbaus durch Mangel an essentiellen Fettsäuren, Beeinträchtigung der Dauerleistungsfähigkeit; Heißhunger

Hinweise zu dem Gehalt an diesen Makronährstoffen in den einzelnen Lebensmittelgruppen finden Sie im zweiten Teil der Broschüre.

Ballaststoffe sind eigentlich gar keine Nährstoffe, da sie vom Körper nicht verwertet werden können. Es sind Faserstoffe der Zellwände von Pflanzen (Zellulose), die unverdaulich sind. Für eine gesunde Ernährung sind sie aber dennoch nützlich: Sie verbessern das Sättigungsgefühl und die Verdauung. Um einer Verstopfung vorzubeugen, kann man bewußt Ballaststoffe (z.B. Leinsamen) zu sich nehmen. Wichtig ist es dann jedoch, viel zu trinken, da die unverdaulichen Fasern sonst nicht durch den Darm befördert werden können.

Die Mikronährstoffe: Vitamine und Mineralstoffe
Vitamine sind organische Verbindungen, die der Körper – wenn auch nur in kleinsten Mengen – für sein Funktionieren braucht. Der Körper kann diese Vitamine nicht selbst herstellen. Deswegen ist ihre Zufuhr durch die Nahrung lebensnotwendig. Es gibt wasserlösliche Vitamine und fettlösliche Vitamine. Das bedeutet, daß diese Vitamine nur bei gleichzeitiger Aufnahme von Fett vom Körper verarbeitet werden können.

Überblick: Wasserlösliche Vitamine

Vitamin	Funktion	Hauptquellen
B		
B$_1$	Wichtig im Kohlenhydratstoff-wechsel und für das Nervensystem	· Vollkornbrot, Kartoffeln, Hülsen-früchte, Schweinefleisch, Geflügel
B$_2$	Beteiligt am Fett-, und Kohlen-hydrat- und Eiweißstoffwechsel	Milch, Käse, Schweine- und Rind-fleisch, Geflügel, Brot
B$_6$	Wichtig im Eiweißstoffwechsel und für das Nervensystem	Leber, Sardinen, Makrelen, Weizen-keime, Sojabohnen, Fleisch, Kartof-feln, Brot
B$_{12}$	Zur Bildung der roten Blut-körperchen	Leber, Hering, Seelachs, Ei, Rind-fleisch, Milch, Quark (nur in tier. Produkten)
Biotin	Wichtig für Synthese von Kohlen hydraten und Fettsäuren	Milch, Innereien, Sojabohnen
Folsäure	Zur Bildung roter und weißer Blut-körperchen, Zellteilung und -aufbau	Weizenkeime, Sojabohnen, Geflügel-und Schweineleber, alle Kohlarten, Kartoffeln, Vollkornbrot
Niacin	Für Herzfunktion und Zentrales Nervensystem	Vollkornbrot, Erbsen, Rind-, Schwei-nefleisch, Geflügel, Seefisch, Lachs
Pantothen-säure	Wichtig beim Abbau von Fetten, Kohlenhydraten und Aminosäuren; sowie bei Aufbau von Fettsäuren und best. Hormonen	Leber, Broccoli, Blumenkohl, Kalb-und Rindfleisch, Truthahn, Milch, Vollkornbrot, Wassermelone
C	· Verbessert die Eisenaufnahme aus der Nahrung, wichtig für die Bildung und Funktion von Bindegewebe und Knochen, stimuliert die körpereige-nen Abwehrkräfte	Kartoffeln, Paprika, Blumenkohl, Tomaten, Zitrusfrüchte, schwarze Johannisbeeren, Erdbeeren

Überblick: Fettlösliche Vitamine

A	Für gutes Sehen und die Funktions-erhaltung von Haut und Schleimhäu-ten	Leber, grünes und gelbes Gemüse, Milch, Butter, Margarine
D	Wichtig im Kalzium- und Phosphor-stoffwechsel und für den Knochen-aufbau (Rachitisprophylaxe)	Hering, Lachs, Aal, Makrelen, Leber, Milchprodukte
E	Schützt ungesättigte Fettsäuren und Vitamin A vor Oxidation	Pflanzliche Öle und Fett (bes. Keim-öle), Erbsen, Grünkohl
K	Wichtig für die Blutgerinnung	Leber, Milch, Kopfsalat, Blumen-kohl, Tomaten

Fettlöslich: Die Vitamine A, D, E und K.
Wasserlöslich: die Vitamine des B-Komplexes und Vitamin C.

Wer sich abwechslungsreich und vielseitig ernährt, wird bei dem hierzulande herrschenden Lebensmittelüberangebot kaum an Vitaminmangel leiden. Die Tabelle gibt einen Überblick über Funktion der Vitamine und ihre Hauptquellen in Nahrungsmitteln.

Mineralstoffe und Spurenelemente sind anorganische Stoffe, die für den Organismus und diverse Stoffwechselprozesse unentbehrlich sind.

Mineralstoffe sind z.B.: Natrium, Kalium, Magnesium, Chlor, Phosphor;
Spurenelemente sind z.B.: Kupfer, Zink, Jod, Fluor, Eisen, Kobalt.

In einer abwechslungsreichen Kost sind sie ausreichend enthalten. Einige Mineralstoffe sind jedoch für die Steuerung des Wasserhaushalts im Körper verantwortlich und in Form von Elektrolyten im Wasser vorhanden. Bei häufigem Erbrechen oder Durchfall (Abführmittelmißbrauch!) kann es zu einem Elektrolytverlust des Körpers kommen, der schwerwiegende Folgen haben kann.

Die folgende Tabelle gibt einen Überblick über die Funktion einiger Mineralstoffe und Spurenelemente und die Lebensmittel, die sie enthalten.

Überblick: Mineralstoffe und Spurenelemente

Elemente	Funktion	Hauptquellen
Natrium	Natrium und Chlor bilden zus. das Kochsalz für den Ausgleich des Wasserhaushaltes im Körper, wichtig für Muskel- und Nervenaktivitäten	Salz, Brot, Getreideprodukte, Gemüse, Fleisch, Muskelkontraktion
Kalium	Wichtig für den Wasserhaushalt im Körpergewebe, Muskelkontraktion	Gemüse, Obst, Milch
Kalzium	Für Knochenbau und Zähne, zur Blutgerinnung und Muskelkontraktion	Milch, Käse, Brot und Mehl
Magnesium	Für die Energieverwertung	Weitverbreitet, besonders in Nahrungsmitteln pflanzlichen Ursprungs
Phosphor	Als Baustoff für Knochen und Zähne, für die Verwertung der Energie	In fast allen Lebensmitteln enthalten
Eisen	Für die Bildung von Hämoglobin (roter Blutfarbstoff), der für den Sauerstofftransport im Körper zuständig ist, Frauen haben einen höheren Eisenbedarf als Männer	Fleisch, Grüngemüse, Eier, Kartoffeln, Brot
Fluor	Für Knochenaufbau und Zähne, schützt vor Karies	(nur in Gebieten mit angereichertem Trinkwasser)
Jod	Für die Funktion der Schilddrüse, in Kontinentalgebieten ist die Zufuhr aufgrund fehlender natürlicher Jodquellen möglicherweise unzureichend	Seefisch, Jodsalz

2. Teil: Lebensmittelgruppen und Zusammenstellung der Ernährung

Kein Lebensmittel enthält alle für unseren Körper wichtigen Stoffe in ausreichender Menge und im richtigen Verhältnis. Erst die Vielfalt des Lebensmittelangebots macht es uns durch einen abwechslungsreichen Speiseplan möglich, dem Körper all das zu geben, was er braucht: Eiweiß, Fett, Kohlenhydrate, Vitamine, Mineralstoffe, Ballaststoffe und Wasser.

Die wichtigste Grundregel für eine vollwertige Ernährung lautet:

**Je vielseitiger und abwechslungsreicher die Kost,
desto sicherer wird der Körper mit allen Nährstoffen versorgt.**

Lebensmittel und Getränke lassen sich in in 7 Lebensmittelgruppen unterteilen. Wenn Sie täglich Ihren Speiseplan aus allen 7 Gruppen zusammenstellen, ist die Vielfalt der Ernährung „vorprogrammiert" und Sie können sicher sein, daß Sie sich vernünftig ernähren. Die Lebensmittel sind aufgeteilt in folgende Gruppen:

Gruppe :   Fleisch, Fleischerzeugnisse, Geflügel, Wild, Fisch, Eier
Gruppe :   Milch und Milchprodukte
Gruppe :   Fette, Öle, Halbfette
Gruppe :   Brot, Reis, Nudeln, Kartoffeln, Getreideprodukte
Gruppe :   Gemüse und Salate
Gruppe :   Obst
Gruppe :   Verschiedenes (Getränke, Zucker, Süßwaren, Kuchen, Nüsse, Alkohol)

Gruppe 1: Fleisch, Fleischerzeugnisse, Geflügel, Wild, Fisch, Eier

Die Lebensmittel dieser Gruppe enthalten wichtige Nährstoffe:
– Eiweiß, der „Baustoff" für Wachstum und Erhaltung des Körpers; tierisches Eiweiß ist in der Ernährung für den Menschen hochwertiger als pflanzliches Eiweiß, da es dem Körpereiweiß ähnlicher ist.
– Mineralstoffe, z.B. Eisen zur Bildung des roten Blutfarbstoffes (Hämoglobin); Eisen aus tierischen Nahrungsmitteln kann der Körper besser verwerten als Eisen aus pflanzlichen Nahrungsmitteln. z.B. Jod für die Schilddrüsenfunktion; Jod finden wir am reichlichsten in Seefisch.
– Vitamine, z.B. die Vitamine A, B_1, B_2, sind primär, Vitamin B_{12} ist ausschließlich in tierischen Produkten enthalten. Schweinefleisch ist besonders reich an Vitamin B_1.

Der tägliche Eiweißbedarf – mindestens 0,8 g / kg Körpergewicht an verschiedenen Eiweißstoffen – kann alleine aus pflanzlicher Kost nur mit einem hohen Planungsaufwand und großem Wissen angemessen gedeckt werden (Ernährungsbericht 1988). Darüber hinaus können rein pflanzliche Eiweißträger auch aufgrund der großen Menge, die zu konsumieren notwendig ist, häufiger zu Magen-Darm-Beschwerden führen. Tierisches Eiweiß ist immer in Gesellschaft von Fett anzutreffen. Hier gilt folgende Regel:

Je niedriger der Fettgehalt, desto höher der Eiweißgehalt.

Viele Wild- und Fischsorten sind relativ magere Eiweißlieferanten; etwas fetter, dafür aber saftig und besonders wohlschmeckend: Aal, Hering, Lachs, Makrele. Leber und Nieren sind recht energiearme und preiswerte Lebensmittel. Sie enthalten viel Mineralstoffe (hauptsächlich Eisen) und Vitamine (A, B1). Aber: Diese Organe speichern möglicherweise Schadstoffe (Blei, Cadmium). Deswegen sollte Leber oder Nieren nicht häufiger als einmal wöchentlich verzehrt werden.

Gruppe 2: Milch und Milchprodukte

Milch – ob als Trinkmilch, Joghurt, Quark oder Käse – ist für die Ernährung wegen des hohen Eiweiß-, Mineralstoff- und Vitamingehalts wichtig. Kein anderes Nahrungsmittel ist so kalziumreich wie Milch bzw. Käse. Ultrahocherhitzte Milch (H-Milch) hat zwar, bedingt durch die höhere Erhitzung, einen etwas geringeren Vitamingehalt, enthält aber genausoviel Mineralstoffe und Eiweiß wie pasteurisierte Trinkmilch. Milch und Milchprodukte lassen sich vielseitig verwenden als Mixgetränke, Quark- und Joghurtspeisen (süß oder pikant) oder Salatsoßen.

   Auf Käseverpackungen findet sich fast immer der Aufdruck .. % Fett i. Tr. Was heißt das? Da Käse während der Reifung und Lagerung Wasser verliert, muß der Fettgehalt „in der Trockenmasse" angegeben werden. Faustregel: Der tatsächliche Fettgehalt in Schnittkäse beträgt etwa die Hälfte von „Fett i.Tr.". Beispiel: 100 g Edamer Käse (40 % Fett i.Tr.) enthalten lediglich 22 g Fett.
Tips:

- Geöffnete Milchpackungen (Frisch- und H-Milch) bald verbrauchen.
- Kondensmilch nicht in geöffneter Dose, sondern in einem Glas-, Porzellan- oder Kunststoffgefäß aufbewahren, um zu verhindern, daß das Dosenmaterial mit der Milch reagiert (oxidiert).

Gruppe 3: Fette, Öle, Halbfette

Fette haben im Körper primär zwei wichtige Funktionen:

- als Energielieferant
- als Träger lebensnotwendiger Nahrungsbestandteile: fettlöslicher Vitamine (A,D,E,K) und essentieller Fettsäuren.

Da der Körper die essentiellen Fettsäuren (mehrfach ungesättigte Fettsäuren) nicht selbst aufbauen kann, müssen sie mit der Nahrung zugeführt werden. Diese essentiellen Fettsäuren sind hauptsächlich in pflanzlichen Nahrungsfetten wie Distel-, Maiskeim-, Weizenkeim- und Sonnenblumenöl enthalten. In kaltgepreßten Pflanzenölen ist der Anteil an essentiellen Fettsäuren höher als in heißgepreßten. Hitze zerstört die essentiellen Fettsäuren, das gilt natürlich auch fürs Kochen und Braten. Es ist deswegen wichtig, hochwertige Pflanzenöle beispielsweise für Salate und Rohkost zu verwenden. Im Gegensatz dazu kommen die gesättigten Fettsäuren hauptsächlich in Fetten tierischen Ursprung und in gehärteten Pflanzenfetten vor. Sie dienen der Energiegewinnung.

   Ein anderer Begleitstoff tierischer Fette ist das Cholesterin. Cholesterinreiche Lebensmittel sind zum Beispiel Eier, Fleisch und Wurstwaren. Cholesterin ist ein lebenswichtiger Grundbaustein aller Körperzellen. Das gilt für Nerven, Gehirn, Muskeln, Herz, Leber und das körpereigene Abwehrsystem. Für gesunde Menschen ist der übliche Anteil an Cholesterin in der Nahrung daher völlig unbedenklich. Der größte Teil des im Blut vorhandenen Cholesterins entsteht durch Neubildung im Körper selbst. Ein erhöhter Spiegel ist also meistens die Folge einer veranlagungsbedingten übermäßigen Neubildung, die verschiedene Gesundheitsrisiken birgt.

Die Ausnutzung von fettlöslichen Vitaminen durch den Körper wird durch die gleichzeitige Aufnahme von Fett wesentlich verbessert. Auch aus diesem Grund sollten Salate stets mit etwas Öl angemacht werden. Da zudem die meisten Aromastoffe fettlöslich sind, erhöht ein gewisser Fettanteil die Geschmacksausprägung fast aller Speisen und trägt damit wesentlich zum Eßgenuß bei. Margarine hat genausoviel Energie (Kalorien) wie Butter. Halbfettmargarine wird unter Zusatz von Wasser hergestellt. Sie ist daher zum Kochen und Braten ungeeignet, weil sie durch den hohen Wassergehalt beim Erhitzen stark spritzt. Halbfettmargarine kann deswegen lediglich fertigen Gerichten zugefügt werden.

Gruppe 4: Brot, Reis, Nudeln, Kartoffeln, Getreideprodukte
Zu einer gesunden Ernährung gehören Brot, Getreideprodukte und Kartoffeln. Kohlenhydrathaltige Nahrungsmittel sind in erster Linie Energielieferanten für kurzfristig verfügbare Energie. Darüber hinaus enthalten viele kohlenhydrathaltige Nahrungsmittel wie Kartoffeln, Brot und Getreideprodukte wichtige Inhaltsstoffe, z.B. Eiweiß, Vitamine, Mineralstoffe und Ballaststoffe. Gerade die Ballaststoffe sind für den Körper wichtig, denn sie tragen wesentlich zu Darmfunktion bei. Dunkle, grobe Brotsorten wie beispielsweise Vollkornbrot enthalten häufig mehr Vitamine, Mineral- und Ballaststoffe, weil bei ihnen auch die Randschicht des Getreidekorns mitvermahlen wurde. Dadurch haben sie auch eine sättigendere Wirkung: man muß dunkles Brot länger und gründlicher kauen. Allerdings müssen diese Brotsorten auch länger gebacken werden, wodurch einiges dieser zusätzlichen Qualitäten wieder verloren gehen kann. Weißbrot hat insgesamt nicht so viele Mineralstoffe und Vitamine, schmeckt aber zu machen Speisen besser.

Kartoffeln, Reis und Nudeln sind keine „Dickmacher". Ihr Brennwert erhöht sich erst deutlich durch die Zubereitung, beispielsweise als Bratkartoffeln oder Pommes frites oder in Verbindung mit fetten Soßen. Pommes frites haben 2 bis 3mal soviel Kalorien wie Pellkartoffeln. Das sollte jedoch kein Grund sein auf solche Zubereitungsarten generell zu verzichten – schon um den Nahrungsplan abwechslungsreicher zu gestalten. Kartoffeln sind Lieferanten von wertvollem pflanzlichen Eiweiß, Vitaminen (z.B. Vitamin C), Mineral- und Ballaststoffen. Sie haben außerdem einen guten Sättigungseffekt. Bei der Zubereitung als Pellkartoffeln bleiben ihre Qualitäten am besten erhalten.

Gruppe 5: Gemüse, Salate
Gemüse oder Salate sind bekanntermaßen reich an wertvollen Inhaltsstoffen. Günstig ist es, wenn Sie täglich eine schöne Portion davon abbekommen. Gemüse hat den Vorteil, daß es ballaststoffreich, trotzdem saftig und zugleich sättigend ist. Die im Gemüse vorhandenen Kohlenhydrate werden vom Körper sehr lang-

sam aufgenommen, so daß eine lange, anhaltende und kontinuierliche Energiebereitstellung erfolgen kann. Das Gefühl der Sättigung hält lange an.

Der Vitamingehalt von Gemüse und Salat hängt entscheidend von seiner Frische ab. Durch langes Lagern, beim Händler oder im Haushalt, verliert das Gemüse sehr rasch einen Großteil seiner Vitamine. Es ist daher günstiger Tiefkühlgemüse zu verwenden, als welken Salat oder abgestandenes Gemüse zu verarbeiten. Sonderangebote sollten kritisch auf die Frische überprüft werden. Gemüse und Salat immer zuerst waschen (möglichst kurz im Wasser liegen lassen) – dann erst zerkleinern. Kräuter erst kurz vor dem Servieren waschen und zerkleinern. Gemüse sollten nicht zu lange warmgehalten werden. Falls ein Familienmitglied erst später ißt, sollte diese Portion sofort nach dem Kochen vom Herd genommen werden und erst unmittelbar vor dem Verzehr wieder erhitzt werden. Überbleibsel von Spinat und Pilzgerichten müssen gleich weggeworfen werden, weil sich hier gesundheitsschädliche Nitratverbindungen bilden können. Manche Gemüse, die fettlösliche Vitamine enthalten, beispielsweise Karotten, entwickeln erst wenn sie mit Fett zubereitet sind, ihre vollen Eigenschaften. Andere Gemüse können nur gekocht gegessen werden. So sind z.B. grüne Bohnen im Rohzustand schädlich.

Der nicht verbrauchte Inhalt von Gemüsekonserven sollte immer umgefüllt werden, damit sich durch die Einwirkung des Luftsauerstoffs das Dosenmaterial nicht mit dem Inhalt verbindet (oxidiert).

Gruppe 6: Obst
Auch Obst ist als Spender von Vitaminen, Mineralstoffen und Ballaststoffen von großer praktischer Bedeutung. Im Gegensatz zu Gemüsen und Salaten trägt es in mehr oder minder großem Umfang durch seinen Fruchtzuckergehalt (Fructose) auch zur Energielieferung bei. Da Fruchtzucker schnell abgebaut werden kann, liefert Obst (auch Säfte) sehr schnell und kurzfristig verfügbare Energie. Abwechslungsreich essen – das gilt auch für Obst, da jede Sorte eine unterschiedliche Zahl und Menge von Inhaltsstoffen enthält. Zerkleinertes Obst, beispielsweise Obstsalat, falls nötig, nur zugedeckt im Kühlschrank aufbewahren.

Gruppe 7: Verschiedenes (Getränke, Zucker, Süßwaren, Kuchen, Nüsse, Alkohol)
Die hier aufgeführten Lebensmittel enthalten häufig eine Reihe wichtiger Inhaltsstoffe (Eiweiß, Vitamine, Mineralstoffe). Sie sind häufig relativ hochkalorisch, so daß schon kleinere Mengen viel Energie bereitstellen. Es wäre jedoch falsch, diese Lebensmittel zu meiden, da sie den Genuß am Essen und die Abwechslung ausgesprochen bereichern und daher die Freude erhöhen.

Bei Alkoholkonsum ist zu bedenken, daß der tägliche Genuß von mehr als einem halben Liter Wein (oder gleicher Menge Alkohol) zu dauerhaften Schäden der Leber und des Gehirns führen kann.

Beispiele ausgewogener und unausgewogener Mahlzeiten
Sie finden im folgenden vier Beispiele für ausgewogene und unausgewogene Frühstücksmahlzeiten, sowie für einen ausgewogenen Ernährungstag.

Beispiele für ausgewogene und unausgewogene Frühmahlzeiten

Frühstück 1	**Frühstück 2**
1 Ei	2 El Haferflocken
1 Semmel	1 Apfel
1 Tl Butter	1/2 Banane
1 Tl Marmelade	1 Becher Joghurt 3,5 %
1 Scheibe Käse	1 El Nüsse
1 Orange	
Ausgewogen 530 kcal	Ausgewogen 384 kcal
14 % E, 53 % K, 33 % F	13 % E, 53 % K, 34 % F
Frühstück 3	**Frühstück 4**
2 Semmeln	250 g Magerquark
1 Tl Butter	125 g Erdbeeren
1 Tl Marmelade	1 Ei
1 Tl Honig	1 Tl Zucker
Unausgewogen kohlenhydratreich	Unausgewogen eiweißreich
452 kcal:	356 kcal:
6 % E, 75 % K, 19 % F	48 % E, 33 % K, 18 % F

Beispiel für einen ausgewogenen Ernährungstag

Mahlzeit	kcal	Summe kcal
Frühstück		
1 Glas Tomatensaft	21	
1 Tasse Kaffee / Tee mit Milch	14	
2 Scheiben Vollkornbrot	192	
25 g Streichfett	190	
1 Ei	84	
2 Tl Marmelade	30	531
Zwischenmahlzeit		
1 Tasse Tee mit Zucker	39	
1 Becher Joghurt mit Früchten	151	721
Mittagessen		
Salatteller	50	
1 kl. Schweineschnitzel	287	
1 Port. Kartoffeln	170	
1 Port. Gemüse	186	1414
Zwischenmahlzeit		
1 Tasse Tee / Kaffee mit Milch	14	
1 Apfel	50	
2 Schokoladenkekse	100	1578
Abendessen		
2 Gläser Apfelschorle	94	
1 Port. Selleriesalat	40	
2 Scheiben Mischbrot	202	
1 Scheibe Wurst	132	
1 Port. Quark	83	2129

Informationsbroschüre: Abführmittel

Der Gebrauch von Abführmitteln (Laxantien) führt über eine längere Zeitspanne nicht zu einem anhaltenden Gewichtsverlust. Das gilt auch, wenn große Dosen eingenommen werden, die die Empfehlungen der Hersteller um ein Vielfaches überschreiten. Verständlich wird dies, wenn man die physiologischen Verdauungsprozesse kennt:

Die meisten Kalorien werden im Dünndarm absorbiert, nur sehr wenige im Magen oder Dickdarm. Die Funktion des Dickdarms besteht darin, die Flüssigkeit, die während des Verdauungsprozesses entstanden ist, wiederaufzunehmen. Diese Flüssigkeit enthält wichtige Elemente wie Elektrolyte (Kalium, Natrium, Chlorverbindungen) und Mineralstroffe, die zur Aufrechterhaltung des internen Körpergleichgewichts unentbehrlich sind. Nach Wiederaufnahme dieser Flüssigkeit bleibt nur der verfestigte Stuhl übrig, der dann ausgeschieden wird.

Der Wirkung von Abführmitteln liegen unterschiedliche Mechanismen zugrunde. Zum einen gibt es Abführmittel, die die Stuhlproduktion anregen. Sie sind im allgemeinen weniger gefährlich, weil sie das Elektrolytgleichgewicht nicht zerstören. Die weitaus größere Gruppe der Laxantien reizt die Dickdarmwand, was zu einer vermehrten Sekretion von Flüssigkeit führt und der Fähigkeit des Dickdarms zur Flüssigkeitswiederaufnahme entgegenwirkt. Dies kann auf Dauer sehr gefährlich werden. Diese Abführmittel können Darmblutungen verursachen, zu Störungen des Flüssigkeitsgleichgewichts führen und bei Einnahme großer Mengen ernste Krankheiten auslösen. Es gab bereits Todesfälle in Verbindung mit einem hohen Spiegel an Phenolphthalein, dem aktiven Stoff, der in einigen Abführmitteln dieses Typs enthalten ist.

Bei chronischem Gebrauch von Abführmitteln wird ein Teufelskreis in Gang gesetzt. Durch den hohen Flüssigkeitsverlust kommt es zu zeitweiliger Gewichtsabnahme. Um dies zu regulieren, resorbieren die Nieren jedoch automatisch mehr Flüssigkeit. So entstehen wiederum Gefühle von „Aufgeblähtsein" und Ödeme (Flüssigkeitsansammlungen im Körper, z.B. in den Beinen). Durch den eingeschränkten Flüssigkeitsumsatz kann es auch wieder zur Gewichtszunahme kommen. Die Folge: Es werden noch mehr Abführmittel genommen und damit weitere Störungen des Flüssigkeitshaushaltes verursacht.

Abführmittel beeinflussen nur die Menge der Körperflüssigkeit. Auf Kalorienverbrennung oder Fettvorrat haben sie keinen Einfluß.

Informationsbroschüre: Lernen

Die verschiedenen Arten des Lernens

Die Therapie verstehen wir als einen Lernprozeß. Wir gehen davon aus, daß das meiste Verhalten erlernt ist. Das bedeutet, daß auch scheinbar unsinniges und sogar schädigendes Verhalten wie das Verschlingen ungeheurer Nahrungsmittelmengen und deren anschließendes Erbrechen gelernt wurde – sicher unter besonders ungünstigen Bedingungen. Was einmal gelernt wurde, kann aber auch wieder verlernt werden, bzw. es kann umgelernt, verändert werden. Und: es kann ein neues, geeigneteres Verhalten erlernt werden, das für den Betreffenden wesentlich günstiger ist. Das heißt: Wenn wir etwas verändern wollen, müssen wir lernen. Um diese Erkenntnis in der Therapie sinnvoll einsetzen zu können, ist es wichtig, zu wissen, wie Lernen überhaupt funktioniert.

Es gibt 3 verschiedene Arten des Lernens: Die erste Art ist ein „ReflexLernen", die zweite Art ist „Lernen am Erfolg" und die dritte Art ist „Lernen am Modell".

1. Das Reflex-Lernen

Es gibt eine Reihe angeborener, körperlicher Reaktionen, die in bestimmten Situationen ganz automatisch – reflexhaft – ablaufen. Beispiele, die Sie sicher schon an sich selbst erlebt haben, sind:

– Die Schreck- und Angstreaktion entsteht auf unverhofft laute Geräusche, auf plötzliche, wenig kontrollierbare Ereignisse oder einfach in bedrohlichen Situationen. Die folgenden vegetativen Symptome sind dafür charakteristisch: die Blutgefäße verengen sich, besonders die Kapillaren (die kleinsten Blutgefäße), der Schweiß bricht aus, das Herz klopft laut und schnell oder stolpert, der Magen krampft sich zusammen oder man bekommt Durchfall.

– Die Ekelreaktion läuft ab auf unverträgliche Speisen, schlechte Gerüche oder widerliches Aussehen von meist organischen Objekten. Die Symptome sind denen der Angstreaktion zum Teil ähnlich: Übelkeit, Erbrechen, Durchfall.

– Die Appetitreaktion besteht in Speichelfluß: „es läuft das Wasser im Munde zusammen", wenn man leckere Speisen sieht oder riecht – oder ganz einfach wenn man Hunger hat.

– Andere Reaktionen sind noch Wohlbehagen und Müdigkeit, wenn man etwas gegessen hat oder angenehmem Körperkontakt erlebt. Interesse entsteht bei neuen, wenig bedrohlichen Eindrücken u.a.m.

Die Reize und Situationen, die diese Reaktionen bei einem Menschen hervorrufen, können aber im Laufe des Lebens deutlich erweitert werden. Dies geschieht, wenn die Reaktion einmal besonders traumatisch erlebt wurde oder wenn die Reaktion sehr häufig mit bestimmten Situationsmerkmalen ausgelöst wird. Allmählich treten diese reflexhaften Reaktionen dann in immer mehr neuen Situationen auf, die die Reaktion vorher nicht ausgelöst hätten. Es muß nur irgendein Aspekt, ein Merkmal der ursprünglichen Situation vorhanden sein. An einigen Beispielen wird dies deutlich:

Wenn man einmal von einer verdorbenen Muschel eine Fischvergiftung bekommen hat, kann es sein, daß man fortan keine Muscheln mehr sehen kann, ohne mit Übelkeit darauf zu reagieren. Diese Aversion kann sich ausdehnen auf alles, was irgendwie einer Muschel ähnlich ist, beispielsweise auf Fisch generell oder sogar auf alles Gallertartige.

Platzangst in engen Räumen, im Lift etwa oder in der U-Bahn kann entstehen, wenn in einer ähnlichen Situation, einem engen Raum nämlich, schlechte Luft oder falsches Atmen Schwindel, Herzklopfen, Zittern und Übelkeit verursacht haben. In Zukunft werden also viele enge Räume diese Reaktionen hervorrufen können, ohne daß objektiv schlechte Bedingungen bestünden.

Es gibt auch Menschen, die bekommen jeden Tag Punkt 12 Uhr oder bei einem bestimmten Gongschlag Appetit oder Hunger, weil in ihrer Familie immer nach dem 12 Uhr-Gongschlag das Essen auf den Tisch kam.

Dieses Reflex-Lernen ist eine sehr einfache Form des Lernens, wie sie häufig in der frühen Kindheit vorkommt. Diese Art zu lernen ist meist an starke Emotionen gebunden.

2. Das Lernen durch Konsequenzen

Eine sehr viel komplexere Form des Lernens ist die zweite Form, das „Lernen durch die Konsequenz", die uns später ermöglicht, unsere Fähigkeiten und Fertigkeiten beträchtlich zu erweitern. Diese Form des Lernens setzt aber bereits voraus, daß wir bestimmte Dinge tun, die dann wiederum bestimmte Auswirkungen, bestimmte Konsequenzen haben. Diese Konsequenzen steuern das Lernen.

Grundsätzlich können Konsequenzen positiv oder negativ sein, eindeutig oder weniger eindeutig. Sie können kurzfristig oder erst langfristig, regelmäßig oder unregelmäßig auf ein bestimmtes Verhalten folgen. Ein Verhalten wird dann besonders gut gelernt, wenn ihm eine positive Konsequenz folgt und diese Konsequenz sehr direkt und ganz eindeutig auf dieses Verhalten folgt. Ein Beispiel dafür ist der Alkoholkonsum: Alkohol hat ja oft sehr schnell eine entspannende und enthemmende Wirkung. Das kann einen Menschen veranlassen, sehr häufig und sehr viel Alkohol zu trinken. Daß längerfristig negative Folgen wie Kopfschmerzen und später Leberschäden auftreten werden, ist für das Verhalten „Trinken" zunächst weniger bedeutsam.

Besonders stabil wird ein Verhalten gelernt, wenn in der Phase des Lernens die positiven Konsequenzen nicht regelmäßig, sondern anfangs häufiger und später immer seltener aufgetreten sind. Ein Mensch wird das Verhalten selbst dann noch zeigen, wenn fast keine positiven Konsequenzen mehr folgen. Auch dazu ein Beispiel: Ein Mensch wird dann besonders konsequent arbeiten, wenn anfangs jede kleinste Leistung sofort mit Lob oder Geld belohnt wurde, diese Belohnungen dann aber allmählich seltener und auch nicht mehr unmittelbar erfolgen; wenn also zum Beispiel nur noch einmal im Monat Gehalt auf das Konto kommt oder nur noch fertige Arbeiten besonders gewürdigt werden. Die Person würde dagegen relativ schnell aufhören zu arbeiten, wenn sie anfangs zwar regelmäßig belohnt, dann aber die Belohnung plötzlich vollständig ausbleiben würde.

Bestrafung oder negative Konsequenzen bewirken nicht das Gegenteil von positiven Konsequenzen: Man „verlernt" kein Verhalten durch Bestrafung.

Das Verhalten wird dann allenfalls so lange unterdrückt, bis man davon ausgehen kann, daß das Risiko bestraft zu werden, gerade sehr klein ist. Ein kleines Kind beispielsweise nascht von der Marmelade. Die Mutter, die das Naschen verboten hat, kommt dazu und bestraft das Kind mit einem Klaps. Die Folge: Das Kind wird nur dann nicht naschen, wenn die Mutter in der Nähe ist. Ist sie aber mal weg, wird es die Gelegenheit nützen und zum Marmeladentopf gehen, weil es sich dann traut. Die einzige Form, Verhalten zu „verlernen" und die Wahrscheinlichkeit für sein Auftreten dauerhaft zu senken ist seine „Nichtbeachtung". Wenn ein Verhalten keine besonderen Konsequenzen mehr hat, ist es sinnlos und wird längerfristig nicht mehr auftreten.

3. Das Lernen am Modell

Die dritte Form des Lernens ist das „Lernen am Modell". Ein Modell ist eine andere Person, deren Verhalten nachgeahmt wird. Ein Kind ahmt zum Beispiel seine Eltern nach. Wichtig ist dabei, daß das Modell dem Nachahmer attraktiv erscheint, ihm gefühlsmäßig nahesteht oder er sich besonders gut mit ihm identifizieren kann. Das Modell muß also einen attraktiven sozialen Status oder spezielle attraktive Eigenschaften haben und es sollte dem Betrachter auf irgend eine Weise ähnlich sein. Ein Verhalten wird natürlich besonders leicht nachgeahmt, wenn es erfolgreich ist. Wichtig ist allerdings, daß der Betrachter überhaupt die Fähigkeiten hat, das Verhalten ebenfalls aufzuführen.

Informationsbroschüre: Entspannung

Übungen zur Entspannung
(Progressive Muskelentspannung nach Jacobson)

Die folgenden Entspannungsübungen können Sie einsetzen, wenn Sie abschalten und den Tagesstreß vergessen möchten oder sich in belastenden Situationen ruhig und überlegt verhalten wollen. Wenn es Ihnen möglich ist, sich in bestimmten Situationen gezielt zu entspannen, hat das viele Vorteile: Entspannung ist das Gegenteil von Anspannung, Belastung und Panik. Das heißt, wenn man entspannt ist, ist es unmöglich gleichzeitig Angst zu empfinden. Wer sich in belastenden Situation entspannen kann, behält den Überblick und kann richtig und selbstbewußt reagieren. Und noch etwas: Es ist möglich durch Entspannung Schmerzen zu lindern. Wenn Körper und Psyche entspannt sind, werden Schmerzen weit weniger belastend wahrgenommen wie in angespanntem, ängstlichen Zustand. Entspannung kann uns also helfen, mit Streß, Angst und Schmerzen besser umzugehen.

Doch es ist gar nicht so leicht, sich zu entspannen − gerade in Belastungssituationen. Entspannung will gelernt sein, denn Körper und Psyche müssen sich an diesen oft ungewohnten Zustand erst gewöhnen. Das Lernen − hier unterscheidet sich die Entspannung nicht vom Autofahren, Klavierspielen oder dem Sprechen einer Fremdsprache − kann zu Anfang etwas mühsam sein. Doch schon nach einiger Zeit werden Sie merken: Die Mühe lohnt sich. Es ist also ganz normal, wenn bei den ersten Entspannungsübungen Schwierigkeiten auftreten. Sie können diese jedoch als Hinweis nutzen, wie wichtig Entspannung für Sie persönlich ist.

Bevor Sie mit den Übungen beginnen, lesen Sie bitte die Übungsanleitung und die Hinweise zum Umgang mit möglichen Schwierigkeiten bei der Entspannung genau durch.

Übungsanleitung

1. Setzen Sie sich so entspannt wie möglich hin, suchen Sie die beste Haltung, die Sie finden können und schließen Sie die Augen.
2. Richten Sie Ihre Aufmerksamkeit auf die beiden Arme: Ballen Sie nun beide Hände zu Fäusten und drücken beide Oberarme an den Körper. Beobachten und spüren Sie genau, wie sich Ihre Arme anfühlen, wenn die Muskeln auf diese Weise angespannt sind. In welchen Muskelgruppen bemerken Sie die

Anspannung deutlich, in welchen weniger deutlich. Entspannen Sie nun beide Arme. Lassen Sie beide Arme auf der Lehne oder der Unterlage ruhen. Achten Sie genau auf den Unterschied zu den Empfindungen, die Sie bemerkten, als die Arme angespannt waren. Wie fühlen sich die Hände, die Haut, die Gelenke, die Unterarme und die Oberarme jetzt an? Vielleicht hat sich die Temperatur geändert, vielleicht verspüren Sie ein angenehmes Gefühl der Schwere in den Armen. Was können Sie wahrnehmen, was können Sie weniger wahrnehmen? Registrieren Sie genau, wie sich Ihre Arme anfühlen, wenn sie in dieser Weise entspannt sind.

3. Ziehen Sie nun beide Schultern nach oben und legen den Kopf in den Nakken. Achten Sie auf die Anspannung im Nacken, in den Schulterblättern. Registrieren Sie, welche Muskelgruppen Sie im Schulter- und Nacken-Bereich deutlich spüren, welche weniger. Wie fühlt sich die Haut im Nacken an.

Und wieder loslassen. Lassen Sie die Anspannung richtig den Rücken hinunterrollen. Achten Sie wieder genau auf den Unterschied zu vorher. Wie fühlen sich die Nackenmuskeln und die Muskeln der Schulterblätter nun an. Vielleicht bemerken Sie, wie Ihre Schultern ganz angenehm schwer werden. Wie fühlt sich die Haut im Nacken an.

4. Holen Sie kurz Luft und halten Sie dann die Luft an. Machen Sie dabei Ihre Bauchmuskeln fest und drücken Sie — als würden Sie mit angehaltener Luft einen Ring um Brust und Bauch sprengen wollen. Achten Sie genau darauf, welche Spannungsgefühle Sie wahrnehmen. Wie fühlen sich Bauch und Brustmuskeln an, wenn sie in dieser Weise angespannt sind.

Atmen Sie nun hörbar aus und entspannen dabei gleichzeitig die Brust und Bauchmuskeln. Achten Sie wieder genau auf den Unterschied in der Empfindung zu vorhin. Vielleicht bemerken Sie, wie Sie tiefer atmen, gleichmäßiger atmen. Wie fühlen sich jetzt Bauch- und Brustmuskeln an, wenn sie in dieser Weise entspannt sind? Wie strömt jetzt der Atem, wie hebt und senkt sich der Brustkorb, die Rippen, der Bauch?

5. Pressen Sie nun die Pobacken zusammen — so als wollten Sie ein Fünfmarkstück dazwischen festhelten. Spannen Sie die Oberschenkel an als wollten Sie einen um jeden Schenkel gelegten Ring sprengen. Stellen Sie gleichzeitig die Füße nach oben, ziehen Sie die Zehenspitzen Richtung Schienbein. Achten Sie weiter genau auf die Anspannung im Po, spüren Sie die Sitzfläche. Wie fühlen sich die Oberschenkel an, wenn sie in dieser Wiese angespannt sind? Welche Muskeln bemerken Sie am Schien- und Wadenbein?

Lassen Sie nun los und entspannen Sie Po, Oberschenkel und Waden. Achten Sie wieder genau auf den Unterschied, wie der Po und die Schenkel jetzt auf der Sitzfläche ruhen, welche Muskeln Sie in der Wade wahrnehmen können und welche weniger. Spüren Sie den Kontakt, den Ihre Füße zum Boden haben.

6. Gehen Sie nochmals durch Ihren Körper: Hände..., Arme..., Nacken..., Brust..., Bauch..., Po..., Schenkel..., Waden... und Füße... Sie können noch einen Moment die erreichte Enspannung genießen — und kommen dann langsam wieder zurück; indem Sie die Finger etwas bewegen, einmal tief durchatmen und die Augen öffnen.

Häufige Schwierigkeiten bei den ersten Entspannungsübungen

1. Geräusche, enge Kleidung, Kontaktlinsen etc. stören:
   Versuchen Sie sich optimale Bedingungen zu schaffen. Suchen Sie sich einen geeigneten Raum, legen Sie bequeme Kleidung an, setzen Sie die Brille ab oder nehmen Sie die Kontaktlinsen heraus. Manchmal können hartnäckige Gedanken die Konzentration auf die Übung stören. Versuchen Sie nicht, diese Gedanken verbissen zu vertreiben. Das würde nur neue Anspannung erzeugen. Es gelingt Ihnen besser, emotionalen Abstand von störenden Gedanken zu gewinnen, wenn Sie sich sagen: „Jetzt mache ich meine Entspannungsübung, für den Zeitraum der Übung ist alles andere ganz gleichgültig. Geräusche sind gleichgültig. Kitzeln in der Nase ist gleichgültig. Gedanken sind gleichgültig. Gedanken dürfen kommen und gehen wie sie wollen – ich werde sie nicht festhalten..."

2. Eine Übung gelingt nicht auf Anhieb:
   Anfangs fällt es Ihnen vielleicht schwer, die gewünschte Entspannung zu erreichen. Lassen Sie sich davon nicht entmutigen. Schließlich lernen Sie ja gerade. Registrieren Sie jeden Fortschritt sehr genau!

3. Die Entspannung wird unangenehm:
   Es kann passieren, daß Sie sich im entspannten Zustand noch nicht besonders wohl fühlen – die Entspannung ist schließlich etwas Neues für Sie. Vielleicht ist die Ruhe auch Anlaß für Katastrophengedanken, die sonst keine Chance hatten, aufzukommen. Verschieben Sie die Beschäftigung mit diesen Gedanken und Überlegungen auf später. Während der Übung behelfen Sie sich mit der Formel: „Gedanken hebe ich für später auf – jetzt sind die Gedanken ganz gleichgültig". Eine weitere Möglichkeit ist auch, sich an eine schöne Szene in Ihrem Leben zu erinnern und sich diese Szene genau zu vergegenwärtigen: Nehmen Sie wahr, was Sie dort sehen können, was Sie dort hören, was Sie riechen und schmecken, was Sie empfinden und fühlen können. Unter Umständen nehmen Sie in der Entspannungssituation bestimmte Körpersignale besser wahr als sonst oder es entstehen in der Ruhesituation sogar bestimmte Körperempfindungen. So können Sie möglicherweise Ihren Herzschlag besser spüren als sonst oder sie bemerken eine sexuelle Erregung. Solche Empfindungen sind ganz normal. Sie sollten sich davon keinesfalls beunruhigen lassen, sondern die Situation als Chance nutzen, sich und Ihre Erlebnismöglichkeiten genauer kennen und schätzen zu lernen.

4. Während der Entspannung treten Krämpfe auf:
   Manchmal kann es zu Krämpfen besonders in den Unterschenkeln oder in den Fußmuskeln kommen. Das ist ein Zeichen dafür, daß Sie diese Muskelpartien zu stark und zu lange angespannt haben. Spannen Sie das nächste Mal kürzer und weniger stark an. Falls ein Krampf auftritt, versuchen Sie, nur die betroffenen Muskeln zu entspannen (Lockern durch leichte Bewegung) ohne die ganze Entspannungsübung zu unterbrechen. Gegebenenfalls sollten Sie darüber nachdenken, ob für diese Muskelgruppe eine andere Form der Anspannung – Entspannung besser geeignet sein könnte.

Sie können Ihre Schwierigkeiten bei der Entspannung mit dem Therapeuten besprechen oder sich selbst überlegen, welche Ihrer Fähigkeiten Sie einsetzen können, um damit besser umzugehen. Darüber hinaus sollten Sie bedenken, ob Sie sich nicht überfordert haben und gegebenenfalls die Übung kürzer halten.

Informationsbroschüre: Kommunikationshilfen

Die Sprecher- und Zuhörerfertigkeiten

Diese Broschüre will Ihnen Informationen darüber geben, welche Verhaltensweisen und Regeln es ermöglichen, daß Streit- oder Konfliktgespräche zufriedenstellender verlaufen – für beide Seiten.

Es ist ganz normal, daß es zwischen Menschen Auseinandersetzungen über bestimmte Dinge gibt. Ein Gespräch kann hier helfen, eine Lösung für diese Auseinandersetzungen zu finden. Doch genau dies ist oft gar nicht so einfach: Gerade im Streit liegen sachliche Aussagen und Gefühle von Wut und Verletzung oft nahe beieinander – und das macht eine Lösung oft unmöglich. Doch auch Streiten, das Führen einer Auseinandersetzung kann man lernen. Das Üben der folgenden Fertigkeiten beim Sprecher wie beim Zuhörer (Mahlweg et al., 1982) hat folgende Ziele: Mißverständnisse werden vermieden, Gefühle werden klar ausgesprochen und respektiert, es wird über konkrete Dinge und über konkrete Lösungen gesprochen.

Die Sprecher- und Zuhörerfertigkeiten sind aus Gründen der Übersichtlichkeit im folgenden getrennt beschrieben, im realen Gespräch vermischen sie sich, jeder Partner ist abwechselnd Sprecher und Zuhörer.

Sprecherfertigkeiten

In einem Konfliktgespräch ist es günstig, wenn der Sprecher folgende Regeln beachtet:

„Ich"-Gebrauch: jeder Partner soll von seinen eigenen Gedanken und Gefühlen sprechen. Kennzeichen dafür ist der Ich-Gebrauch:
– Äußerungen mit Du-Bezug sind meist Vorwürfe oder Anklagen, die als Auslöser für Gegenangriffe oder Verteidigung wirken.
– Äußerungen mit „man" sind meist sehr allgemein und normorientiert; sie lassen nicht erkennen, ob der Sprecher tatsächlich von eigenen Erfahrungen spricht.

Ansprechen konkreter Situationen oder Ereignisse: jeder Partner soll konkrete Situationen oder Anlässe ansprechen, so daß Verallgemeinerungen (immer, nie) vermieden werden. Verallgemeinerungen rufen meist sofortigen Widerspruch hervor und lenken vom eigentlichen Inhalt des konkreten Ereignisses ab.

Ansprechen konkreten Verhaltens: günstig ist es auch, wenn jeder Partner von konkretem Verhalten in bestimmten Situationen spricht, so daß vermieden wird, dem anderen negative Eigenschaften zuzuschreiben. Die Unterstellung negativer Eigenschaften ruft ebenfalls Widerspruch hervor. Kennzeichen solcher „Eigenschaftszuschreibungen" sind häufig Adjektive wie „typisch", „unfähig", „immer langweilig", „nie aktiv" u.a.

Vom „Hier und Jetzt" sprechen: jeder Partner sollte vom „Hier und Jetzt" sprechen, um Abschweifungen, unzulässige Verallgemeinerungen und Verkürzungen der Realität zu vermeiden:
- Sprechen über die Vergangenheit führt oft in eine Sackgasse, wenn beide Partner eine unterschiedliche Erinnerung gegenüberstellen.
- Rückblenden lenken schnell vom Thema ab.
- Sprechen über Vergangenes ist wie „über vergossene Milch jammern": an der Vergangenheit ist nichts mehr zu ändern. Damit werden nur Gefühle der Hilflosigkeit und Resignation erzeugt.

Sich öffnen: hilfreich ist, wenn jeder Partner versucht, sich zu öffnen und zu beschreiben, was in ihm vorgeht. Anklagen und Vorwürfe lassen sich vermeiden, wenn jeder seine Gefühle und Bedürfnisse direkt äußert. Dann kann auch ein weiterer häufiger Fehler, das „negative Gedankenlesen" vermieden werden. Darunter versteht man Äußerungen, die Reaktionen des Partners vorwegnehmen, z.B. „auf andere Art kann man ja mit dir nicht reden", „ich würde ja, aber du magst ja immer nicht". Der Sprecher sichert sich mit dieser Strategie gegen mögliche Reaktionen des Partners ab. Im öffentlichen Leben kann dies eine angemessene und nützliche Reaktion sein, bei einer Aussprache unter Partnern erzeugt sie Mißtrauen und Rückzug statt Vertrauen.

Zuhörerfertigkeiten

Für den Verlauf eines Gesprächs wirken sich die folgenden Zuhörerfertigkeiten günstig aus:

Aufnehmendes Zuhören: Der Partner sollte dem Sprecher nonverbal deutlich machen, daß er ihm zuhört und Interesse an seinen Äußerungen hat (Nicken, unterstützende Gesten, Kurzäußerungen, „aha", „hm" etc.).

Rückmeldung: Hilfreich ist es, dem Partner dessen Äußerungen möglichst in eigenen Worten rückzumelden, um zu zeigen, wie er verstanden wurde. Dadurch lassen sich Mißverständnisse über das „Gemeinte" rechtzeitig erkennen. Darüber hinaus ist die Rückmeldung auch ein deutliches Zeichen dafür, daß die Partner an einem Austausch interessiert sind.

Fragen formulieren: Fragen helfen, ein besseres Verständnis über die Position des anderen zu erhalten; der Zuhörer sollte daher Fragen stellen. Wichtig ist dabei:
- Offene Fragen stellen. Geschlossene Fragen sind Fragen, auf die nur mit „ja" oder „nein" geantwortet werden kann. In einer Aussprache engt diese Frage-

art den Sprecher unnötig ein und gibt dem Gespräch leicht einen „Verhörcharakter". Wenn diese Frageart im öffentlichen Leben oft auch nützlich ist, so schadet sie meist in persönlichen Aussprachen. Besser als zu sagen „du möchtest also nicht ausgehen?", ist es offen zu fragen: „Was möchtest du gerne machen?"

- Positive Fragen stellen: Das Beispiel macht auch deutlich, daß die positiv formulierte Frage zu konstruktivem Weiterdenken anregt, während die erste, negativ formulierte Frage leicht als Vorwurf verstanden werden kann und dann Widerstand hervorruft.
- Keine rhetorischen Fragen stellen: „Das liegt also an deiner Unsicherheit?" gegen „Warst du dann unsicher?". Im ersten Fall muß sich der Sprecher verteidigen, wenn die Aussage nicht zutrifft, während er im zweiten Fall problemlos zustimmen oder ablehnen kann.

Rückmeldung des eigenen Gefühls: Ist der Partner durch Äußerungen des Sprechers gefühlsmäßig so betroffen, daß er nicht akzeptierend auf den anderen eingehen kann, kann er seine Gefühle direkt ausdrücken. In einem solchen Fall sollten indirekte Aussagen vermieden werden, z.B. statt „aber das stimmt doch nicht!", „ich bin völlig überrascht, daß du das so siehst".

Informationsbroschüre: 10 kognitive Fallen

1. **Alles-oder-nichts-Denken:** Sie sehen alle Dinge in Schwarz-weiß-Kategorien. Sobald Ihre Leistungen nicht ganz so perfekt sind, sehen Sie sich als totalen Versager.

2. **Übertriebene Verallgemeinerung:** Sie sehen ein einzelnes negatives Ereignis als eine unendliche Serie von Niederlagen und verwenden die Worte „immer" oder „nie", wenn Sie daran denken.

3. **Geistiger Filter:** Sie greifen sich ein einzelnes negatives Detail heraus und denken an nichts anderes mehr, so daß Ihr gesamtes Wirklichkeitsbild getrübt wird, genauso wie ein Tropfen Tinte einen ganzen Becher Wasser einfärbt. Ein einziges Wort Kritik löscht alles Lob aus, das Ihnen je zuteil geworden ist.

4. **Abwertung des Positiven:** Sie lehnen positive Erfahrungen ab und beharren darauf, sie würden „nicht zählen". Wenn Ihnen etwas gelingt, glauben Sie, alle anderen hätten es genauso gut fertiggebracht. So können Sie Ihre negative Grundüberzeugung aufrechterhalten, die ganz im Gegensatz zu Ihren alltäglichen Erfahrungen steht.

5. **Voreilige Schlußfolgerungen:** Sie interpretieren die Dinge negativ, ohne daß es Tatsachen gibt, die diese Schlußfolgerungen rechtfertigen würden. Zwei häufig vorkommende Variationen davon sind das „Gedankenlesen" und das „Wahrsagen". Gedankenlesen: Sie gehen davon aus, daß jemand Sie ablehnt und machen keinerlei Anstalten, sich darüber Klarheit zu verschaffen. Wahrsagen: Sie sehen voraus, daß alles schiefgehen wird.

6. **Übertreiben:** Sie übertreiben die Bedeutung Ihrer Probleme und Unzulänglichkeiten und spielen Ihre gute Eigenschaften herunter.

7. **Emotionale Beweisführung:** Sie nehmen an, Ihre negativen Gefühle spiegelten die Realität wieder: „Ich fühle es, also muß es wahr sein".

8. **Wunschaussagen:** Sie versuchen, sich mit Aussagen wie „man sollte" oder „man sollte nicht" zu motivieren. Anforderungen wie „man muß" oder „es gehört sich" gehören ebenfalls dazu. Dadurch entsteht ein starker Druck, der jedoch das Gegenteil von Motivation bewirkt, Sie vielmehr hilflos macht.

9. **Ettikettierung:** Dies ist eine extreme Form des Alles-oder-nichts-Denkens. Sie sagen nicht „ich habe einen Fehler gemacht", sondern hängen sich ein negatives Ettikett an „ich bin ein ewiger Verlierer".

10. **Dinge persönlich nehmen:** Sie glauben, daß Sie für ein negatives Ereignis verantwortlich sind, auf das Sie in Wirklichkeit keinerlei Einfluß hatten.

Anhang 3

Formblätter zu den Therapiesitzungen

Erlernen - Verlernen - Liste

Ich möchte lernen	Wichtigkeit von 1-10		Ich möchte verlernen	Wichtigkeit von 1-10	
	Zeitpunkt 1	Zeitpunkt 2		Zeitpunkt 1	Zeitpunkt 2

Mein strukturierter Eßtag

Uhrzeit Ort	Art und Menge der Nahrungsmittel und Getränke

Vereinbarung über einen strukturierten Eßtag

Mit meiner Unterschrift verpflichte ich mich, an den Wochentagen
....
der nächsten Woche strukturiert zu essen. Das bedeutet:

0   ich nehme mindestens 3 Hauptmahlzeiten zu mir und achte darauf, daß eine davon warm zubereitet ist; die Zeiten zwischen den Hauptmahlzeiten sollten 5-6 Std. nicht überschreiten;

0   ich nehme am Vormittag und am Nachmittag je eine kleine Zwischenmahlzeit zu mir;

0   ich verwende keine Diätprodukte;

0   ich baue in eine Mahlzeit ein bisher "verbotenes" Nahrungsmittel ein;

0   ich werde an diesem Tag nach den Mahlzeiten nicht erbrechen;

0   ich werde an diesem Tag keine Abführ- oder Entwässerungsmittel gebrauchen.

Bei Vertragserfüllung belohne ich mich mit......................................

Bei Nichterfüllung verpflichte ich mich zu......................................

Ort:......................, Datum:..............

....
Klient/in   Therapeut/in

Mein Wochenplan zur Ernährung

	Montag	Dienstag	Mittwoch	Donnerstag	Freitag	Samstag	Sonntag	Bemerkungen
6.00								
7.00								
8.00								
9.00								
10.00								
11.00								
12.00								
13.00								
14.00								
15.00								
16.00								
17.00								
18.00								
19.00								
20.00								
21.00								
22.00								
23.00								
24.00								

Übung kurzfristiger Bewältigung von Belastungssituationen

Belastung (Ort, Zeit, Gedanken, Gefühle)	Ich habe die Belastung bewältigt, indem ich..	Das hatte zur Folge (z.B. für Essen, Erbrechen)

Tragen Sie den Ort und die Zeit ein, zu der die Belastung aufgetreten ist und nennen Sie die Art der Belastung. In der nächsten Spalte geben Sie in Stichworten an, welche Bewältigungsmöglichkeit Sie gewählt haben. In der dritten Spalte beurteilen Sie die Auswirkungen des Bewältigungsverhaltens.

Einstellungsänderung 1

Ich muß immer perfekt sein

Pro	Contra

Ich muß von allen geliebt werden

Pro	Contra

Ich darf nicht die Kontrolle über mein Gewicht verlieren

Pro	Contra

Nur schlank bin ich liebenswert

Pro	Contra

Einstellungsänderung 2

Alte Einstellung

Neue Einstellung

Begründung

Alte Einstellung

Neue Einstellung

Begründung

Planung einer Aussprache

Was stört mich an ....?

Was wünsche ich mir von ....?

Wie formuliere ich mein Anliegen?

Organisation (Termin, Ordnung der Themen)

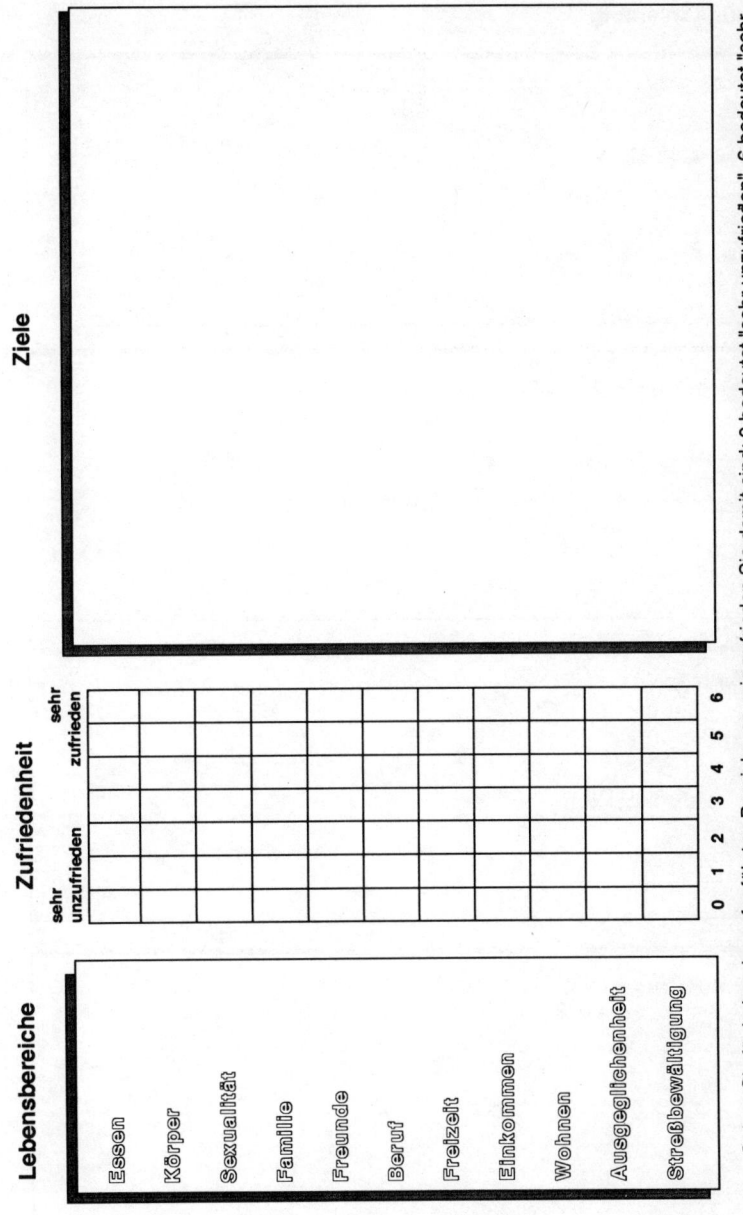

Zufriedenheitsliste

Lebensbereiche	Zufriedenheit	Ziele

Zufriedenheit: sehr unzufrieden — sehr zufrieden

0 1 2 3 4 5 6

Lebensbereiche:
- Essen
- Körper
- Sexualität
- Familie
- Freunde
- Beruf
- Freizeit
- Einkommen
- Wohnen
- Ausgeglichenheit
- Streßbewältigung

Geben Sie für jeden der aufgeführten Bereiche an, wie zufrieden Sie damit sind: 0 bedeutet "sehr unzufrieden", 6 bedeutet "sehr zufrieden". Geben Sie in der Sparte daneben an, welche Ziele Sie sich für den jeweiligen Bereich noch vornehmen.

Zukunftsplanung

Ziel:

Zwischenziele:

Vorgehen:

Zeitplan:

Belohnungsplan:

Literaturverzeichnis

Abraham SF, Beumont PJV (1982) How patients describe bulimia or binge eating. Psychol Med 12:625-635

Agras WS, Schneider JA, Arnow B, Raeburn SD, Telch CH (1989) Cognitive-behavioral and reponse- prevention treatments for bulimia nervosa. J Consult Clin Psychol 57:215-221

American Psychiatric Association (1980) Diagnostic and statistical manual of mental disorders. 3rd edn (DSM III). American Psychiatric Press: Washington DC

American Psychiatric Association (1987) Diagnostic and statistical manual of mental disorders. 3rd edn rev (DSM-III-R). American Psychiatric Press: Washington DC

Beck AT (1976) Cognitive therapy and emotional disorders. International Univ Press: New York

Beck AT, Ward CH, Mendelson M, Mock JE, Erbaugh JK (1961) An inventory for measuring depression. Arch Gen Psychiatry 4:561-571

Bellisle F, Lucas F, Amrani R, Le Magnen J (1984) Deprivation, palability and the microstructure of meals in human subjects. Appetite 5:85-94

Beumont PJV, O'Connor M, Lennerts W, Touyz SW (1989) Ernährungsberatung in der Behandlung der Bulimie. In: Fichter MM (Hrsg) Bulimia nervosa: Grundlagen und Behandlung. Enke: Stuttgart, S 308- 319

Blundell JE, Hill AJ (1986) Paradoxical effects of an intense sweetener (aspartame) on appetite. Lancet i: 1092-1093

Boskind-Lohdahl M (1976) Cinderella's stepsisters: a feminist perspective of anorexia nervosa and bulimia. Signs J Women Culture Society 2:342-356

Brand-Jacobi J (1984) Bulimia nervosa: Ein Syndrom süchtigen Eßverhaltens. Psychother Psychosom Med Psychol 34:151-160

Bray GA (1987) Overweight is risking fate: definition, classification, prevalence, and risks. Ann New York Acad Sciences 499:14-28

Burns D (1989) Fühl dich gut: angstfrei mit Depressionen umgehen. éditions trèves: Trier

Chiodo J, Latimer PR (1986) Hunger perceptions and satiety responses among normal weight bulimics and normals to a high caloric, carbohydrate rich food. Psychol Med 16:343-349

Connors ME, Johnson CL (1987) Epidemiology of bulimia and bulimic behaviors. Addict Behav 12:165-179

Connors ME, Johnson CL, Stuckey MK (1984) Treatment of bulimia with brief psychoeducational group therapy. Am J Psychiatry 141:1512-1516

Cooper PJ, Fairburn CG (1983) Binge-eating and self-induced vomiting in the community: a preliminary study. Br J Psychiatry 142:139-144

Cooper PJ, Taylor MJ, Cooper Z, Fairburn CG (1987) The development and validation of the Body Shape Questionnaire. Int J Eat Disorders 6: 485-494

Cooper PJ, Cooper Z, Hill C (1989) Behavioral treatment of bulimia nervosa. Int J Eat Disorders 8:87-92

Dalvit-McPhillips S (1984) A dietary approach to bulimia treatment. Physiol Behav 33:769-775

Davis R, Freeman RJ, Garner DM (1988) A naturalistic investigation of eating behavior in bulimia nervosa. J Consult Clin Psychol 56:273-279

Deutsche Gesellschaft für Ernährung (1985) Empfehlungen für die Nährstoffzufuhr, 4 erw Überarbeitung Frankfurt

Deutsche Gesellschaft für Ernährung (1988) Ergänzungsband zum Ernährungsbericht. Frankfurt

Diekstra RFW (1982) Ich kann denken/fühlen, was ich will. Swets Zeitlinger: Lisse

Dixon KN, Kiecolt-Glaser J (1984) Group therapy for bulimia. Hillside J Clin Psychiatry 6:156-170

Ellis A, Grieger R (1979) Praxis der rational-emotiven Therapie. Urban: Schwarzenberg München

Fairburn CG (1981) A cognitive behavioural approach to the management of bulimia. Psychol Med 11:707- 711

Fairburn CG (1985) Cognitive-behavioral treatment for bulimia. In: Garner DM, Garfinkel PE (eds) Handbook of psychotherapy for anorexia nervosa and bulimia. Guilford: New York, pp 160-190

Fairburn CG, Beglin (1990) Studies of the epidemiology of bulimia nervosa. Am J Psychiatry 147:401-408

Fairburn CG, Cooper PJ (1984) Binge eating, self-induced vomiting and laxative abuse. A community study. Psychosom Medicine 14:401-410

Garner DM (1986) The diagnosis of bulimia nervosa. Int J Eat Disorders 5:403-419

Fairburn CG, Kirk J, O'Connor M, Cooper PJ (1986) A comparison of two psychological treatments for bulimia nervosa. Behav Res Ther 24:629-643

Feldhege FJ, Krauthan G (1978) Verhaltenstrainingsprogramm zum Aufbau sozialer Kompetenz. Springer: Berlin Heidelberg New York

Fichter MM (1985) Magersucht und Bulimia. Springer: Berlin Heidelberg New York

Fichter MM (Hrsg) (1989) Bulimia nervosa: Grundlagen und Behandlung. Enke: Stuttgart

Fichter MM, Chlond C (1988) Hypertrophe Osteoarthopathie bei Bulimia nervosa mit chronischer Intoxikation mit Laxantien. Nervenarzt 59:244-247

Fichter MM, Fouki Z (1981) Epidemiologische Aspekte der Anorexia nervosa. In: Meerman R (Hrsg) Anorexia nervosa. Enke: Stuttgart, S 56-68

Fichter MM, Hoffmann R (1989) Bulimia beim Mann. In: Fichter MM (Hrsg), Bulimia nervosa: Grundlagen und Behandlung. Enke: Stuttgart, S 99-111

Frommer MS, Ames JR, Gibson JW, Davis WN (1985) Patterns of symptom change in the short-term group treatment of bulimia. Int J Eat Disorders 6:469-476

Garfinkel PE, Moldofsky H, Garner DM (1980) The heterogenity of anorexia nervosa: bulimia as a distinct subgroup. Arch Gen Psychiatry 37:1036-1040

Garner DM (1991) Eating disorder inventory − 2. Psychological Assessment Resources: Odessa Fla

Garner DM, Garfinkel PE (1979) The eating attitudes test: an index of the symptoms of anorexia nervosa. Psychol Med 9:273-279

Garner DM, Olmsted MP, Polivy J (1983b) Development and validation of a multidimensional eating disorder inventory for anorexia nervosa and bulimia. Int J Eat Disorders 2:15-35

Garner DM, Olmsted MP, Garfinkel PE (1985a) Similarities among bulimic groups selected by weight and weight history. J Psychiatric Res 19:129-134

Garner DM, Garfinkel PE, O'Shaugnessy M (1985b) The validity of the distinction between bulimia with and without anorexia nervosa. Am J Psychiatry 142:581-587

Gavish D, Eisenbergh S, Berry EM (1987) Bulimia and underlying behavioral disorder in hyperlipidaemic pancreatitis. Arch Int Med 147:705-708

Gerlinghoff M, Backmund H, Angenend J, Linington A (1991) Tagesklinisches Therapiemodell für psychosomatische Eßstörungen. Verhaltenstherapie 1:61-65

Giles TR, Young RR, Young DE (1985) Case studies and clinical replication series: behavioral treatment of severe bulimia. Behav Ther 16:393-405

Hahlweg K, Schindler L, Revenstorf D (1982) Partnerschaftsprobleme: Diagnose und Therapie. Springer: Berlin Heidelberg New York

Hawkins RC, Clement PF (1980) Binge eating : measurement problems and a conceptual model. In: Hawkins RC, Fremouw W, Clement PF (eds) The binge-purge syndrome: diagnosis, treatment, and research. Springer: Berlin Heidelberg New York, pp 229-251

Herman CP, Polivy J (1988) Restraint and excess in dieters and bulimics. In: Pirke KM, Vandereycken W, Ploog D (eds) The psychobiology of bulimia nervosa. Springer: Berlin Heidelberg New York, pp 33-41

Herzog DB, Keller MB, Lavory PW (1988) Outcome in anorexia nervosa and bulimia nervosa. J Nerv Ment Dis 176:131-143

Heufelder A, Warnhoff M, Pirke KM (1985) Platelet alpha-2-adrenoceptor and adenylate cyclase in patients with anorexia and bulimia. J Clin Endocrinol Metab 61:1053-1060

Hsu LKG, Holder D (1986) Bulimia nervosa: treatment and short-term outcome. Psychol Med 16:67-70

Hudson JI, Pope HG, Jr, Jonas JM, Yurgelun-Todd D (1983b) Family history of anorexia nervosa and bulimia. Br J Psychiatry 142:133-138

Huon GF, Brown LR (1985) Evaluating a group treatment for bulimia. J Psychiatric Res 19:479-483

Johnson CL, Larson R (1982) Bulimia: an analysis of moods and behavior. Psychosom Med 44:333-345

Johnson WG, Schlundt DG, Jarrell MP (1986) Exposure with response prevention, training in energy balance and problem solving therapy for bulimia nervosa. Int J Eat Disorders 5:35-45

Johnson WG, Schlundt DG, Kelley ML, Ruggiero L (1984) Exposure with response prevention and energy regulation in the treatment of Bulimia. Int J Eat Disorders 3:37-46

Kanfer FH, Saslow G (1965) Behavioral diagnosis. In: Franks CM (eds) Behavior therapy: appraisal and status. McGraw-Hill: New York pp 417-443

Kaye WH, Ebert MH, Raleigh M, Lake R (1984) Abnormalities in CNS monoamine metabolism in anorexia nervosa. Arch Gen Psychiatrie 41:350-355

Kessler A (1985) Der erfolgreiche Umgang mit täglichen Belastungen. Röttger: München

Keys A, Brozek J, Henschel A, Mickelson O, Taylor HL (1950) The biology of human starvation. Univ of Minnesota Press: Minneapolis

Kirkley BG, Schneider JA, Agras WS, Bachman JA (1985b) Comparison of two group treatments for bulimia. J Consult Clin Psychol 53:43-48

Lacey JH (1983) Bulimia nervosa, binge eating and psychogenic vomiting: a controlled treatment study and long-term outcome. Br Med J 286 1609-1613

Lacey JH, Coker S, Birtchnell SA (1986) Bulimia: factors associated with its etiology and maintenance. Int J Eat Disorders 5:475-487

Laessle RG (1989) Affektive Störungen und bulimische Syndrome. In: Fichter MM (Hrsg) Bulimia nervosa. Enke: Stuttgart, S 91-110

Laessle RG, Kittl S, Fichter MM, Wittchen H-U, Pirke KM (1987) Major affective disorder in anorexia nervosa and bulimia. A descriptive diagnostic study. Br J Psychiatry 151:785-789

RG, Waadt S, Pirke KM (1988) A structured behaviorally oriented group treatment for bulimia nervosa. Psychother Psychosom 48:141-145

Laessle RG, Waadt S, Duran G, Pirke KM, Strian F (1990) Psychologische Merkmale von Eßstörungen bei jungen Frauen mit Diabetes mellitus. Verhaltensmodifik Verhaltensmed 11:229-242

Laessle RG, Beumont PJV, Butow P, Lennerts W, O'Connor M, Prike KM, Touyz SW, Waadt S (1991) A comparison of nutritional management with stress management in the treatment of bulimia nervosa. Br J Psychiatry 159:250-261

Lautenbacher S, Galfe G, Hölzl R, Pirke KM (1989) Gastrointestinal transit is delayed in patients with bulimia. Int J Eat Disorders 8:203-208

Laux L, Glanzmann P, Schaffner P, Spielberger CD (1981) Das State-Trait-Angstinventar. Beltz: Weinheim

Lee NF, Rush AJ (1986) Cognitive-behavioral group therapy for bulimia. Int J Eat Disorders 5:441-450

Leitenberg H, Gross J, Peterson J, Rosen J (1984) analysis of an anxiety model and the process of change during exposure plus response prevention treatment of bulimia nervosa. Behav Ther 15:3-17

Leitenberg H, Rosen JC, Gross J, Nudelman S, Vara LS (1988). Exposure plus response prevention treatment of bulimia nervosa. J Consult Clin Psychol 56:535-541

LeMagnen J (1976) Interactions of glucostatic and lipostatic mechanisms in the regulatory control of feeding. In: Novin D, Wyrwicka W, Bray GA (eds) Hunger: basic mechanisms and clinical implications. Raven Press: New York, pp 89-101

Loro AD, Orleans CS (1981) Binge eating in obesity: Preliminary findings and guidelines for behavioral analysis and treatment. Addict Behav 6:155-166

Mayerhausen W, Vogt HJ, Fichter MM, Stahl S (1990) Dermatologische Aspekte bei Anorexia und Bulimia nervosa. Hautarzt 41:476-484

Meermann R, Vandereycken W (1988) Body image disturbances in eating disorders from the viewpoint of experimental research. In: Pirke KM, Vandereycken W, Ploog D (eds) The psychobiology of bulimia nervosa. Springer: Berlin Heidelberg New York, pp 158-171

Mitchell JE, Eckert ED (1987) Scope and significance of eating disorders. J Consult Clin Psychol 55:628-634

Mitchell JE, Hatsukami D, Eckert ED, Pyle RL (1985a) Characteristics of 275 patients with bulimia. Am J Psychiat142:482-485

Mitchell JE, Hatsukami D, Goff G, Pyle RL, Eckert ED, Davis L (1985b) An intensive outpatient group treatment programm for bulimia. In: Garner D, Garfinkel P (eds) A handbook of psychotherapy of anorexia nervosa and bulimia. Guilford Press: New York, pp

Mitchell JE, Hatsukami D, Pyle RL, Eckert ED (1986) The bulimia syndrome: Course of the illness and associated problems. Compr Psychiat 27:165-170

Mitchell JE, Pyle RL, Eckert ED, Hatsukami D, Pomeroy C, Zimmerman R (1990) A comparison study of antidepressants and structured intensive group psychotherapy in the treatment of bulimia nervosa. Arch Gen Psychiatry 47:149-157

Morris KT, Cinnamon KM (1975) A Handbook of Non-Verbal Group Excercises. Charles-Thomas Publishers, Springfield

O'Connor M, Touyz SW, Beumont P (1988) Nutritional management and dietary counseling in bulimia nervosa: Some preliminary observations. Int J Eat Disorders 7:657-662

Orbach S (1984) Anti-Diätbuch I/II: Eine praktische Anleitung zur Überwindung von Eßsucht. Frauenoffensive München

Ordman AM, Kirschenbaum DS (1985) Cognitive-behavioral therapy for bulimia: an initial outcome study. J Consult Clin Psychol 53:305-313

Owen WP, Halmi KA, Gibbs J, Smith GP (1985) Satiety responses in eating disorders. J Psychiat Res 19:279-284

Paul T (1987) Zur Heterogenität des Krankheitsbildes der Bulimia nervosa Z Klin Psychol 16: 99-114

Paul T, Jacobi C (1986) Ein ambulantes verhaltenstherapeutisches Gruppenprogramm bei Bulimia nervosa. Psychother Psychosom Med Psychol 36:232-239

Paul T, Brand-Jacobi J, Pudel V (1984) Bulimia nervosa. Ergebnisse einer Untersuchung an 500 Patientinnen. MMW 126:614-618

Paul T, Weitemeyer E, Pudel V (1986) Telefonische Beratung bei Bulimia Nervosa. Z Klin Psychol Psychopathol Psychother 34:315-324

Philipp E, Pirke KM, Seidl M, Tuschl RJ, Fichter MM, Eckert M, Wolfram G (1988) Vitamin status in eating disorders. Int J Eat Disorder 8:209-218

Philipp E, Eckert M, Tuschl RJ, Fichter MM, Pirke KM (1990) MHPG in urine of patients with anorexia nervosa and bulimia and of healthy controls. Int J Eat Disorders 9:323-328

Pirke KM, Spyra B (1982) Catecholamine turnover in the brain and the regulation of luteinizing hormone and corticosterone in starved male rats. Acta Endocrinol 100:168-176

Pirke KM, Fichter MM, Lund R, Doerr P (1979) Twentyfour hour sleep-wake pattern of plasma LH in patients with anorexia nervosa. Acta Endocrinol 92:193-204

Pirke KM, Schweiger U, Laessle RG, Dickhaut B, Schweiger U, Waechtler M (1986) Dieting influences the menstrual cycle: vegetarian versus nonvegetarian diet. Fertil Steril 46:1083-1088

Platte P (1990) Untersuchungen zur Differenzierung dreier Gruppen mit unterschiedlichem Eßverhalten (unrestrained eaters, restrained eaters, bulimia nervosa) durch psychophysiologische Reaktionen und spezifischen und allgemeinen Persönlichkeitsvariablen mit einem quasiexperimentellen Design. Unveröffentlichte Diplomarbeit Universität Würzburg

Pudel V, Westenhöfer J (1989) Fragebogen zum Eßverhalten. Hogrefe: Göttingen

Pyle RL, Halvorson PA, Neuman PA, Mitchell JE (1986) The increasing prevalence of bulimia in freshman college students. Int JEat Disorders 5:631-647

Reinberg K, Baumann U (1986) Gewichtskontrolle und Gewichtsregulation: Eine empirische Studie über die Häufigkeit einzelner Methoden. Psychother Psychosom Med Psychol 36:392-398

Rief W, Stock C, Fichter MM (1991) Das Anti-Diät Programm als integrativer Therapiebaustein bei anorektischen, bulimischen und adipösen Patienten. Verhaltenstherapie 1:47-54

Ries W (1970) Fettsucht. Leipzig

Rosen JC, Leitenberg H (1985) Exposure plus reponse prevention treatment of bulimia. In: Garner DM, Garfinkel PE (eds) Handbook of psychotherapy for anorexia nervosa and bulimia. Guilford: Press New York

Roy-Byrne P, Lee-Benner K, Yager J (1984) Group therapy for bulimia: a year's experience. Int J Eat Disorders3:97-116

Russell GFM (1979) Bulimia nervosa: an ominous variant of anorexia nervosa. Psychol Med 9:429-448

Schildkraut JJ (1978) Current status of the catecholamine hypothesis of affective disorders. In: Lipton MA, Di Mascio A, Killam KF (eds) Psychopharmacology: a generation of progress. Raven: New York, pp 1223-1224

Schmidt U, Marks IM (1989) Exposure plus prevention of binging vs exposure plus prevention of vomiting in bulimia nervosa. A cross-over study. J Nerv Ment Dis 177:259-266

Schneider JA, Agras WS (1985) A cognitive behavioral group treatment of bulimia. Br J Psychiatry 146:66-69

Schulte D, Künzel R (1989). Methodenzentrierte und verlaufszentrierte Therapiestrategien. Z Klin Psychol 18:35-44

Schweiger U, Warnhoff M, Pirke KM (1985) Norepinephrine turnover in hypothalamus of adult male rats: alteration of circadian patterns by semistarvation. J Neurochem 45:706-709

Schweiger U, Laessle RG, Pfister H, Hoehl C, Schwingenschloegel M, Schweiger M, Pirke KM (1987) Diet-induced menstrual irregularities: effects of age and weight loss. Fertil Steril 48:36-41

Schweiger U, Laessle RG, Fichter MM, Pirke KM (1988) Consequences of dieting at normal weight: implications for the understanding and treatment of bulimia. In: Pirke KM, Vandereycken W, Ploog D (eds) The psychobiology of bulimia nervosa. Springer: Berlin Heidelberg New York, pp 74-82

Steinhausen HC (1985) Das Körperbild bei jungen Mädchen und Frauen im Vergleich zu anorektischen Patientinnen: Prüfung eines Instrumentes. Nervenarzt 56:1-5

Stevens EV, Salisbury JD (1984) Group therapy for bulimic adults. Am J Orthopsychiatrie 54:156-161

Stevens JO (1975) Die Kunst der Wahrnehmung. Kaiser: München

Strober M, Katz J (1988) Depression in the eating disorders: a review and analysis of descriptive, family and biological findings. In: Garner DM, Garfinkel PE (eds) Diagnostic issues in anorexia nervosa and bulimia nervosa. Brunner, Mazel: New York, pp 80-111

Thiel A, Paul T. (1988) Entwicklung einer deutschsprachigen Version des Eating-Disorder-Inventory (EDI). Z Different Diagnost Psychol 9:267-278

Tuschl RJ, Laessle RG, Kotthaus BC, Pirke KM (1988) Vom Schlankheitsideal zur Bulimie: Ursachen und Folgen willkürlicher Einschränkungen der Nahrungsaufnahme bei jungen Frauen. Verhaltensmodifik Verhaltensmed 9:195-216

Waadt S, Duran G, Laessle RG, Herschbach P, Strian F (1990) Eßstörungen bei Patienten mit Diabetes mellitus: Eine Übersicht über Falldarstellungen und Therapiemöglichkeiten. Verhaltensmodifik Verhaltensmed 11:281-305

Westenhöfer J, Pudel V, Maus N, Schlaf G (1987) Das kollektive Diätverhalten deutscher Frauen als Risikofaktor für Eßstörungen. Aktuel Ernährungsmed 12:154 -159

White WC, Boskind-White M (1981) An experiential-behavioral approach to the treatment of bulimarexia. Psychother Theory Res Practice 18:501-507

Willershausen B, Philipp E, Pirke KM, Fichter MM (1990) Orale Komplikationen bei Patienten mit Anorexia nervosa und Bulimia nervosa. Zahn-Mund-Kieferheilk 78:293-299

Williamson DA, Prather RC, Bennett SM, Davis CJ, Watkins PC, Grenier CE (1989) An uncontrolled evaluation of inpatient and outpatient cognitive-behavior therapy for bulimia nervosa. Behav Modificat 13:340-360

Wilson GT, Rossiter E, Kleifeld EI, Lindholm L (1986) Cognitive-behavioral treatment of bulimia nervosa: a controlled evaluation. Behav Res Ther 24:277-288

Wittchen HU, Saß H, Zaudig M, Koehler K (1989) Diagnostisches und Statistisches Manual Psychische Störungen DSM-III-R. Beltz: Weinheim

Wochinger JM, Neef B (1985) Schlanksein kann man lernen. Ein Gruppenprogramm zur Gewichtsreduktion. Röttger Verlag: München

Wolchik SA, Weiss L, Katzman MA (1986) An empirically validated, short-term psychoeducational group treatment program for bulimia. Int J Eat Disorders 5:21-34

Wöll C, Fichter MM, Pirke KM, Wolfram G (1989) Eating behavior of patients with bulimia nervosa. Int J Eat Disorders 8:557-568

Yates AJ, Sambrailo F (1984) Bulimia nervosa: a descriptive and therapeutic study. Behav Res and Ther 5:503-517

Zerssen Dv (1976) Klinische Selbstbeurteilungsskalen aus dem Münchner Psychiatrischen Informationssystem. Beltz: Weinheim

Ziolko HU (1985) Bulimie. Fortschr Neurol Psychiatrie 53:231-258

Sachverzeichnis

Ödembildung 14
Osteoporose 12

Pankreatitis 14
Pantomime 70, 71
Partner 51, 162, 169
Pathogenese 17
Perfektionismus 47, 56, 67, 164
Phantasiereise 45, 100, 128, 139, 142
Phantasieübung: s. Phantasiereise
Planungstechniken 45, 142
Praevalenz 15
Problemlösetechniken 29, 31, 45, 46, 142, 193, 194
Prognose 5
progressive Muskelrelaxation: s. Entspannung
Psychobiologie 17, 50, 70, 73
Psychopathologie 7, 25, 32 – 35, 53, 55, 56
Psychosen 55
Pubertätsmagersucht: s. Magersucht

Reaktionsverhinderung 25, 26, 29, 31
Reproduktionsfähigkeit: s. Fertilität
Rollenspiel 45, 46, 51, 67, 125, 147, 152, 154, 156, 157, 168 – 170, 178, 179, 183
Rückfall 191, 194
Rückfallprophylaxe 189 – 191, 194
Rückfallrisiko 16, 49

Sättigung, resorptive 106, 110
Sättigungssignale 7, 19, 105, 106, 109, 110
Schlankheitsideal 15, 19, 50, 86
Schlankheitsdruck 68
Schönheitsideal: s. Schlankheitsideal
Selbstbeobachtung 29, 31, 46, 47, 56, 145
Selbstbewertung: s. Selbstwertgefühl
Selbstbild 68
Selbsteffizienz 37, 38
Selbstermutigung 45, 88, 122, 125, 127, 129
Selbstinstruktion 24, 126
Selbstkontrolle 29, 31, 52, 94
Selbstsicherheit 142
Selbstsicherheitstraining 29, 30, 142
Selbstverbalisation 125, 126, 148
– ,negative 122
– ,positive 122
Selbstwertgefühl 7, 19, 23, 84, 88
serotonerges System 20, 75
Set-point 76, 77, 78, 94
– ,Gewicht 76, 78, 91, 134, 138
– ,Theorie 70, 76, 78
Sexualität 51
Shaping 179

Signale, introzeptive 7, 19, 21, 42
– , Körper 68
– , konditionierte 21
– , nonverbale 117, 171, 174, 175
SORK-Schema 44, 117, 118, 119, 166
Sterberisiko: s. Mortalitätsrate
Stimuluskontrolle 29, 31
Stimmung 8, 23, 75, 93
Stimmungsprotokoll 57, 111
Streß 7, 19, 25, 113, 114, 135
Streßbewältigung 20, 24, 29, 67
Streßfaktoren 114
Streßmanagement 35, 36, 38, 42, 43, 44, 45, 52, 67, 112, 113, 137
Streßwahrnehmung 20
strukturierte Eßtage 43, 45, 53, 90, 91, 94, 95, 96, 97, 102 – 111, 135
Süßigkeiten 23, 75, 93
Süßstoff 21
Suizid 12, 55
Suizidversuch 8, 12
Suizidalität 55, 56
Symptome, bulimische 16, 31, 32, 33, 34, 35, 38, 57
– , depressive 5, 8, 11, 32, 33, 34, 35, 56, 75
– , zwangsartig 5
Symptomfreiheit 16, 33, 34, 36

Therapieerwartung 68
Therapiemotivation 38, 43, 55, 63, 97, 161
Therapieplanung 55, 57
Therapierational 55, 63, 64, 65, 86
Therapievertrag 63, 68, 82
Therapieziele 57, 63, 64, 67, 68, 84, 87, 98, 99, 133, 137
Therapeut-Klient-Interaktion 50, 55
Time out 85
Transfer 125, 159, 160, 163, 164, 194

Übergewicht 4, 52, 56, 68, 85, 98

vegetarische Ernährung: s. Vegetarismus
Vegetarismus 49, 57
Verhaltensanalyse 55, 57, 117
Verhaltensplanung 29, 46, 51, 54
Verhaltensregeln 49
Verstärkung 24, 46, 90, 94, 95, 96, 97, 179, 188
Vertrag 43, 83, 96, 97, 99
Vertragsmanagement 42, 46, 53, 96, 103, 105, 107
Vitamine 43, 92, 93, 107
Vitaminmangel 15
Vulnerabilitätsfaktoren 17, 19, 23

Druck: Druckerei Kutschbach, Berlin
Verarbeitung: Buchbinderei Lüderitz & Bauer, Berlin